武汉大学
学术丛书

武汉大学学术丛书
自然科学类编审委员会

主任委员 ▶ 刘经南

副主任委员 ▶ 卓仁禧　李文鑫　周创兵

委员 ▶ （以姓氏笔画为序）

文习山　石　兢　宁津生　刘经南
李文鑫　李德仁　吴庆鸣　何克清
杨弘远　陈　化　陈庆辉　卓仁禧
易　帆　周云峰　周创兵　庞代文
谈广鸣　蒋昌忠　樊明文

武汉大学学术丛书
社会科学类编审委员会

主任委员 ▶ 顾海良

副主任委员 ▶ 胡德坤　黄　进　周茂荣

委员 ▶ （以姓氏笔画为序）

丁俊萍　马费成　邓大松　冯天瑜
汪信砚　沈壮海　陈庆辉　陈传夫
尚永亮　罗以澄　罗国祥　周茂荣
於可训　胡德坤　郭齐勇　顾海良
黄　进　曾令良　谭力文

秘书长 ▶ 江建勤

周佑勇 1970年10月生于湖北省大悟县。1992年毕业于中南政法学院，获法学学士学位；1997年、2002年先后毕业于武汉大学法学院，分获法学硕士学位和法学博士学位。自1992年以来，主要从事行政法学教育与科研工作，历任武汉大学法学院讲师（1997年）、副教授（1999年）、教授（2002年）、博士生导师（2003年）；东南大学法学院院长（2006年）、校特聘教授（2007年），兼任中国行政法学研究会常务理事，国家行政学院行政法研究中心兼职教授，中国人民大学宪政与行政法治研究中心学术委员等，并入选国家教育部首批"新世纪优秀人才支持计划"。

出版个人专著《保密行政执法的理论与实践》（1999年版）、《行政不作为判解》（2000年版）、《行政法原论》（2000年初版、2005年第2版）、《行政法基本原则研究》（2005年版）、《行政裁量治理研究：一种功能主义的立场》（2008年版），主编《行政许可法理论与实务》、《高等教育行政执法问题研究》、《行政法案例教程》，合著《行政规范研究》、《行政刑法的一般理论》等20余部。在《中国社会科学》、《新华文摘》、《法学研究》、《中国法学》等刊物上发表论文100余篇。主持承担国家社科基金项目、国家教育部、司法部、中国法学会等部级以上科研项目5项，主持或参与其他科研项目10余项。曾获国家教育部"霍英东教育基金会"第九届高校青年教师奖、首届"钱端升法学成果奖"、中国法学会优秀论文奖等10余项。

武汉大学学术丛书

本书获首届"钱端升法学成果奖"

行政法基本原则研究
On Basic Principles of Administrative Law

周佑勇 著

武汉大学出版社

图书在版编目(CIP)数据

行政法基本原则研究/周佑勇著.—武汉:武汉大学出版社,2005.2
(武汉大学学术丛书)
ISBN 978-7-307-04466-1

Ⅰ.行… Ⅱ.周… Ⅲ.行政法学—原则—研究—中国 Ⅳ.D922.101

中国版本图书馆 CIP 数据核字(2005)第 009039 号

责任编辑:郭园园　　责任校对:程小宜　　版式设计:支笛

出版发行:**武汉大学出版社**　(430072　武昌　珞珈山)
　　　　　(电子邮件:wdp4@whu.edu.cn　网址:www.wdp.com.cn)
印刷:安陆市鼎鑫印务有限责任公司
开本:850×1168　1/32　印张:11.25　字数:287 千字　插页:3
版次:2005 年 2 月第 1 版　　2008 年 7 月第 2 次印刷
ISBN 978-7-307-04466-1/D·620　　　定价:22.00 元

版权所有,不得翻印;凡购买我社的图书,如有缺页、倒页、脱页等质量问题,请与当地图书销售部门联系调换。

内容提要

行政法的基本原则是行政法学研究中的一个带有根本性的重大课题。本书基于比较与宪政的视角，运用矛盾与价值分析、哲理与实证分析等多种方法，集中围绕行政法基本原则是什么、有哪些及如何适用等三个方面的问题，对行政法基本原则进行了全方位的研究，勉力建立我国成熟的行政法基本原则理论体系。

全书共分五章：第一章着力于阐释行政法基本原则之于行政法学的特殊研究价值和研究方法；第二章采用比较研究的方法对西方两大法系各国行政法基本原则进行了科学的定位，并归纳总结出了它们所存在的普遍性规律和共性特征；第三章在对国内现有理论研究状况进行全面把握及评述的基础上，采用矛盾分析、价值分析与宪政分析的方法，重新界定了行政法基本原则的概念和确立标准，并首次提出行政法定、行政均衡和行政正当三大行政法基本原则；第四章对这三项行政法基本原则的具体内容和要求进行了进一步深入的分层研究；第五章从司法适用的角度，对行政法基本原则的效力问题进行了进一步深层次的哲理思考与实证分析。

序
应松年[①]

我国从20世纪80年代恢复行政法的研究开始，行政法的基本原则就是一个引人注目但却始终是众说纷纭的课题。经过20年的发展，中国行政法学理论已渐趋成熟，对于行政法的基本原则问题，已有了作出科学概括的基础和条件；而行政法实践的发展，也迫切需要有一个能准确概括和反映行政法的客观规律和精神实质的基本原则，用以指导行政法治的发展。因此，本书所讨论的问题，无论是对理论研究，还是实践应用，都是很有意义的。

虽然众多的行政法学著作，都从不同角度提出了行政法的基本原则，但是像作者这样做系统、深入研究并单独成书的，却还是第一本。作者从如何确立和怎样运用行政法基本原则进行构思，广泛涉猎外国行政法关于基本原则的表述，并进行了细微的比较，在此基础上，结合中国的具体情况，提出中国行政法应该遵循的基本原则，进而从行政和司法两方面分别阐明基本原则在实践中的适用，使全书构成一个严密的整体。其中，作者对大陆和英美法系关于基本原则研究的比较分析；作者结合现代宪政所包含的民主、法治、人权等原则与精神和行政法基本原则关系的分析；作者将现代行政法的核心之一的正当程序原则引入行政法

[①] 应松年系国家行政学院法学部主任、教授，中国政法大学教授、博士生导师，中国法学会行政法学研究会会长，全国人大法律委员会委员。

的基本原则等,都是极富见地的创新观点。

在对国外和国内所表述的众多行政法基本原则做细微深入的比较分析的基础上,作者提出行政法的基本原则应该是行政法定、行政均衡和行政正当三项。从我国行政法学界对行政法基本原则研究的发展过程看,应该说,正在向着更符合行政法发展规律,因而能更准确、更能为公众所接受的方向发展。在这一发展过程中,争论是不可避免的。可以肯定地说,作者这三项原则的观点将引起广泛的争议,不过这是在更高层次上新一轮的争议。不同意见的争议是学术发展的动力,也是通往客观真理的必经之途。我相信,这种切磋和交锋,反证了作者观点的学术价值和意义,也正是作者所竭诚期盼和欢迎的。

行政法的基本原则问题决不仅仅是理论问题。中国行政法20年的发展史,已经使人们深刻认识到:要想在法律中将行政法的规则巨细无遗地规定下来是不可能的,也是不明智的。生活无限丰富复杂且变化无尽,但是通过确立行政法的基本原则,使实践在没有法条明确规定的情况下,通过适用基本原则来解决,使基本原则具有法律效力,是一条可行的途径。周佑勇对基本原则研究的价值正在于此。

一本具有新见解的、视野开阔的行政法新专著又问世了。为好作品"鼓与呼"是我所乐于为之的事。

是为序。

2004 年 8 月 26 日于北京为公桥畔

序

姜明安[①]

  佑勇博士是我国行政法学界的后起之秀,近年来不断有佳作问世。不久前,刚读完他的《行政法原论》(修订版)一书,深感其学术功底之厚。现在,他的《行政法基本原则研究》一书的书稿又摆在了我的书案之上,展卷初览,即感觉该书很有分量,很有新意,细读其中部分章节,更觉其有鲜明特色,值得向学界,特别是向年轻学者推荐。

  首先,本书选题有重要理论价值和实践意义。行政法不同于民法、刑法,由于其调整范围广泛,且作为调整对象的行政活动变动性大,需要有较多的灵活性和较大的自由裁量空间,故任何国家难以对之制定一部统一的和稳定的法典。所谓"行政法",通常是由一国分散的、数量庞大的行政法规范构成的一个体系。这些分散的、数量庞大的行政法规范之所以能构成一个体系,形成一个称为"行政法"的法律部门,关键在于有若干具有高度统率性、指导性和广泛适用性,同时又具有相对稳定性的基本原则构成这个体系的核心。因此,研究行政法,必须研究行政法的基本原则。不研究和把握行政法的基本原则,就不可能了解行政法,不可能掌握行政法,不可能运用行政法。行政法基本原则在行政法体系中虽然有如此重要的地位,历来也为中外学者所关

[①] 姜明安系北京大学法学院教授、博士生导师,北京大学公法研究中心主任,中国法学会行政法学研究会副会长。

注。但是，迄今为止，学界却少有人对之做深入的专题研究，少有有分量的专门著作问世。佑勇博士的这一研究成果，对于完善我国行政法基本原则的有关理论及指导相关的立法、执法和司法实务工作，显然是很有意义、很有价值的。

其次，本书构思新颖，研究方法合理。行政法难以法典化的特点决定着基本原则在行政法中比其他部门法有更重要的地位，同时也决定了对这一问题的研究具有更大的难度，需要特别的构思和合理的方法才能得以证成。在本书中，作者主要围绕对行政法基本原则"如何确立"和"怎样运用"的两个方面进行构思，并分别采用比较分析、价值分析与宪政分析等方法阐明"如何确立"的问题；采用哲理分析与实证分析相结合的方法论证"怎样运用"的问题。本书系统、深入地完成了对行政法基本原则的全方位研究，可谓匠心独运，令人耳目一新。

再次，本书观点鲜明，新见迭出。在本书中，作者在认真梳理现有理论资料和批判吸收前人理论成果的基础上，形成和提出了许多创新观点和一系列独创的学术见解。如对国外行政法基本原则作出的准确归纳和科学定位，对国内现有研究状况的概括和评述，在此基础上对行政法基本原则标准重新界定和对其要领重新确定。其以全新视角将行政法基本原则概括为行政法定、行政均衡和行政正当三类原则，并对之进行了深入地分层研究，从而构筑了行政法基本原则研究的全新体系。

最后，本书运用了大量的中外文资料，论据充分。全书逻辑缜密，思路开阔，条理清晰，结构完整，写作规范，表述流畅，表现了作者的慎思与功力。

本书是作者继《行政法原论》之后在行政法学基础理论研究领域推出的又一部力作。全书所取得的整体成果和其中闪烁的思想火花，完全值得我们一读，故推荐之。

是为序。

2004 年 9 月 10 日于北京大学

目　录

第一章　导论 …………………………………………………… 1
　第一节　问题之缘起与研究价值 ………………………………… 2
　　一、行政法法典化的困难 ………………………………………… 2
　　二、法律整合价值 ………………………………………………… 5
　第二节　研究方法、构思与框架 ………………………………… 14
　　一、研究方法 ……………………………………………………… 14
　　二、构思与框架 …………………………………………………… 18

第二章　西方两大法系行政法基本原则之比较 …………… 23
　第一节　大陆法系——以法、德为代表的分析 ………………… 23
　　一、法国：行政法治与均衡原则 ………………………………… 23
　　二、德国：依法行政、比例与信赖保护原则 …………………… 41
　第二节　普通法系——以英、美为代表的分析 ………………… 59
　　一、英国：越权无效、合理与程序公正原则 …………………… 59
　　二、美国：正当程序与行政公开原则 …………………………… 80
　第三节　两大法系之共性比较与对接 …………………………… 97
　　一、普遍性的共同规律 …………………………………………… 97
　　二、共同发展趋势 ………………………………………………… 101
　　三、欧共体法所引起的变化 ……………………………………… 106
　　四、小结 …………………………………………………………… 109

第三章　我国行政法基本原则的确立 ……………………… 111

第一节 行政法基本原则理论之争·················· 111
  一、早期之"行政管理原则论"················· 112
  二、晚近之"行政法治原则论"················· 115
  三、对理论之争的评析 ······················ 120
第二节 行政法基本原则的确立标准················ 123
  一、行政法基本原则的形式标准················ 123
  二、行政法基本原则的内在根据················ 128
第三节 行政法基本原则之宪政基础················ 140
  一、宪政、宪法与行政法之关联················ 141
  二、作为宪政精神具体化的行政法基本原则········ 146
  三、小结 ······························ 156

第四章 行政法基本原则的展开
——作为行政行为之基本准则 ············· 158
第一节 行政法基本原则之一：行政法定原则·········· 158
  一、行政法治、依法行政与行政法定············· 158
  二、职权法定原则 ························ 166
  三、法律优先原则 ························ 174
  四、法律保留原则 ························ 187
第二节 行政法基本原则之二：行政均衡原则·········· 200
  一、行政裁量与行政均衡···················· 200
  二、平等对待原则 ························ 213
  三、禁止过度原则 ························ 219
  四、信赖保护原则 ························ 226
第三节 行政法基本原则之三：行政正当原则·········· 238
  一、行政程序与行政正当···················· 238
  二、避免偏私原则 ························ 250
  三、行政参与原则 ························ 256
  四、行政公开原则 ························ 262

第五章 行政法基本原则的适用
　　——作为司法审查之基本准则…………………… 272
第一节　行政法基本原则适用的效力根据…………… 272
　　一、从规则中心主义到原则中心主义 ……………… 273
　　二、价值、形式与事实的结合 ……………………… 279
　　三、法律原则的效力渊源 …………………………… 284
第二节　行政法基本原则适用的价值体现…………… 291
　　一、法律解释之一般理论 …………………………… 292
　　二、法律原则：作为法律解释之基准 ……………… 295
　　三、法律原则：补充法律漏洞之工具 ……………… 300
第三节　行政法基本原则适用之个案分析…………… 304
　　一、法律原则的运用及其意义 ……………………… 305
　　二、法律原则适用之不足与克服 …………………… 310
　　三、中国法律原则的适用：任重而道远 …………… 315

主要参考文献……………………………………………… 319

后　记……………………………………………………… 340

Table of Contents

Chapter I　Introduction ·· 1
　§ 1　Cause of the Problem and Values of Studying ············ 2
　　1. The Difficulties of Coding Administrative Law ···················· 2
　　2. The Value of Integrating Norms of Administrative Law ············ 5
　§ 2　Ways of Studying, Plotting and Framework ············ 14
　　1. Ways of Studying ·· 14
　　2. Plotting and Framework ·· 18

Chapter II　A Comparison of Basic Principles of Administrative Law Between Two Western Legal Systems ········ 23
　§ 1　Continental Law System—An Analysis in Which France and Germany are the Representatives ············ 23
　　1. France: Rule of Administrative Law and the Principle of Proportionality ·· 23
　　2. Germany: Administration According to Law, Principle of Proportionality and Principle of Confidence-Protecting ·········· 41
　§ 2　Common Law System—An Analysis in Which England and the United States are the Representatives ········· 59
　　1. England: Ultra Vires, Principle of Reasonableness and Principle of Procedural Justice ···································· 59
　　2. The United States: Due Process and Principle of Administrative Openness ·· 80

§ 3　Comparison of General Characters and Connection Between Two Legal Systems ……………………… 97
1. Universally Common Laws ……………………………………… 97
2. Common Developing Trend ……………………………………… 101
3. Changes Evoked by European Community Acts …………… 106
4. Summary ………………………………………………………… 109

Chapter Ⅲ　Establishment of Basic Principles of Administrative Law in China ………………… 111

§ 1　Theoretical Arguments on Basic Principles of Administrative Law ………………………………… 111
1. Principle of Administration Held by "Pro-Soviet" Party ……… 112
2. Principle of Rule of Administrative Law Held by "Pro-Western" Party ………………………………………… 115
3. Comments and Analyses on the Theoretical Arguments …… 120

§ 2　Standards for Establishing Basic Principles of Administrative Law ………………………………… 123
1. Formal Standards for Establishing Basic Principles ………… 123
2. Internal Basis for Establishing Basic Principles ……………… 128

§ 3　Constitutional Foundation of Basic Principles of Administrative Law ………………………………… 140
1. Relationship Among Constitutionalism, Constitution and Administrative Law ……………………………………… 141
2. Basic Principles of Administrative Law as Particularization of Constitutional Spirit ………………………………………… 146
3. Summary ………………………………………………………… 156

Chapter Ⅳ　Unfolding of Basic Principles of Administrative Law ……………………… 158

§ 1　The First Basic Principle of Administrative Law:
　　　A Principle of Legally Prescribed Administration …… 158
　1. Rule of Administrative Law, Administration According to Law and
　　　Legally Prescribed Administration ……………………………… 158
　2. A Principle of Legally Prescribed Functions and Powers ………… 166
　3. A Principle of Law Priority ………………………………………… 174
　4. A Principle of Law Reservation …………………………………… 187
§ 2　The Second Basic Principle of Administrative Law:
　　　A Principle of Proportional Administration ………… 200
　1. Administrative Discretion and Administrative Proportionality …… 200
　2. A Principle of Fair Play …………………………………………… 213
　3. A Principle of Prohibiting Excessiveness ………………………… 219
　4. A Principle of Confidence Protecting ……………………………… 228
§ 3　The Third Basic Principle of Administrative Law:
　　　A Principle of Administrative Justice ……………… 238
　1. Administrative Procedure and Administrative Justice …………… 238
　2. Principle of Avoiding Bias ………………………………………… 250
　3. A Principle of Administrative Participation ……………………… 256
　4. A Principle of Administrative Openness …………………………… 262

Chapter V　Application of Basic Principles of
　　　　　　　Administrative Law ……………………………… 272
§ 1　Validity Basis of Applying Basic Principles of
　　　Administrative Law ……………………………………… 272
　1. From Norm Centralism to Principle Centralism …………………… 273
　2. A Combination of Value, Form and Fact ………………………… 279
　3. Source of Validity for Legal Principle …………………………… 284
§ 2　Manifestation of Values of Applying Basic Principles
　　　of Administrative Law …………………………………… 291

1. A Gist of Legal Interpretation Theory	292
2. Legal Principle: Basic Standard for Legal Interpretation	295
3. Legal Principle: Tool Replenishing Legal Loopholes	300
§ 3 Analysis on Individual Cases When Applying Basic Principles of Administrative Law	304
1. Application of Legal Principle and Its Meaning	305
2. Shortages of Applying Legal Principle and Its Overcoming	310
3. Applying Legal Principle in China: the Burden is Heavy and the Road is Long	315
Bibliography	319
Postscript	340

第一章 导 论

　　法的原则，即"法律的基础性真理或原理"，① 在法律体系或法律部门中居于基础性地位。而法的基本原则，则体现着法的根本价值，"是整个法律活动的指导思想和出发点，构成法律体系或法律部门的神经中枢"。② 行政法与其他部门法一样，也需要本部门法的原则，尤其是基本原则。所不同的是，行政法在形式上有着不同于其他部门法的典型特征，即难以制定一部统一的法典，因而行政法规范只能分散于众多的单行法之中。但行政法作为一个独立的部门法，又是一个有机联系的整体。在成千上万的行政法规范之间存在着内在的必然联系，体现着相同的原理、准则和基本精神，这就是行政法的基本原则。正是这些基本原则，使行政法规范在多样性中贯穿着统一性，在纷繁复杂中形成有序的整体。这就说明行政法比其他部门法更需要基本原则，基本原则之于行政法学更具有特殊的研究价值。同时，行政法的这一特点决定着行政法基本原则无法通过行政法典的形式加以明确、统一的规定，而只能来自于理论的归纳、总结和加工。这又说明对行政法基本原则的研究较之于其他部门法而言，具有更大的难度，因而需要借助某些特殊的研究方法才能加以证成。

---

① *Black's Law Dictionary*，West Publishing Co. 1983, p.1074.
② 沈宗灵主编：《法理学》，高等教育出版社 1994 年版，第 40 页。

第一节 问题之缘起与研究价值

一、行政法法典化的困难

在国内法中，行政法虽是一个独立的基本部门法，但却很难制定出一个如同刑法典、民法典那样的统一法典。早在20世纪初，德国的威敦比克邦曾试图制定一部包括实体法和程序法规则的行政法典。从1925年起草，1931年完成，到1936年通过，共用了11年时间，后因希特勒上台而未付诸实施。① 到目前为止，世界上也只有原苏联的乌克兰、西班牙和荷兰制定了行政法典。其中，乌克兰行政法典制定于1926年，共15章528条;② 西班牙于1992年制定了《西班牙公共行政机关法律制度及共同的行政程序法》；荷兰于1994年制定了《行政法通则》(《General Administrative Law Act》)。即便如此，乌克兰行政法典也只是原苏联一个加盟共和国的行政法典，在西班牙的前述法典中程序法规范仍多于实体法规范，荷兰《行政法通则》已生效的也只有第一、二部分，第三部分还在准备之中，③ 而且它的出台亦并非轻而易举。在立法上，荷兰《行政法通则》有一个别具一格的模式，即分阶段立法模式。也就是说，它并不是一次性制定出来的，而是分阶段立法，即它首先规定最需要解决的问题，然后不断加入新的内容，至今仍处在未完成状态。因而它的体系结构也

---

① 参见应松年等：《行政法学总论》，工人出版社1985年版，第49页。

② 李华年：《苏联第一部行政法典——乌克兰行政法典》，《外国法学研究》1985年第3、4期(合刊)。

③ 参见[荷]M·斯盖特玛：《荷兰的行政程序法》，于秀艳译，载《东亚行政法研究会第三届年会暨行政程序法国际研讨会论文集》，1998年11月上海，第96页。

没有完全定型,出现章、节、条、款序号不连贯的现象(即缺章、缺节、缺条款)。

尽管有不少学者提倡行政法的法典化,①但大多数国家还是放弃了这一努力。在1986年前后,我国行政立法研究组也曾有过起草一部行政法典的设想,并形成了包括"行政主体"篇、"行政行为"篇、"行政法制监督"篇和"行政救济"篇为庞大内容的研究稿。②但是,我国后来也放弃了这一努力,而起草制定了《行政诉讼法》。

行政法之所以难以制定一部统一的法典,我国台湾学者林纪东先生认为有以下三种原因:第一,行政法的调整范围广泛。行政法不仅要规范行政组织,而且还要规范行政作用。自20世纪初以来,随着国家对社会干预的加强,行政组织不断增多,行政作用范围扩大,行政法的调整范围日益扩大。第二,行政法规范的性质繁杂。如果范围广泛而性质相同,那么仍然可以制定统一的法典。然而,各种行政法规范的性质极为不同。例如,警察行政法规范与教育行政法规范,行政征收规范与行政给付规范,等等,各有不同的目标,少有共同的基础。第三,行政法规范的变化频繁。如果行政法规范仅仅因为性质不同,那么仍然有可能作分门别类的规定,制定统一的法典。然而,"无奈行政法规,又是反映社会现象最快,变迁频繁的法规,制定为统一的法典,乃

---

① 参见[日]杉村章三郎:《行政法之法典化》,载《行政法讲座》(第1卷),有斐阁1966年版,第309页;林纪东:《行政法之法典立法问题》,载张剑寒等:《现代行政法基本论》,台湾汉林出版社1985年版,第272页以下;史尚宽:《论行政法典之编订》,载史尚宽:《宪法论丛》,台湾荣泰印书馆1973年版,第106页以下;于安:《行政法法典化浅说》,《中国法制报》1987年3月18日。

② 参见《行政立法研究资料》1986年第9、10、11、12、13期。

倍见困难"。①

行政法难以制定一部统一法典的结果之一，就是行政法的表现形式即法源多种多样。在西方国家，无论是大陆法系国家还是英美法系国家，行政法的法源除了制定法以外，还有判例和行政惯例。② 在我国，依通说，行政法的法源有宪法、法律、行政法规和规章以及条约和法律解释。最近的司法解释，即《最高人民法院关于执行〈中华人民共和国行政诉讼法〉若干问题的解释》③ 第62条第2款还把行政机关制定的具有普遍约束力的决定、命令，规定为行政行为和司法审判的依据。行政法难以制定一部统一法典的又一结果是，行政法表现为众多的单行法，其数量超过所有其他部门法之和。

行政法虽然在很多国家并没有一个统一的法典，行政法规范虽然具有分散性，但它不应当是一种杂乱无章的堆砌，而应当成为一个有序的整体，④ 这就需要行政法基本原则的作用。行政法的基本原则存在于成千上万的行政法规范之中，同时又是这些行政法规范共同体现出来的基础性原理、准则和基本精神。正是这些基本原则，才使得行政法规范在多样性中贯穿着统一性，在纷繁复杂中形成有序的整体。因而研究行政法的基本原则，对于行

---

① 林纪东：《行政法之法典立法问题》，载张剑寒等：《现代行政法基本论》，台湾汉林出版社1985年版，第273页。

② 参见[美]伯纳德·施瓦茨：《行政法》，徐炳译，群众出版社1986年版，第612页以下；[日]盐野宏：《行政法》，杨建顺译，法律出版社1999年版，第44页；[德]哈特穆特·毛雷尔：《行政法学总论》，高家伟译，法律出版社2000年版，第62页以下；王名扬：《法国行政法》，中国政法大学出版社1989年版，第16页。

③ 1999年11月24日最高人民法院审判委员会第1088次会议通过，法释[2000]8号。

④ 参见叶必丰：《我国行政法的有序化问题》，《法学评论》1986年第2期。

政法规范的有序化具有特殊的整合价值。

二、法律整合价值

行政法基本原则乃为整合行政法规范之特殊需要。它对行政法规范的整合价值，具体体现为它对行政法规范具有重要的稳定、协调和优化价值。

（一）稳定价值

为了适应行政的灵活性，行政法规范具有多变性。当然，这种多变性不应当是朝令夕改，而应当具有相对稳定性。否则，法的权威就难以得到确立，相对人也将无所适从。行政法的基本原则具有使行政法保持基本稳定的价值。

首先，相对于行政法规范而言，行政法的基本原则更具抽象性和概括性，因而也更具适应性和稳定性。行政法规范必须随社会生活的发展变化而变迁。但不论行政法规范发生怎样的变化，行政法的基本原则却始终没有变，除非民主、法治和人权不再存在。同时，行政法与宪法相比，宪法更具政治性，行政法更具技术性。因此，即使宪法发生变革，法律优先和法律保留等行政法基本原则也将得到坚持。

依法行政原则最早是由德国行政法学之父奥托·迈耶（Otto Mayer）提出并加以阐述的。他深信，这一原则将肩负起历史重任。1923年8月29日，奥托·迈耶针对当时风云多变的社会，针对魏玛宪法的命运，在其《德国行政法》（上册）第三版序言中就指出："宪法消逝，行政法长存。"应该说，这里的"行政法"主要是指他所提出和阐述的行政法基本原则和基本原理，而并非指具体的行政法规范。[①] 事实也正是如此。从这一原则提出起到现在，德国经历了从拿破仑对德国的战争到德国的统一，从

---

① 参见陈新民：《公法学札记》，中国政法大学出版社2001年版，第14页以下。

第一次世界大战到第二次世界大战,从德国的分裂到德国的统一,不论是行政法规范,还是政治、社会状况,甚至是宪法,都发生了重大变化。但是,除了法西斯专制时期外,依法行政原则却一直没有变,至今仍为德国行政法的基本原则。

在英国,行政法的基本原则有行政越权无效原则、行政合理性原则和自然公正原则。这些原则自确立以来,一直得到了公认,保持了它应有的稳定性。只是"战争时期法学沉默了",①行政法的基本原则才没有得到贯彻。在 1942 年的利物萨德诉安德森(Liverside v. Anderson)案件中,法院一致认为,战争时期,不能对外交大臣所认定的原因的合理性作司法审查。但即使是这种特殊时期的变通做法,在后来也遭到了司法界的否定和理论界的严厉批评。②

本书将在后文中进一步说明,行政法的基本原则是行政法基本的组成部分,对行政法规范具有统率性。既然这样,那么行政法基本原则本身的稳定性,也就表现为行政法的稳定性,行政法的基本原则是行政法保持相对稳定的重要因素。

其次,行政法基本原则能够保证法的稳定性和连续性。法,尤其是民意机关所制定的法律,被认为是理性意志的体现,具有合理性,也具有稳定性。行政却本来就是自由的,行政意志也往往是一种长官意志,具有更大的随意性。行政机关制定的行政法规范,相对于民意机关制定的法律而言,也具有一定的随意性。行政法规范的多变性,也主要是行政机关制定的行政法规范的多变性。例如,我国贸易部于 1951 年 3 月 6 日发布了《易货贸易管理暂行办法实施细则》。但仅隔 6 个月,到 1951 年 9 月 11 日,

---

① [英] W·Ivor·詹宁斯:《法与宪法》,龚祥瑞等译,三联书店 1997 年版,"第四版序言"。

② 参见 [英] 威廉·韦德:《行政法》,徐炳等译,中国大百科全书出版社 1997 年版,第 86 页以下。

贸易部就对它修改了一次；到第二天即9月12日，又发了两个通告，对它修改了两次；到10月12日，又对它进行了一次修改。① 这样的多变性，实际上已经是一种朝令夕改了。这种情况在英国属于反复无常，违背了行政合理性原则，应被认定为无效。这种情况在德国，可以按法律优先原则认定只适用《易货贸易管理暂行办法》，而不适用该实施细则。也就是说，通过行政法基本原则的运用，可以排除对如此多变的、行政机关制定的行政法规范的适用，坚持适用具有稳定性的高位法来实现行政法的稳定性。"根据法的合理性来制约行政的随意性"，是行政合法性原则或依法行政原则的内在要求和价值所在。②

行政法的基本原则尽管是行政作用的基本准则而不是立法的准则，但对行政法规范的制定、修改和废止也具有重要意义。具体的行政法规范，可以被不断修改。但不论对行政法规范做怎样的修改，做多少次修改，所体现的行政法基本原则却不能变。在先前的法律中体现了平等对待原则、比例原则，在经修改的法律中同样要体现平等对待原则、比例原则，万变不能离其宗，从而保证法律之间的连续性。因此，行政法基本原则是行政法在变化中保持相对稳定的因素。

（二）协调价值

广泛而多变的行政法规范必然会导致行政法规范之间的冲突。"当两个规则适用于同一案件所导致的判决结果不一致时，规则之间的冲突便凸显出来；尤其在疑难案件中，规则之间的冲突更是经常发生。对此，只有作为'规则之衡平器'的原则才能告诉法官应当抛弃哪条规则。在此，原则就发挥了其协调、消解

---

① 参见叶必丰：《行政法原理》，湖北科学技术出版社1988年版，第54页。

② ［日］藤田宙靖：《行政与法》，李贵连等译，《中外法学》1996年第3期。

规则冲突的功能。"① 行政法基本原则同样具有使行政法规范的冲突得以协调、消解的功能，从而保障行政法制度内部的协调统一。

首先，行政法基本原则能够尽量减少行政法规范之间产生的冲突。可以说，行政法规范之间的冲突在任何国家都是不可避免的。尤其在我国，由于立法主体的广泛性、② 立法地域的差异性和部门立法的本位性等因素的影响，行政法规范相互之间的冲突现象更是经常发生，普遍存在。在我国，行政法规范相冲突的形式也十分繁杂，主要有：层级冲突，即相同级别或不同层次行政法规范之间的冲突，如法规与法律、规章与法规、法规与法规、法律与法律、规章与规章之间的各种冲突；法域冲突或称区际冲突，即由于法域不同造成的冲突，如省与省、市与市、自治区与省市之间的各种冲突；时际冲突，即由于法律的溯及力、新法与旧法、未明文废止的法与新颁布的法之间的冲突；特别冲突，即特别法与效力高于特别法的普通法之间的冲突；涉外冲突等。③

所有这些行政法规范间冲突的存在，势必会有损行政法体系的协调，破坏行政法制的统一。因此，如何保障行政法规范自身的协调一致，尽量减少行政法规范之间冲突的发生就成为了一个突出的问题。"近现代立法经验表明，法律原则在防止和消弥法律制度内部矛盾和增强法制统一方面，具有突出作用。在法律的创制过程中，当处于不同效力位阶的各项原则能够被各级、各类

---

① 李可：《原则与规则的若干问题》，《法学研究》2001年第5期。

② 按现有法律授权规定，我国现在有权制定行政法规范的主体有：全国人大；全国人大常委会；国务院；国务院各部委（包括审计署、中国人民银行）；省、自治区、直辖市人大、人大常委会和政府；省、自治区所在地的市人大和政府；经国务院批准的较大的市人大和政府，以及经权力机关专门授权的特区人大和政府。

③ 参见陈有西：《论行政诉讼中的法律规范冲突及其冲突规范》，《行政法学研究》1994年第4期。

立法者刻意遵从时，法制的统一就有了最基本的保障。"① 行政法的基本原则正是体现行政法的基本精神，使行政法体系保持相对稳定的标准与准则。通过行政法基本原则来统率、指导行政法规范的制定、修改及废止工作，亦能够尽量地减少行政法规范之间产生的冲突，从而起到防止行政法规范内部矛盾和增强行政法制统一之功能。如，以解决法律与行政立法关系为核心的法律保留原则，明确划定了立法机关与行政机关在创制行政法规范方面的权限秩序。根据这一原则，凡法律保留范围的事项，行政机关非经授权不得自行创制规则，从而有效地保障了行政法规范位阶的有序性，防止了行政机关创制的行政法规范与立法机关创制的行政法规范相冲突。

其次，行政法基本原则对消解行政法规范的冲突具有根本性的指导作用。既然行政法规范之间的冲突不可避免，那么在行政法规范之间冲突已经发生的情况下，就必须通过一定的途径使其得到及时、有效地化解。一般认为，解决法律规范冲突有两种途径：一是实体法途径，即通过法规修订和编纂，使法律规范的冲突消失；二是冲突法途径，即通过确立一些共同的冲突法规则，如"就高不就低"、"新法优于旧法"等规则，在遇到法律规范相冲突的情况时，按照这些规则，选择相适应的法律规范。② 这两种途径我们现在都在使用，但笔者认为，其远未达到系统、有意识地进行解决的程度。就第一种途径而言，如前所述，行政法规范浩如烟海，全部集中编纂一部行政法典几乎不可能，在世界上的很多国家也都没有一个统一的行政法典。对此，多数人主张通过逐步对现行法律规范的修改与废止工作，来达到消除法律规范冲突的目的。但是，任何行政法规范的制定、修改及废止工作都

---

① 张文显：《法理学》，法律出版社1997年版，第73页。
② 参见陈有西：《论行政诉讼中的法律规范冲突及其冲突规范》，《行政法学研究》1994年第4期。

必须遵循一定的标准和准则,否则是难以真正达到消除法律规范冲突的目的的。就第二种途径来看,尽管这种途径在一定程度上也可以达到消除法律规范冲突的目的,但是,如果冲突规范之间也存在着冲突,该怎么办呢?对此,我国的做法是将有冲突的规则报请有权机关进行裁决或作出明确的解释。如我国《行政诉讼法》第53条规定:"人民法院认为地方人民政府制定、发布的规章与国务院部、委制定、发布的规章不一致的,以及国务院部、委制定、发布的规章之间不一致的,由最高人民法院送请国务院作出解释或者裁决。"但这只是解决了一个程序问题,而并未真正触及到问题的实质,即有权机关进行裁决或作出解释时应当遵循何种标准和准则呢?

笔者认为,无论是行政法规范的制定、修改及废止工作,还是有权机关对行政法规范之间的冲突进行裁决或作出解释时所遵循的标准,都只能是体现行政法基本原理和精神实质的行政法基本原则。这是因为,"法律原则直接承载着法律目的,凸现着法律本质,同时又涵盖着众多形色各异的法律规则"。[①] 以行政法基本原则为标准,有助于立法者和解释者正确认识行政法的实质,准确理解行政法规范的目的,从而大大降低立法或解释结果不符合法律目的的可能性。如果没有行政法基本原则的指导作用,行政法规范之间的冲突还会再次发生,不合理的法律解释也会以较高的频率出现,并使行政法规范的实施受到消极影响,从而破坏行政法制的统一。

总之,通过行政法基本原则来统率、指导行政法规范的制定、修改及废止工作,既能够尽量减少行政法规范之间产生的冲突,又能够有效化解行政法规范之间已经产生的冲突,从而保证各种纷繁复杂的行政法规范之间的协调一致。

---

① 李可:《原则与规则的若干问题》,《法学研究》2001年第5期。

(三) 优化价值

行政法规范的广泛性和多变性,不仅会导致行政法规范间冲突的不可避免性,还会导致行政法领域中出现"恶法"的可能性。"恶法"即非正义的法,或不符合客观发展规律的法等。"恶法"现象的存在必然有悖于法治的基本精神。正如古希腊学者亚里士多德所言,"法治应当包括两重含义:已成立的法律应获得普遍的服从,而大家所服从的法律本身应该是制定得良好的法律"。① 因此,如何保障行政法规范符合"良法"的标准,同样也就成为一个特别突出的问题。而行政法基本原则对行政法规范的良性运作与良性发展起着导向作用,因而在一定程度上具有优化行政法规范的价值。

首先,行政法基本原则对提高行政法规范的价值论意义,促使行政法规范内容的良性化具有指导功能。由于"法律原则直接决定了法律制度的基本性质、基本内容和基本价值倾向",② 所以行政法基本原则为行政法规范框定了伸展的范围,规定了发展的方向,不论是在精神上还是在价值上,均对其具有根本性的指导作用。这样,行政法基本原则就可以防止在行政法规范的运作中出现的不公正现象,使行政法规范从形式到内容都符合"良法"的标准。同时,行政法基本原则作为行政法的基础性原理和机理,其本身就"体现着立法者及其代表的社会群体对社会关系的本质和历史发展规律的基本认识,体现着他们所追求的社会理想的总体图景,体现着他们对各种相互重迭和冲突着的需要的基本态度,体现着他们判断是非善恶的根本准则"。③ 因此,立法者在行政法基本原则的指导下进行行政法规范的创制,在一定程

---

① [古希腊] 亚里士多德:《政治学》,吴寿彭译,商务印书馆 1965 年版,第 199 页。

② 张文显:《法理学》,法律出版社 1997 年版,第 73 页。

③ 张文显:《法理学》,法律出版社 1997 年版,第 73 页。

度上讲就是在进行相关利益的价值分析。这种内在的法律价值不仅是行政法规范良性化的实质要件,也是评价行政法规范良性化的根本标准。只有通过行政法基本原则来统率、指导行政法规范的创制,才能保证行政法规范价值的合理性,促使其内容的良性化。

其次,行政法基本原则对保证行政法规范的良性发展,推动行政法规范的良性变革具有导向作用。现代社会是变迁节奏越来越快的社会,随着社会的不断发展,新的利益、行为方式和权利要求也不断涌现,并且时常与原有的权利、义务分配结果发生冲突,在此种形势之下,法制改革或曰法律发展就成了一种惯常的现象和客观需要。这一点在富于多变性的行政法中体现得尤为突出。"由于社会经济经常处于不断变动之中,具体的行政关系也不可能一成不变,作为调整行政关系的行政法,也就需要经常进行立、改、废,以适应现实的需要。"① 而如前所述,尽管行政法规范必须随社会生活的发展变化而变迁,但行政法基本原则却是行政法在变化中保持相对稳定的因素。这样,行政法基本原则就可以防止在行政法规范的变迁中出现违背社会规律的"越轨"现象,保证行政法规范的良性发展。

更为重要的是,"在特定情况下,原则具有创生规则的功能"。② 例如,在罗马法上,"诚信"原则不仅常被直接作为有约束力的规范要素加以看待,而且,它还创生出一系列的规则。③ 可以说,原则为规则的创生和新的法律关系的形成开辟了道路。原则对于法律变革也具有不可忽视的导向作用。整个罗马法的发

---

① 周佑勇:《行政法原论》(修订版),中国方正出版社2002年版,第12页。

② 李可:《原则与规则的若干问题》,《法学研究》2001年第5期。

③ 参见[意]朱塞佩·格罗索:《罗马法史》,黄风译,中国政法大学出版社1994年版,第236页。

展史表明,新的原则不断被发现和承认的过程,往往就是法律关系主体逐渐普遍化和主体的权利内容不断拓展的过程。意大利著名法学家格罗索曾指出,万民法概念形成的主要动力是诚信原则。① 因此,"现实的法律运作中可能存在这样的情况,即法律规则在形式上并无变化,但由于统领它们的原则发生了变化,它们也就在实质上悄无声息地变幻着,有时甚至面目全非"。② 从这个意义上讲,行政法基本原则还是创生行政法规范,直接推动行政法规范进行良性变革的内在力量。

作为大陆法系行政法基本原则的行政法治原则或依法行政原理,在早期,"只是从形式上要求这种行政的合法性,而根本不问其法律内容。因此称之为形式意义上的法治主义"。③ 在这种形式意义依法行政原理的指导下,大陆法系的传统行政法只注重行政实体法规范的制定,通过严格的实体规则实现法律对行政权力的控制功能,而忽视行政程序的合理设计,对行政程序法规范似乎并不关心。20世纪以来,尤其是"二战"以后,行政领域不断扩大,行政自由裁量权不断扩张,仅靠严格的规则主义来保证行政权目的性地行使显得力不从心,因而不得不转而寻求程序的法律规制。于是,在英美法系正当程序模式的影响下,大陆法系国家逐步确立了注重程序设计的正当程序原则。该原则不仅形式上要求行政机关依法行政,严格依法办事,而且要求行政活动具有实质的正当性,符合公平正义的法律观念,因此属于实质意义上的法治主义。相应地,大陆法系的许多国家开始修正和完善

---

① 参见[意]朱塞佩·格罗索:《罗马法史》,黄风译,中国政法大学出版社1994年版,第248页。

② 李可:《原则与规则的若干问题》,《法学研究》2001年第5期。

③ [日]室井力主编:《日本现代行政法》,吴微译,中国政法大学出版社1995年版,第21页。

其严格规则模式的行政法,"从注重行政行为的合乎实体法规则向注重行政行为的合乎程序性转变",① 纷纷制定行政程序法典和行政程序性法律规范,普遍开始注重程序的作用。西方"当代依法行政原则的内涵不仅依行政实体法,更主要依行政程序法"。② 行政程序法的发展和变革从依法行政原则内涵的变化中获得了最伟大的推动力。

综上所述,广泛、复杂和多变的行政法规范,使其难以用统一法典的形式来表现,而只能分散于众多的单行法之中。由于行政法基本原则是行政法在变化中保持相对稳定的因素,故能够保证行政法的稳定性和连续性。它具有使行政法规范的冲突得以协调、消解的功能,能够起到防止行政法规范内部矛盾和增强行政法制统一的作用。它对行政法规范的良性运作与良性发展还起着导向作用,在一定程度上具有优化行政法规范的价值。正是行政法基本原则,使得行政法规范在多样性中贯穿着统一性,在纷繁复杂中形成有序的整体,并成为一个独立的基本部门法。所以,行政法基本原则乃整合行政法规范之特殊需要,基本原则之于行政法学具有特殊的研究价值。

第二节 研究方法、构思与框架

一、研究方法

任何一种学问都需要运用一定的方法,或遵循特定的方式来答复自己提出的问题。恩格斯曾在《德法年鉴》中指出:"方法

---

① 孙笑侠:《法的现象与观念》,群众出版社 1995 年版,第 185 页。
② 王周户、柯阳友:《行政法治与行政程序法》,《行政法学研究》1997 年第 1 期。

就是新的观点体系的灵魂。"① 然则行政法没有形成统一法典，所以行政法基本原则就不能如同刑法基本原则、民法基本原则那样，形诸于法律条文，统一规定在法典之中。纵观当今世界，还没有哪一个国家的行政法基本原则是以法律条文集中加以宣示的，而都是体现在若干行政法规范或行政法实践或司法判例中。因此，行政法基本原则只有通过学者们的概括、总结，才能明确。显然，不同学者研究的角度和方法不同，必然导致其所概括的行政法基本原则的差异。这说明，科学的研究方法对于行政法基本原则的研究尤其显得特别重要。

从我国行政法基本原则的研究情况来看，虽然我国自行政法学研究起步之日，学者们便开始了对行政法基本原则的研究，但是对究竟什么是行政法的基本原则及行政法的基本原则有哪些，学术界一直都没有停止过争论，迄今仍旧观点各异，尚无定论。② 同时，我国学者对行政法基本原则的研究大多还只停留在制度层面，侧重从制度层面构筑行政法的基本原则，而没有上升到价值层面展开探讨，也未能从实证的角度加以分析，更与法哲学的研究及域外的相应理论研究相隔绝。另外，行政法基本原则研究中的一些基本问题，如行政法基本原则与宪法原则的关系，行政法基本原则与行政法规则的关系以及行政法基本原则在行政活动和司法审查中的实际作用与适用等，尚缺乏深入、系统的研究。所有这些，则从另一方面表明，目前我国行政法基本原则的理论研究还存在着方法论上的缺陷，亟待更新研究的角度和方法。有鉴于此，本书拟在充分吸收我国行政法基本原则理论现有研究成果的基础之上，注意加强从法哲学的角度，采用价值分析、实证分析、比较分析与宪政分析等方法，期望能够对行政法

---

① ［苏］普列汉诺夫：《马克思主义的基本问题》，张仲实译，人民出版社1957年版，第222页。

② 详见本书第三章。

基本原则展开系统、深入的研究。

(一) 法哲学的方法

法哲学，即"从哲学观点，或者通过把哲学适用于法律问题来研究法"。①法律原则作为法哲学的基本论题之一，历来为中外法哲学界所重视。在国内，早在1989年，张文显教授就已从法哲学的角度建立了"规则·原则·概念"的法的模式理论，对原则在法的模式中与其他要素的关系以及原则的功能进行了专门的研究。②目前国内几乎所有的法理学著作都将法律原则作为法的重要要素之一予以研究。③在国外，美国新自然法学派代表人物德沃金则更是早在20世纪60年代就在原则与规则、政策的关系中系统论述了法律原则的功能以及有关的许多其他问题。④自此以后，包括法律原则在内的法的模式（要素）理论成为20世纪西方法哲学重大理论热点问题之一，得以较为充分的研究。⑤然而，这些研究成果并未能很好地被吸收到我国的行政法基本原则研究中来，中外法哲学界关于法律原则的研究，同行政法学界关于行政法基本原则问题的研究似乎是互不相干的。前揭不足不仅

---

① *The Oxford Companion to Law*, Oxford University Press, 1980, p.746.

② 张文显：《规则·原则·概念——论法的模式》，《现代法学》1989年第3期。

③ 参见沈宗灵主编：《法理学》，高等教育出版社1994年版，第35页以下；李龙主编：《法理学》，武汉大学出版社1996年版，第75页以下；张文显：《法理学》，法律出版社1997年版，第75页以下；孙国华、朱景文主编：《法理学》，中国人民大学出版社1999年版，第274页以下。

④ 参见[美]罗纳德·德沃金：《论规则的模式——略论法律规则与原则、政策的法律效力，批判实证主义》，潘汉典译，《法学译丛》1982年第2期；信春鹰：《罗纳德·德沃金与美国当代法理学》，《法学研究》1988年第6期。

⑤ 参见张文显：《二十世纪西方法哲学思潮研究》，法律出版社1996年版，第370页以下。

使我国行政法基本原则的有关理论苍白乏力，而且制约着行政法的发展。为此，本书拟将法哲学的研究成果应用于行政法基本原则的研究中，勉力加强我国行政法学与法哲学之间的沟通。

（二）价值分析与实证分析的方法

"在法学领域，价值判断是指关于法律及法是什么的判断及内心确信；实证判断是指法律及法实际上而非想象中是什么的判断及分析模式。"① 两者分别代表着西方理性主义法学与实证主义法学各自所采取的不同研究方法和思维模式。这也是西方法学史上曾经出现过的最尖锐的分歧之一。但是，随着现代西方法学派别之间的相互靠拢及统一法学的兴起，一般认为，两者之间并不是对立的，而应当是统一、互补的："价值判断不断为实证判断创造新的经验事实，开辟新的经验领域；而实证判断则为价值判断奠定了正确认识的基础。"② 对行政法基本原则的研究也应当从价值和实证两方面判断。首先，法的基本原则"是体现法的根本价值的原则"。③ 行政法的基本原则作为行政法这一部门法的"基本"原则，作为各种行政法规范的本源性的依据，同样源于它是行政法的根本价值的体现。行政法基本原则作为一种价值表述，应当包含着丰富的价值内涵，如自由、平等、正义、权利、秩序等。其中，正义是一种蕴含公平、公正、公道、自由、平等、权利等价值内涵的价值体系，是行政法基本原则追求的最高目标。行政法基本原则不只是对既定事实的简单判断，还具有开拓价值内涵的意义。价值判断是行政法基本原则的首要判断基准。其次是实证判断。行政法基本原则所蕴涵的价值和功能能否在行政活动和司法审查中得以实际运用或适用，尤其是法官如何适用行政法基本原则进行创造性的司法活动，则有赖于从经验事

---

① 葛洪义：《法理学导论》，法律出版社1996年版，第69页。
② 葛洪义：《法理学导论》，法律出版社1996年版，第87页。
③ 沈宗灵主编：《法理学》，高等教育出版社1994年版，第40页。

实出发，并结合个案研究予以充分展开。本书亦将在这方面的研究上做些努力。

(三) 比较分析与宪政分析的方法

古人云：他山之石，可以攻玉。其意思是说，通过学习他人的优点或长处可以帮助解决自己的问题。虽然行政法在各国产生和发展的政治、经济和文化背景不同，行政法律制度形式多样，但是原则上我们并不能因此而完全排斥借鉴"异域"法律技术的可能性。实际上，通过对西方两大法系行政法基本原则进行深入的内在比较研究，我们可以从中探寻其所遵循的普遍性共同规律，以为我国行政法基本原则的确立提供许多有益的启示。因此，比较的视角也将成为本文研究的基本方法之一。同时，"行政法乃具体化之宪法"，[①] 在法律部门中，行政法与宪法的关系最为密切。综观西方发达国家行政法基本原则的确立，无不以其本国的宪政原则为基础。宪法的灵魂在于宪政精神，而行政法的精髓是行政法基本原则。如果说行政法乃具体化之宪法，那么行政法基本原则则是宪政精神的具体化。因此，研究和确立行政法的基本原则必须以宪政为基础，将宪政的基本精神贯穿于行政法基本原则的具体内容之中。本书的研究亦将离不开宪政分析的方法。

此外，笔者还认为行政法基本原则应当是反映和处理行政法基本矛盾的原则，因此马克思法哲学中的矛盾分析法也将成为本书研究的重要方法。

二、构思与框架

基于上述研究方法，行政法基本原则将是一个相当宽阔的领域。本书主要围绕以下三个方面的问题进行构思，并建立相应的

[①] 陈新民：《公法学札记》，中国政法大学出版社 2001 年版，第 20 页。

框架体系：

（一）为什么要研究行政法基本原则？如何研究？

这是行政法基本原则研究首先要作出回答的问题。为此，本书第一章着力于阐释行政法基本原则之于行政法学的特殊研究价值和研究方法。此一问题缘起于行政法法典化的困难，即在国内法中，行政法虽是一个独立的基本部门法，但却很难制定出一个如同刑法典、民法典那样的统一法典，因而行政法规范只能分散于众多的单行法之中。正是行政法基本原则，使得行政法规范在多样性中贯穿着统一性，在纷繁复杂中形成有序的整体，并成为一个独立的基本部门法。所以，行政法基本原则乃为整合行政法规范之特殊需要，它对行政法规范的整合价值，具体体现为它对行政法规范具有重要的稳定、协调和优化价值。同时，行政法难以法典化这一特点又决定着行政法基本原则无法通过行政法典的形式加以明确、统一的规定，而只能来自于理论的归纳、总结和加工。因此，科学的研究方法对于行政法基本原则的研究尤其显得重要。这些方法具体应当包括法哲学的方法、价值分析与实证分析的方法、比较分析与宪政分析的方法等。

（二）什么是行政法基本原则？行政法基本原则有哪些？

这是行政法基本原则研究中的核心问题。本书从第二章到第四章共用三章的内容，对这一问题进行重点研究。

第二章从比较的视野具体分析西方两大法系的行政法基本原则。通过对西方两大法系行政法基本原则进行深入的内在比较研究，我们可以从中发现：无论大陆法系国家还是英美法系国家，其行政法基本原则都根植于各国深厚的历史渊源和特定的国情基础，因而有着各自鲜明的个性特色。如法国的行政法治与均衡原则，德国的依法行政、比例与信赖保护原则，英国的越权无效、合理与程序公正原则，美国的正当程序与行政公开原则；但同时它们也存在着某些深层次的共性特征，遵循着某种普遍性的共同规律，即它们的形成都与法治国思想同源，深刻地体现着民主法治国家精神和观念,并且还是一个判例确认与理论加工相结合的过程。从历史发展来看,虽然早期西方各国行政法基本原则的内容差异极大,个性特色鲜明,但随着西方各国行政法的发展以及欧洲一体化的影响,现代西方各国行政法基本原则在保持各自特色的同时,开始从注重实体规则向注重程序公正发展,从追求形式正义向追求实质正义(包括行政程序正义和行政实体正义)发展,就连其具体内容要求也在进行相互对接。经过发展与对接,现代西方各国共同的行政法基本原则可以概括为行政法定原则、行政均衡原则和行政正当原则。这三大原则共同构成了现代西方各国政府行使权力时所普遍奉行的基本准则。

第三章的目标是对我国行政法基本原则的确立进行分析。本章首先分析我国行政法学界在对何谓行政法基本原则及其标准的认识上存在的种种分歧与不足。接着对行政法基本原则所具有的"法律"性、"特殊"性和"基本"性等外在特征或形式标准展开讨论。然后以行政法的根本价值——"法的正义价值"(包括法的形式正义、实体正义和程序正义)和行政法的基本矛盾——"法与行政的关系"为内在根据,结合现代宪政所包含的民主、法治、人权等原则与精神,提出行政法总的基本原则为行政法治原则,具体包括行政法定原则、行政均衡原则和行政正当原则。其中,行政法定原则,要求行政必须符合法的形式正义;行政均衡原则,要求行政必须体现法的实质正义(实体正义);行政正当原则,要求行政必须体现法的程序正义。三者共同构成了行政法基本原则的完整内容。

第四章则是对行政法定、行政均衡和行政正当这三项行政法基本原则的具体内容和要求展开进一步具体、系统的分析。所谓行政法定,即"法无明文规定不得任意行政",具体包括职权法定、法律优先与法律保留原则等内容。其中,职权法定原则表明任何行政必须具有法定的依据;以解决法律与行政立法关系为核心的法律优先与法律保留则进一步揭示出作为行政依据的各种

"法"之间的关系。法律优先强调法律对于行政立法即行政法规和规章的优越地位；法律保留则要求在国家法律秩序范围内，某些事项必须专属于立法者规范，行政机关不得代为规定。所谓行政均衡，即行政主体在实施行政裁量时得全面权衡各种利益关系以作出最佳的选择判断，它全面涵盖着均衡各种利益关系的准则，可具体导出平等对待、禁止过度和信赖保护三项子原则。平等对待原则是其中均衡不同个人利益之间关系的准则，它要求行政主体针对多个相对人实施行政行为时应当做到同等情况同等对待，不同情况给予区别对待，并按不同情况的比重来设定相对人的权利义务。禁止过度原则（比例原则）和信赖保护原则都是其中均衡公共利益与个人利益之间关系的准则，前者要求行政主体在限制个人利益的手段与实现公共利益的目的之间进行权衡，以选择一种既为实现公共利益所绝对必要，也对相对人利益限制或损害最少的手段；后者要求行政主体在其实施的行政行为对相对人产生了值得保护的信赖利益时，不得随意变更或者撤销该行政行为。所谓行政正当，即行政权力的运行必须符合最低限度的程序公正标准，具体包含避免偏私、行政参与和行政公开三项具体要求。其中，避免偏私即程序中立性这一最低限度程序正义要求在行政程序中的具体体现，它要求行政主体在行政程序进行的过程中应当处于参与者各方之间保持一种超然和不偏不倚的态度和地位，不得受各种利益或偏私的影响；行政参与即程序参与性的具体化，其涵义是指受行政权力运行结果影响的利害关系人有权参与行政权力的运行过程，表达自己的意见，并对行政权力运行结果的形成发挥有效作用；行政公开即行政的公开化，是指行政权力运行的每一阶段和步骤都应当以相对人和社会公众看得见的方式进行。

（三）行政法基本原则能否作为司法审查的适用依据？如何适用？

这是一个集理论与实践于一体的重要课题，直接关系到行政法基本原则的适用效力与适用价值。本书第五章专门论及此一问题。该章首先从法的模式与法的效力两个方面论证"行政法基本原则具有适用效力"这一命题。在法哲学史上，法的模式理论经历了由"规则中心主义"到"原则中心主义"这样一个不断演进的过程，从而将法律原则引入法律体系之中，使其成为法的重要要素之一。将原则引入法律体系中，既是为补成文规则之不足的需要，也是为限缩自由裁量权之需要；它既为司法能动性提供了依据，也为司法能动性界定了合理的范围。如果承认法律原则是法律的一部分，则意味着法律原则和法律规则一样具有法律效力。法律原则和法律规则一样，其效力根据直接取决于：是否符合正义原则；是否符合法定程序；能否在实际生活中起作用。就行政法基本原则而言，可以作为其效力根据的不同来源有：宪法的具体化、法律之抽象化、法理和惯例之引申以及判例的确认。这些都能够证明，行政法基本原则并非仅仅起宣示性作用，而是有效力的，法院在司法活动中可以也应当予以适用之。接着，该章结合法学方法论上的法律解释理论就行政法基本原则的适用价值进行分析，论证行政法基本原则既是作为法官进行法律解释活动的依据及其所遵循的基本标准，亦乃实现法律漏洞补充之工具。最后，该章分析一则典型的个案——"田永诉北京科技大学案"。通过分析指出，我国法院在司法推理过程中实际上已经在运用法律原则判案，但是法官在公开而直白地运用法律原则判案上还有欠缺；同时最高人民法院的案例对法律原则的确立，无法真正发挥"判例解释"之功效。要克服目前我国法院在法律原则的适用中存在的不足，就必须客观认识并充分发挥"法官解释"与"判例解释"在我国司法解释体制中的地位和作用。而这又有赖于高素质的法官群体和独立的司法空间。但是，法官素质的提高与法律原则的适用之间，可以也应当形成一种良性的互动。

第二章 西方两大法系行政法基本原则之比较

对什么是行政法的基本原则及行政法的基本原则有哪些,西方各国的情况不尽相同,各学者也往往有不同的概括。在西方各国,以法、德为代表的大陆法系和以英、美为代表的普通法系,被公认是对世界影响最大的两大法系。这两大法系各具特点,对行政法基本原则的认识也有各自鲜明的特色。所以,这里主要以西方两大法系作为比较对象。通过对西方两大法系行政法基本原则的深入比较,我们可以从中探寻其所遵循的普遍性规律,以为我国行政法基本原则的确立提供有益的启示和借镜。

第一节 大陆法系——以法、德为代表的分析

一、法国:行政法治与均衡原则

法国素有"行政法母国"之誉,它最先从理念上承认行政法是一个独立的部门法,并通过行政法院富有创造性的努力构建了一个完整的行政法体系。而支撑这一庞大的行政法体系的正是隐藏在其背后的行政法基本原则。行政法的基本原则使法国的行政法体系虽然规模宏大但不显得杂乱无章,虽然范围广博但却构成一个和谐的整体。对此,法国著名法学家勒内·达维曾自豪地说:"一系列行政法原则已经形成,它完全可以和民法原则媲美,而

且在某些方面更胜一筹。"① 法国作为欧洲大陆法系国家中的典型代表，其行政法的产生却有着特殊的历史背景。概言之，法国资产阶级革命为法国行政法的产生提供了政治、经济、思想准备，大革命时期建立起来的独立行政法院制度直接标志着法国行政法的产生，并使以法国为代表的大陆法系之行政法院模式与英美法系之普通法院模式形成鲜明对比。正是伴随着法国资产阶级革命出现的法治国思想和独立行政法院制度的发展，在法国逐步产生和形成了行政法治原则和均衡原则，这两个原则被认为是法国行政法的基本原则。

(一) 法治国思想、行政法院制度与判例的作用

在法国，法治国的思想产生于1789年资产阶级大革命前的启蒙时代。以孟德斯鸠、卢梭、伏尔泰等为代表的一大批资产阶级启蒙思想家以理性作为武器向宗教神学和君主专制发起了猛烈的攻击。其中，作为古典自然法学派代表人物的孟德斯鸠和卢梭比较系统地阐述了法治国的思想。孟德斯鸠的"三权分立制衡论"、卢梭的"天赋人权论"、"社会契约论"、"人民主权论"都包含有丰富的法治国思想。他们倾向于个人主义和自由主义，认为"国家权力不是绝对的，国家和个人都应服从法律，法律保护个人权利，不受国家权力的非法侵害"。② 启蒙思想家的法治国思想伴随着法国资产阶级大革命的爆发进一步深入人心，并成为法国宪法的一个重要原则。1789年《人权宣言》第5条规定："……凡未经法律禁止的行为不得受到妨碍，任何人不得被迫从事法律所未规定的行为。"该宣言第6条规定："法律表达普遍意志，所有公民皆有权亲自或经由其代表来参与法律之形成。

---

① [法]勒内·达维：《英国法和法国法：一种实质性比较》，潘华仿等译，清华大学出版社2002年版，第116页。

② 沈宗灵：《现代西方法理学》，北京大学出版社1992年版，第19页。

不论保护抑或惩罚，法律必须对所有人一样……"上述规定都是当时法治国思想的表现。

个人的自然权利是孟德斯鸠、卢梭等启蒙思想家构造其法治国思想的逻辑起点，这种学说对于弘扬民主、平等、自由等价值观念起到了非常重要的作用，同时也适应了当时资产阶级革命的需要。但是，随着法国的政治风云变幻和垄断资本对加强国家权力的需要，建立在形而上学的个人主义之上的自然权利说被实证主义社会法学派的学说所取代。以狄骥为代表的实证主义社会法学不是从个人的自然权利出发，而是以社会的连带关系为逻辑起点对法治国的思想进行了阐述。狄骥认为："法律的强制力量并不来源于统治者的意志，而是来源于法律与社会相互依存的一致性。由此，法律对统治者的约束同其对庶民的约束一样严格，因为统治者与庶民一样，也受建立在社会相互关联性基础上的法律规则约束。"① 狄骥与启蒙思想家的法治国思想存在着很大的差异，但在使国家的公权力受到法律的控制和约束方面是一致的。比如，狄骥认为："国家必须遵守它所制定的法律，只要该法律未被废除。国家可以修改或取消某项法律；但只要该法律存在，国家限制行为、行政行为和司法行为都必须在该法律法定范围之内，而正是因为这一点，国家才是法治国家。"②

法治国思想的传播为法国行政法基本原则的形成与发展奠定了坚实的思想基础。首先，法治国思想的基本精神在于使国家公权力从属于法律，这种精神在行政领域的体现就是行政法治原则，即作为国家公权力之一的行政权也应受到法律的支配。其次，法治国思想不仅要求公权力服从于法律特别是制定法（形式

---

① [法]莱昂·狄骥：《宪法学教程》，王文利等译，辽海出版社、春风文艺出版社1999年版，第30页。
② [法]莱昂·狄骥：《宪法学教程》，王文利等译，辽海出版社、春风文艺出版社1999年版，第29页。

法治国），而且进一步要求公权力的行使必须符合公平、正义的观念（实质法治国）。"二战"后，随着从经济自由主义向国家干预主义的进一步发展，行政权更加广泛地深入到法国社会之中。为了应对层出不穷的社会问题，法律赋予了行政机关更为广泛的自由裁量权，在这种情况下，体现形式法治国思想的行政法治原则的局限性日益明显。为了加强对行政自由裁量权的控制，行政法院通过判例发展出了均衡原则。该原则要求，在法律没有明确规定的情况下，行政行为必须合理、适度、均衡。而这正是行政法院根据公平、正义等实质法治国的观念对行政行为提出的要求。

当然，法治国思想在行政法领域的应用必须有制度性的保障才能使该思想变为生动的现实。在这方面，法国的行政法院制度与判例发挥了巨大的作用，成为对法国行政法及其基本原则的形成具有较大影响的另一重要因素。

"法国的行政法是由行政法院适用的特殊法律，而行政法院正是为适用行政法而创造的。"① 大革命时期，法国人的一个共同信念是：最高法院代表旧制度，大革命的目标之一就是要取消司法权对行政权的干预。至今仍然有效的1790年8月16～24日的法令宣布："司法机构应当同行政职能相分离，法官不得以任何方式干预行政人员的活动，违者以渎职论处。""这项规定意味着一个终点，但它却恰恰是法国行政法的起点的标志。"② 自此以后，法国行政法院从最初的保留审判权到后来的委托审判权直至1889年通过"卡多案件"正式取消部长法官制，经历了漫长的发展过程才逐渐同实际的行政相分离。这个分离的过程是行政

---

① ［法］勒内·达维：《英国法和法国法：一种实质性比较》，潘华仿等译，清华大学出版社2002年版，第102页。

② ［法］勒内·达维：《英国法和法国法：一种实质性比较》，潘华仿等译，清华大学出版社2002年版，第115页。

法院的独立性逐步增强的过程，是行政审判权对行政权的监督逐渐强化的过程，同时也是法国行政法及其基本原则逐步形成和发展的过程。

法国行政法院自创立以来已有200年的历史，在此期间它对推进法国行政法及其基本原则的发展起到了独特而卓越的作用。对此，美国学者莫里斯·拉朗热做了十分精辟的概括：

> 行政法院所发挥的卓越作用真正是法国独创的。在这个国家里，政府经常变动，宪法也并不持久而来回更改，行政法院却是主要的稳定因素。它所赖以建立的原则，越过成文的宪法，构成一个真实的不成文的宪法……在这个多次发生革命的国家里，行政法院以渐进的方式发挥作用，它做事既谨慎，又有效，有时也被急风暴雨所颠覆，但很快又达到恢复，就这样保持着国家的永久性和民族的连续性。①

法国行政法院在控制行政权滥用、保护公民合法权益方面所起的作用尤为显著。在第五共和国创立宪法委员会之前，行政法院历年所发展的案例法几乎是惟一限制政府权力的法律。② 行政法院通过判例的形式不仅率先发展了权力滥用理论，从而丰富了行政法治原则，而且在20世纪80年代，又发展了均衡原则。均衡原则与英国的合理性原则、德国的比例原则、日本的无瑕疵裁量请求权和裁量零收缩理论同属对行政裁量权的有效控制手段，但更能体现法国行政法特色。在比较法国新、旧两个时代时，托

---

① [美]莫里斯·拉朗热：《国政院》，《图莱法学杂志》1968年第1期，转引自袁曙宏、赵永伟：《西方国家依法行政比较研究——兼论对我国依法行政的启示》，《中国法学》2000年第5期。

② 张千帆：《西方宪政体系》（下册·欧洲宪法），中国政法大学出版社2001年版，第6页。

克维尔认为两者惟一实质性的区别在于:"大革命之前,政府只有依靠不合法和专横的手段才能庇护政府官员,而大革命以来,它已能合法地让他们违反法律。"① 这种判断在托克维尔所处的时代也许是真知灼见,但是在后托克维尔时代,伴随着独立的行政法院制度的出现和行政法基本原则的形成与发展,这种说法已经与法国当代的现实相去甚远。

法国本是一个成文法国家,"同至今仍以判例法为基础的英国法相比,法国法则有以制定法为中心的法结构这种大陆法的特征"。② 因此,法院判案原则上以成文法为根据,然而在行政法中起主要作用的却是判例。这是由法国行政法的特点所决定的。因为,一方面在公法和私法相互分离的传统之下,行政法院对行政案件的审理不适用民法和其他私法的规定;另一方面由于行政事项极为繁杂,法官经常遇到无法可依的情况,不得不在判决中确定所依据的原则。在法国,"行政法的重要原则,几乎全由行政法院的判例产生"。③ 一位法国行政法学家用生动的语言说:

> 如果我们设想立法者大笔一挥,取消全部民法条文,法国将无民法存在;如果他们取消全部刑法条文,法国将无刑法存在;但是如果他们取消全部行政法条文,法国的行政法仍然存在,因为行政法的重要原则不存在于成文法中,而存在于判例之中。④

---

① [法]托克维尔:《旧制度与大革命》,冯棠译,商务印书馆1992年版,第95页。

② [日]早川武夫等:《外国法》,张光博等译,吉林人民出版社1984年版,第245页。

③ 王名扬:《法国行政法》,中国政法大学出版社1988年版,第21页。

④ [法]弗德尔:《行政法》,1984年法文版,第107页,转引自王名扬:《法国行政法》,中国政法大学出版社1988年版,第22页。

这几句话虽然有些夸张，但却十分生动地说明了判例对于法国行政法的重要性，也说明法国行政法的特点。在法国行政法中，判例占据如此重要的地位，这或许有两个原因：一是行政事务复杂多变，成文法难以适应这种速度；二是判例出自具有较高素质的最高行政法院法官之手，质量比较高。① 此外，最高行政法院的判决，逐月逐年公开发表，供学术界讨论和研究，法学界对于判决的评价，也能提高最高行政法院判决的质量。

法国行政法中的原则大多先由法官或法学家们在案件发生后提出或创造出来，经过实践的检验，有的成为普遍性的成文法原则，如行政法治原则；有的则仍处于判例状态，仅仅出现在法学家们的学术研究中，均衡原则即属此类。这些原则由判例产生，经过实践的检验，所以具有高度的适应性和灵活性，这正是法国行政法的优点之一。但是判例法也有缺点，判例中的原则只有专家才能知道，一般人无从知悉。其次，判例中的原则在案件发生以后才提出，缺乏预见性。最后，最高行政法院不受本身判决的拘束，随时可能改变以前的判决，缺乏确定性。而预见性和确定性是成文法的优点。法国行政法院的判例法制度，除英美法系国家以外，其他国家也很难完全接受。但其他国家的行政法，在一定限度以内接受判例法制度也是不可避免的。因为行政法就其本身性质而言，始终会有遗漏和不完备之处，行政法中无法可依的情况，超过其他法律部门，行政法官必须在判决中确定一些法律原则。因此立法者必须随时总结法院判决的经验，从中概括出普遍性的原则并将其确定下来。②

综上所述，法治国思想的传播为法国行政法基本原则的产生

---

① 参见胡建淼：《比较行政法——20 国行政法评述》，法律出版社1998年版，第196页。

② 参见王名扬：《法国行政法》，中国政法大学出版社1988年版，第23页。

奠定了坚实的思想基础,独特的行政法院制度为之创造了良好的制度环境,而行政法院的法官则根据实践需要通过高质量的行政判例不断对其进行丰富和完善。正是这些因素的共同作用,逐步推动了行政法治和均衡两项基本原则在法国的形成与发展。

(二) 行政法治原则

在法国,多数学者认为,行政法是调整行政活动的国内公法。调整行政活动是指行政活动必须遵守法律,在其违反法律时受到一定制裁,例如引起无效、撤销或赔偿责任的结果。这就是法国行政法学上所谓的"行政法治原则"。具体而言,它是指法律规定行政机关的组织、权限、手段、方式和违法的后果,行政机关的行政行为必须严格遵守法律的规定并积极保证法律的实施。① 该原则是法治国思想在行政法领域最为重要的体现,是法国行政法的核心原则。它主要包含以下三项内容:

第一,行政行为必须具有法律依据。行政机关只能在法律授权的范围内采取行动,这是行政法治原则的根本要求。对于公民而言,只要法律未明文禁止,就可以自由行动,而无须法律授权。但是,对于行政机关来说,则没有这种自由,而必须严格遵循"凡法律所未允许的,都是禁止的"规则。这是行政行为与公民个人行为的最大区别。惟有如此,才能使行政机关职责清晰、分工明确、各司其职、各负其责。

行政机关的权限(包括事务、时间和地域三方面),主要规定在宪法、法律等成文法之中,当成文法规定不明确时,行政法院根据法的一般原则对成文法的规定进行补充和解释。行政机关不得超越法律规定的权限范围自由行动,否则,构成"无权限"行为。无权限行为是最为严重的违法行为,在越权之诉中,"无权限"是行政行为被撤销的首要理由。但是,如果无权限机关所

---

① 这里涉及的"法律",是指广义上的法律,在法国包括宪法、法律、欧共体的规则和指令、法的一般原则、判例和条例。

作出的行为属于羁束行为，且该行为的内容符合法律规定，有管辖权的机关在同样的情况下也只能作出同样的决定，行政法院对这种行为并不撤销，因为撤销该行为"并不影响行政决定的结果和当事人的利益，而徒浪费诉讼时间"。①

第二，行政行为必须符合法律要求。行政法治不仅要求行政行为的存在须有法律依据，而且进一步要求行政行为的实施须符合法律规定的方式、程序和目的。也就是说，行政法治要求行政行为过程必须合法。惟有如此，才能实现法律对行政行为全程的监督和控制，使行政权在法律所设定的轨道上运行。但是，我们不能把行政法治的这一要求，简单理解为行政机关只能机械地把法的抽象原则适用于具体事件而没有任何斟酌选择的余地。行政行为有羁束行为和自由裁量行为之分，它们在受法律制约的程度上是有所区别的。但是，两者都必须受制于法律这一点是共同的、不可动摇的。根据行政法治原则，行政行为必须符合如下法律要求：

（1）形式合法。形式合法是指行政行为的方式和程序符合法律的规定。法律往往出于不同的目的和考虑对行政行为规定不同的形式和程序，比如行政条例的咨询、讨论和公布程序，行政处理的说明理由和书面形式等。由于法律规定的大部分形式和程序是出于保障相对人权利的考虑，因此行政机关必须遵守，否则行政法院将宣布该行为无效。但是，出于行政效率的考虑，行政法院对于形式违法的行政行为也并不是一概予以撤销，而是根据形式违法的具体情况分别作出撤销、不予撤销和补正等不同形式的灵活处理。

明确的管辖权与合法的形式共同构成了控制行政权行使的主要条件，无权限和形式上的缺陷是国家参事院（最高行政法院的

---

① 王名扬：《法国行政法》，中国政法大学出版社1988年版，第689页。

前身）撤销行政决定的最初的两个理由。在当代法国，形式和程序的重要性日益受到重视，因为"手续不仅限制每个公务人员的权力，也使每个公务人员受到其他公务人员的制约和补充"。①比如，法国在1978年公布实施了《改善行政机关与公众关系法》，1979年公布实施了《说明行政理由及改善行政机关与公众关系法》，1983年又公布实施了《行政机关与其使用人关系法令》等单行的行政程序法。

(2) 目的合法。行政行为的目的合法也是行政法治原则的重要内容。首先，任何行政行为都必须符合法律的一般目的，即必须以实现公共利益为目的，而不能出于私人或党派或者所属团体的利益。例如，当某家旅馆与市长的某个亲戚开办的旅馆形成竞争时，该市长不得以危害公共秩序为借口关闭该旅馆。其次，行政行为必须符合法律授权的特别目的。例如，在1875年的巴利塞诉省政府一案中，行政法院撤销了省长作出的关闭巴利塞先生的火柴场的决定，理由是该行为的目的不是法律与规章授予他权力时要保障的目的，而是为了维护国家财政部门的利益。②

行政行为的目的必须符合法律的规定是行政法治原则进一步深化的表现。在法国行政法治进程的初期，只要一种行政行为是由具备法定权限和资格的行政机关依据法定的方式和程序作出的，行政法院就会认定该行为合法，而不问该行为的目的和动机是什么。随着行政法治的进一步发展，行政法院发展了滥用权力的理论，根据该理论，行政法院可以审查行政行为的目的和动机。如果行政行为的目的和动机不符合法律规定，该行为将被行政法院以滥用权力为由予以撤销，从而使每一项行政行为都处于

---

① [法] 莫里斯·奥里乌：《行政法与公法精要》（上册），龚觅等译，辽海出版社、春风文艺出版社1999年版，第541页。

② 参见胡建淼：《外国行政法规与案例评述》，中国法制出版社1997年版，第616页。

行政法院的监督和控制之下。行政法院对行政行为目的和动机的审查极大地扩展了行政法治原则的内容，狄骥认为这导致了自由裁量行为概念在公法领域的消失。①

行政行为必须符合法律除了要求行政行为的形式和目的合法之外，还要求行政行为的内容和法律根据合法。

第三，行政机关必须以自己的积极行为来保证法律的实施。行政法治有两层含义：消极的行政法治和积极的行政法治。消极的行政法治要求行政行为不得违反法律规定的权限、方式、程序和目的。积极的行政法治要求行政机关以自己的积极行动保证法律的实施，这是法国行政法治原则的最新扩展。根据积极行政法治的要求，不仅行政机关拒绝作出实施法律的具体行政处理决定构成不作为的违法，而且当法律和上级机关条例要求行政机关必须制定条例，而行政机关不履行该义务的行为同样也是违法的。法国最高行政法院在1959年的一个判决中声称，行政机关在情况需要的时候如果未制定有效的条例来维持秩序，就是违反法律。② 1969年，最高行政法院又重申了上述观点：当制定行政条例为实施某个法律所必要时，行政机关有义务制定这个条例。③

行政法治原则是法国行政法的主要原则，行政法院利用该原则对行政行为进行广泛的监督，对防止行政权的滥用起到了关键作用。无论是行政处理行为还是行政条例都受到行政法治原则的支配。但是，该原则的适用是有限制的，不能适用于行政机关的某些行为，这类行为主要包括以下两种：

---

① ［法］莱昂·狄骥：《公法的变迁·法律与国家》，冷静译，辽海出版社、春风文艺出版社1999年版，第165～171页。
② 见法国最高行政法院1953年对Doublet案件的判决。
③ 见法国最高行政法院1964年11月27日对Dame Vre Renard案件的判决。

一是政府行为。行政法院出于避免与总统、议会和管理国际关系的当局发生正面冲突的实际政治需要，对下列政府行为提起的诉讼不予受理：(1) 涉及政府与议会两院之间的宪法关系的行为，比如总统召集议会或推迟议会的命令，终止议会会议或解散众议院或参议院的命令等。(2) 政府的外交行为，也就是涉及法国和其他国家之间的行为，比如政府对于国际条约的磋商、签订、批准、执行等行为。(3) 总统根据1958年宪法第16条在国家遭到严重威胁时，根据情况所采取的必要措施。另外，总统根据宪法第11条将法律草案提交公民复决的行为。

政府行为制度主要是由行政法院通过判例创造的，其范围也主要是由行政法院的判例所决定的。在法国，先后有政治动机、统治行为等理论对于政府行为的存在予以辩解。但是，无论如何解释，既不受行政法院监督又不受普通法院监督的政府行为毕竟是对行政法治原则的破坏。因此，随着法律地位的巩固和提高，行政法院通过判例逐渐缩小政府行为的范围，从而扩大行政法治原则的适用范围。比如在1875年拿破仑亲王诉战争部长案中，行政法院抛弃了"政治动机"理论，实质上缩小了不受行政法院审查的政府行为的范围。另外，法国政府的外交活动原则上不受法院的管辖，但是最近行政法院也通过案例减弱了这一原则性。①

二是特殊情况下的行政决定。特殊情况下的行政决定是指在发生了诸如战争、自然灾害等特殊情况下，行政机关为了保证公共秩序和公务运行的连续性而采取的特殊行动。特殊情况最初是指战争，之后特殊情况的范围越来越广，扩展到和平时期发生的危机和紧急情况，比如发生全国性的罢工或者是大规模的自然灾害等。

---

① 参见胡建淼：《外国行政法规与案例评述》，中国法制出版社1997年版，第614页。

对于特殊情况下的行政决定,行政法院不能用合法性原则进行审查,否则,这类行政决定可能都会因为违法而被撤销,这将使行政机关在面临特殊紧急情况时,不能迅速采取行动以消除现实存在的威胁,以维护公共利益和保证公务活动连续进行。但是,特殊情况下的行政决定对公民权利和自由是极大的威胁,必须对其加以制约和限制。因此,行政法院通过判例发展出行政法的另一项基本原则,即均衡原则。行政法院运用均衡原则对特殊情况下的行政决定进行监督和制约,从而维系了公共利益和个人利益之间的平衡。

上述可见,行政法治原则的适用存在着一定的限制,但是,随着政府行为范围的逐渐缩小,该原则的适用范围正呈现出逐渐扩大的趋势。同时,为了加强对自由裁量行为和特殊情况下的行政行为的监督,均衡原则作为行政法治原则的补充应运而生。

(三) 均衡原则

在法国,均衡原则(The Principle of Proportionality)主要是适应控制行政自由裁量权的需要而出现的,它是法国行政法院对具体行政行为的监督逐渐强化的产物,是法治国思想进一步深化的表现。"二战"后,法国行政法院的权力迅速加强,逐渐取得了独立于行政机关的法律地位,到20世纪70年代形成了对行政权力有效的监督和制约,并建立起一整套以行政法治原则为中心的行政组织、行政行为、行政监督和行政法院的理论体系。另一方面,随着社会对公共服务需求的不断增长,国家加强了对社会的干预,行政事项迅速增多,行政自由裁量权出现了日益扩大、难以监督的趋势。法院对自由裁量的行政行为和特殊情况下的行政决定难以直接运用合法性原则进行监督和控制。在此情况下,行政法学家们根据具体案件总结出了一些在特定情况下适用的、作为控制行政自由裁量权的均衡原则。

"均衡性"作为行政法院对于行政机关的具体行政行为进行司法监督或审查的原则,其含义目前仍没有一致的解释。大体说来,它是行政法院在行政机关具有自由裁量权或其他特殊情况下,在无法依据法律条文或其他原则对行政行为进行裁决的情况下,监督、审查、决定是否撤销一定行政行为的法律手段。它根据案件的具体情况审查行政行为是否合理、行政决定是否适度,审查事实与法律适用是否一致。其根本要求是"合理均衡"。①该原则的本质是行政法院通过对行政行为的均衡性审查,防止行政自由裁量权的滥用,维护行政机关和相对人之间,公共利益和个人利益之间的平衡。一般认为,下列行为违反了均衡合理原则:②

第一,判断事实明显错误。在很长时期内,行政法院只审查行政决定的合法性而不审查行政决定的适当性,以免以行政法院代替行政机关,妨碍行政效率。事实问题属于行政机关自由裁量权的范围,行政法院不评价行政机关事实上是否应当作出某项决定。但是,进入20世纪以后,为了加强对自由裁量权的监督,行政法院在"越权之诉"中开始审查作为行政行为根据的事实问题,将"判断事实明显错误"作为撤销行政行为的理由之一。所谓"明显错误"是指不需要专门的知识,任何通情达理的人根据一般的常识都能看出的错误。当一个行政行为存在这类错误时,必然会造成事实和法律适用之间的失衡或者不相称。"当行政决定的结果看起来有悖良知、丑恶可耻、违背逻辑(例如,在公职部门中,一个小小的错误导致解职)时,法官将撤销这个决定。"③而且,随着地位的逐渐提高,行政法院以越来越灵活的方式来判断"明显"的特征。"判断事实明显错误"是行政法院

---

① 王桂源:《论法国行政法中的均衡原则》,《法学研究》1994年第3期。
② 主要参见王桂源:《论法国行政法中的均衡原则》,《法学研究》1994年第3期。
③ [法]古斯塔夫·佩泽尔:《法国行政法》,廖坤明等译,国家行政学院出版社2002年版,第45~46页。

对自由裁量行政行为进行均衡性监督的最常见方式。通过这种均衡性监督，行政法院力图保持行政机关和行政相对人之间，公共利益与个人利益之间的平衡。

第二，手段与目的不相称。行政机关有选择达到行政目的手段的自由，但是这种自由不是没有限制的。在有多个手段可以达到法律所规定的目的的情况下，如果行政机关所选择的不是对行政相对人损害最小的手段，则属于手段与目的不相称。手段与目的不相称造成了对个人权利的过度侵害，使公共利益和个人利益的关系失去了平衡。行政法院对行政行为手段和目的的均衡性监督主要适用于两个方面：(1) 适用警察行政领域。这方面的典型案例是1933年的"本杰明"案。在该案中，本杰明先生要求举办一个艺术研讨会，但是，市长担心发生骚乱，因此以维持公共秩序为由，下令禁止研讨会的举行。最高行政法院认为，市长可以采取其他手段达到维持公共秩序的目的，如召集大量警察，既可以避免骚乱，又不至于对公民的自由构成威胁。再如，在1953年的一个判决中，行政法院撤销了市长的一个命令，市长规定集市上的流动商贩必须具有对第三人伤害保险的保险单，法院认为为了保护公共安全，这项规定对进行危险表演的艺人来说是必要的，但是对于贩卖糖果和花卉的商贩来说是过分的。[①]
(2) 适用于监督"特殊情况"下的行政行为。对于特殊情况下的行政行为，法院无法进行合法性监督，但是，为了避免该类行为对公民权利和自由造成过度的侵害，行政法院仍然要对行政行为进行均衡性审查，这包括审查特殊情况是否存在；行政行为的目的和动机是否为了满足公共利益的需要；其行政是否与当时的情况相适应，是否超过了必要的限度。可见，在上述两种情况中，行政法院同样是致力于在公共秩序和公民的自由之间、公共利益

---

① 参见王名扬：《法国行政法》，中国政法大学出版社1988年版，第472页。

和个人利益之间寻求合理的均衡以避免行政权对相对人的过度侵害。

第三，损失与利益失衡。这是指行政行为所要实现的利益和所造成的损害结果之间不相称，失去平衡的情况。行政法院对行政行为的这种均衡性监督主要适用于计划行政与公用征收相关的领域。如在计划行政领域，行政法院曾经以一个飞机场开放计划可能花费的资金与有关市镇可能提供的资金之间不成比例为由而宣告该计划违法。① 又如，在 1971 年的一项判决中，行政法院根据均衡原则拒绝了居民诉请撤销某项市政工程计划的要求。在该案中，法院认为该工程计划中修建一条公路的得益高于因此而征用拆除的 90 所房屋的价值。在类似的另外一个案件中，尽管地方议会为了公共利益具有提供牙科诊所的广泛权力，行政法院仍然可以审核是否有必要在该地区设置诊所以及公共投资与收益是否相称。② 在上述案件中，由于行政机关拥有广泛的自由裁量权，行政法院难以应用行政法治原则进行监督审查，同时，由于这类案件的专业性和技术性很强，法官也很难"判断事实是否明显错误"，因此，法院往往审查公共工程计划所可能得到的效益和可能引起的损害之间是否达到了平衡。法国法学家古斯塔夫·佩泽尔在谈到法律对行政自由裁量权的限制时指出：

> 在为公益事业而进行的行政征用方面，今天法官监督是否存在对私有财产的损害，财政成本和可能对社会产生的不便，或征用是否损害其他公共利益，它所代表的利益是否过分。③

---

① 参见赵娟：《合理性原则与比例原则的比较研究》，《南京大学学报》（哲学人文科学社会科学版）2000 年第 5 期。

② 参见张千帆：《法国的国政院与行政行为的司法控制》，《中国法学》1995 年第 3 期。

③ [法]古斯塔夫·佩泽尔：《法国行政法》，廖坤明等译，国家行政学院出版社 2002 年版，第 47 页。

可见，行政法院对这类案件的审查是根据案件的具体情况，权衡各方面利弊的结果。法国行政法学称这种权衡是"损失和利益对较表"。①

在法国，行政法院对行政行为的监督主要表现为合法性审查，因此对行政行为是否合理、妥当和均衡的监督被严格限制在特定的范围内。目前，行政法院只能将该原则适用于对行政处理的审查而不适用于对行政条例的监督。在实践中，行政法官尽量不应用均衡原则，而是采用行政法治等原则对行政行为进行监督和审查。因此，均衡原则是以行政法治原则之补充的面目出现的。

均衡原则的适用之所以有上述的限制，一方面是分权的需要。行政权和行政审判权是两种不同性质的权力，有必要保持两者之间适当的分离和独立，这在客观上要求行政审判权对行政权的监督应当保持在适当的范围内，以免行政审判权过分侵犯行政权，妨碍行政效率。另一方面是历史传统的原因。"独立的普通法院和行政法院为法国保持了基本法治，从而在动荡的政局背后为社会带来了稳定。但或许是大革命的冲击，法国的法院至今坚持着谦逊的外观。"② 大革命以后的很长一段时间内，行政审判权依附于行政权，因而行政机关也就放心地接受了行政法院的监督。但是，随着地位的逐步提高，行政法院对行政权实行了越来越广泛和深入的监督，这种情景在某种程度上可能会唤醒法国人对大革命前的最高法院的回忆。因此，行政法院对行政权的监督在富有创新性的同时，又是非常谨慎的。均衡原则的适用实质上相当于对行政行为是否适当的审查，这已经达到了行政权和行政

---

① 王名扬：《法国行政法》，中国政法大学出版社 1988 年版，第 699 页。

② 张千帆：《西方宪政体系》（下册·欧洲宪法），中国政法大学出版社 2001 年版，第 6 页。

审判权相互交叉的灰色地带,稍有不慎,就有行政审判权侵犯行政权,行政审判权代替行政权之嫌。因此,行政法院在适用均衡原则时也就格外小心谨慎,严格限制其适用范围。

如上所述,由于分权和历史等原因,行政均衡原则的适用存在一定的限制,但是,应当看到的是,该原则对控制行政自由裁量行为和政府日渐扩大的特殊权力起到了独特的作用。在很多情况下,行政法院对行政行为的监督表面上利用的是行政法治原则,实则应用的是行政均衡原则。可以预见的是,随着行政法院独立地位的进一步巩固和权力的进一步增强,以及社会对行政自由裁量权和特殊情况下的行政行为加强监督的需求的不断增长,该原则在法国行政法中将发挥越来越大的作用。目前,该原则已经超越了行政法领域,为法国宪法委员会所继承,用以审查法律的合宪性。[①] 同时,该原则也超出了国界,对其他国家的行政法学产生了相当的影响。比如,英国上议院认为,英国行政法将来有可能接受这一原则,作为审查行政行为的一项依据,并承认它相当于英国的"温斯伯里不合理性原则"(Wednesbury Principle of Unreasonableness)。行政法学者约威尔和莱斯特尔也主张英国应引进和移植这一原则,以弥补英国行政法原则的缺陷。[②] 从现实看,均衡性监督在欧洲法中也已经得到了实际的应用,比如,欧洲法院在"超热牛奶许可案"、"消毒牛奶进口案"、"产品国籍标志案"以及"原油进口案"等一系列案件中都运用了该原则。[③] 随着欧洲一体化进程的不断推进,这一原则将不仅对欧洲

---

① 参见张千帆:《西方宪政体系》(下册·欧洲宪法),中国政法大学出版社2001年版,第98页。

② 参见[英]勃伊伦:《英国行政法中的均衡原则》,《牛津法律研究》1992年第2期,转引自王桂源:《论法国行政法中的均衡原则》,《法学研究》1994年第3期。

③ 参见赵娟:《合理性原则与比例原则的比较研究》,《南京大学学报》(哲学人文科学社会科学版)2000年第5期。

大陆行政法产生更大的影响,也将会被英国行政法所接受,进而带来英美法系行政法的变化。

二、德国:依法行政、比例与信赖保护原则

德国与法国并称为现代大陆法系的两大脊梁。法国在大陆法系中以民法的贡献最大,同时也是现代行政法的发源地。但在公法学,特别是行政法学领域,后来居上的德国也形成了现代世界行政法体系中一股不可忽视的力量。① 尤其是其行政法的基本原则被誉为欧洲行政法之灵感与源泉,对各国行政法发展的影响极大,以至于欧洲法院直接采用了一些德国行政法的原则。对德国行政法及其基本原则产生最重要影响的因素是其法治国理念与基本权利、议会民主等宪法原则。正是伴随着这些因素的影响与作用,在德国行政法上逐渐形成了依法行政、比例与信赖保护等三大并驾齐驱的基本原则。

(一)法治国思想的变迁与宪法原则的作用

德国不仅是法治国或法治思想与制度的发源地,而且"法治国"(Rechtssaat)一词也为德国人所创造。② 但是法治国思想与制度在德国却经历了一个曲折的过程——发端于18世纪末的实质上的自由法治国思想在19世纪专制时代创立并走向了极端形式化,直到20世纪40年代中期波恩政权才使之复生和全面开

---

① 参见陈新民:《德国公法学基础理论》,山东人民出版社2001年版,第115页。

② 所谓法治国(Rechtssaat),即指国家依法而治,已成为现代法学界的共同语言。但究其源头,首次使用"法治国"用语的乃是18世纪德国哲学家普拉西杜斯(J.W.Placidus)在1798年出版的《国家学文献》一书,参见陈新民:《德国公法学基础理论》,山东人民出版社2001年版,第116页。

场,即恢复"实质法治国"并走向公正法治国。①

在自由法治国时期,只着重社会安全、公共秩序的维持,国家成为形式法治国,国家的干预行政,只要有法律依据即为已足。法治的目的,在于防止集权专制,进而保障人权自由,是消极的、机械式的法治境界,只是期许行政与司法机关依据法律规定,亦步亦趋,欠缺自由裁量余地。但法治国思想的兴起,又是人类政治文明高度发展的表现,它利用严格的法律制度以及立法技术,将国家权力、行政权力及司法权力控制在法律预定范围之内,以保障人民的自由权利。自由法治国随1918年"一战"的结束而崩溃。由于战争带来民生凋敝、社会动荡不安,于是产生新的社会法治国理念,要求国家大力振兴经济,增加就业机会,为所有国民提供更多安身立命的照护。② 此时期的法治特色为,创造具有人性尊严的生活条件,引进社会安全体系,强调社会公平,确保社会自由,建立必要的公法补偿体系。行政法的任务亦不再局限于保境安民等传统任务,它不仅要消极地保障人民不受国家过度侵害的自由,更要积极地提供人民生活、工作上的照顾,国家不再是夜警,而是给付的主体。③"无法律即无行政",变成"无法律也得行政",行政的角色愈来愈重要,委任立法与不确定法律概念即在此时产生。④ 于是,社会法治国重新使国家走向积极,重建公正的实质法治国。

这就是说,法治国思想在德国经历了一个从早期实质意义法治原则到近代形式意义法治原则再到现代实质意义法治原则的发展变迁过程。所谓形式意义的法治原则,是指所有国家活动都必

---

① 参见郑永流:《德国"法治国"思想和制度的起源与变迁》,夏勇编:《公法》(第2卷),法律出版社2000年版,第38页以下。
② 参见吴万得:《论德国法律保留的要义》,《政法论坛》2000年第4期。
③ 参见翁岳生:《行政法》,中国法制出版社2002年版,第60页。
④ 参见董保城:《行政法讲义》,台湾1993年版,第13页。

须符合法律特别是制定法,只要国家机关的行为符合法律规定,即认为达到了法治国原则的要求。实质意义的法治原则,则是指国家权力及其行使都必须依据公正、明确、稳定的议会法律,公民的自由与权利受到宪法和公正程序的保障,即所有国家活动不仅要符合法律规定,而且必须符合公平正义的观念。印度行政法学者 M·P·赛夫在论及德国的这两种法治观念时指出:

> 实质上的法治要求实现公正的法律秩序,这一原则要求国家的权力应当服从于各种确定的、不可变更的宪法原则,服从实质性的基本价值;而形式的法治要求,国家的一切活动都应当以宪法规定的各种法律为依据。①

与法治国原则的发展变迁相应,德国行政法基本原则也在法治主义由机械走向机动,行政权由消极走向积极的历史背景下逐步发展并完善,即由作为形式主义的依法行政原则过渡到实质主义的比例、信赖保护原则。

法治国的理念与原则在德国是通过宪法而确立的。"事实上,德国行政法,很大程度上是相当近期的来自宪法激励的产物。""这里重点强调的一些德国行政法原则,它们由宪法帮助形成,又引人注目地在欧洲层次上再现。"② 德国宪法不仅规定了法治国原则,还规定了议会民主、基本权利之保障等一系列基本原则,它们都为德国行政法基本原则提供了最重要的宪法基础。

议会民主原则要求,凡有关公共生活的重大决定,尤其是对人民具有重要性的普遍规制,应由人民选举的代表所组成,具有

---

① [印] M·P·赛夫:《德国行政法》,周伟译,台湾五南图书出版公司,第15~16页。
② [德] 格奥尔格·诺尔特:《德国和欧洲行政法的一般原则——历史角度的比较》,于安译,《行政法学研究》1994年第2期。

直接民主合法性的议会议决。这不仅由于议会具有直接民选之合法性,亦在于议会系在在野党的参与及监督下,以公开、透明及严谨的程序,经周详讨论而议决议案,较能保证法律内容的正确性。① 因此,只有人民选举的、体现直接民主的、合法的议会才能够对共同体的重要事务制定针对全体公民具有法律约束力的规则。这就要求,一个独立的和实质的行政决定,必须以议会的法律为依据,以议会的预算为财政支持,以政府对议会的负责而受到控制。但是另一方面,仅仅依靠议会是不够的。现代行政拥有比过去行政多得多的空间和积极作为的责任,它不仅有义务执行作为一般规则的法律,而且必须独立地面对社会和社会成员提出的各种要求,需要考虑让他们参与和与他们合作的可能性。因此,民主原则还要求行政活动必须"保证人们获得通过参与的自治"。②

基本权利是由宪法加以确认或规定的公民的首要的、根本的权利。在民主法治国家,基本权利之保障是宪法制定的最终目的。德国早在1848年就颁布了《基本权利宣言》,是较早提出"基本权利"的国家之一。③ 1949年德国《基本法》第一章就明确规定对公民基本权利的保障,除了表明对人权传统的继承外(第1条第2款),还明定基本权利对于所有类型的公权力均有直接拘束的效力(第1条第3款)。长久以来,"基本权利"一章就一直是德国《基本法》的"磁场中心所在","就像磁铁般牢牢地吸引住基本法其他部分与几乎所有普通法律的内容,对它们起了引导、放射、影响与塑造的作用"。④ 基本权利之保障原则要求,

---

① 参见陈敏:《行政法总论》,台湾1999年版,第143页。
② 于安:《德国行政法》,清华大学出版社1999年版,第46~47页。
③ 德国的《基本权利宣言》与美国的《独立宣言》、法国的《人权宣言》具有同等重要的地位。
④ [德]Christian Starck:《基本权利的解释与影响作用》,参见许宗力:《法与国家权力》,台湾月旦出版公司1993年版,第479页。

公民的自由和财产应当得到法律的全面保护，行政机关只能根据法律规定或者在具有法律规定的基础上才能加以限制，行政机关活动的界限应当由立法者确定。① 同时，它强调以公民的自由、权益为本，个人不再是行政之"仆从"，而是具有"人性尊严之公民"，行政机关必须给予尊重。② 这种尊重不是特别的恩赐，而是要求行政当局根据基本法规定的法治国原则与社会国原则，平衡或调整法律保护的个人利益，以促进个体人格的完善、个人的全面发展。申言之，基本权利之保障并非空洞的口号，而必须透过信赖保护、比例原则等法律制度使之具体化、详细化和具有可操作性。经过德国联邦宪法法院长期以来对基本权利所作的精致的法解释学工作，基本权利已成为相当稳定的规范性标准。

可见，德国宪法所规定的议会民主原则和基本权利保障原则不仅决定着德国行政法上的依法行政原则，还要求行政活动符合比例原则，遵循信赖保护原则等。

(二) 依法行政原则

法治国的思想发轫于德国，法治国理念孕育着依法行政原则 (Der Grundsatz Gesetzmässigkeit der Verwaltung)。依法行政原则是法治国成立的最基本要素，亦为一切行政行为必须遵循之首要原则，③ 其涵义是指行政活动必须接受议会法律的规制，并置于法院的司法控制之下；行政活动违法的，必须追究行政机关的法律责任。德国行政法学鼻祖奥托·迈耶 (Otto Mayer) 认为，依法行政原则包括以下三项原则：第一，法律的规范创造力原则，

---

① 参见高家伟：《论德国行政法的基本观念》，《比较法研究》1997年第3期。

② 参见［德］哈特穆特·毛雷尔：《行政法学总论》，高家伟译，法律出版社2000年版，第21页。

③ 参见吴庚：《行政法理论与适用》，台湾三民书局1989年增订第7版，第80页。

即行政机关所制定的行政法规范是法律创造的；第二，法律优位原则，即法律对行政具有支配性地位，行政作用不得与法律相抵触；第三，法律保留原则，即一切行政作用虽非必须全部从属于法律，但基本权利的限制必须由法律规定。① 多数学者则认为，当代德国行政法的依法行政原则由两部分组成，即法律优先原则和法律保留原则。②

第一，法律优先原则（Vorrang des Gesetzes）。基于宪法主权在民的理念，行政权的行使应基于国民的意思，以国民的利益为之，代表人民总意的立法机关所制定的法律，自应优越于行政机关所颁布的行政命令，这就是法律优先原则。正如奥托·迈耶所言：

> 以法律形式出现的国家意志依法优先于所有其他形式表达的国家意志；法律只能以法律的形式才能废止，而法律却能废止所有与之相冲突的意志表达，或使之根本不起作用。③

---

① 参见城仲模：《行政法之基础理论》（增订新版），台湾三民书局1994年版，第5页。我国台湾学者陈新民对奥托·迈耶的观点有不同的解释，参见陈新民：《行政法学总论》，台湾三民书局1997年版，第51页以下。

② 参见［德］哈特穆特·毛雷尔：《行政法学总论》，高家伟译，法律出版社2000年版，第103页；于安：《德国行政法》，清华大学出版社1999年版，第25页；高家伟：《论德国行政法的基本观念》，《比较法研究》1997年第3期。我国也有学者将这两个原则称为"法律至上"和"法律要件"，参见胡建淼：《比较行政法——20国行政法评述》，法律出版社1998年版，第269页；应松年、袁曙宏主编：《走向法治政府》，法律出版社2001年版，第120页以下。

③ ［德］奥托·迈耶：《德国行政法》，刘飞译，商务印书馆2002年版，第70页。

法律优先原则的宪法依据是德国《基本法》第20条第3款的规定,即"立法权受宪法的约束,行政权和司法权受法律与法的拘束"。就行政领域而言,法律优先即法律对于行政权的优越地位,以法律指导行政,行政作用与法律抵触者不生效力。① 它适用于行政机关的一切行为——无论是行政机关的事实行为还是法律行为,无论是公法上的行为还是私法上的行为,都必须接受法律的约束。法律优先原则旨在防止行政行为违背法律,并不要求一切行政行为都必须有法律之明文依据,只需不消极违背法律规定即可。② 但为达到此目的需具备两个前提:一是确认规范之位阶性,且授权命令仍应受法律优先的限制;二是法律须具有明确具体的内容,一旦违反即有制裁的效应出现。若法律规定空洞不具实质涵义,亦无制裁效应,则所谓法律优先就毫无意义可言。尽管法律优先原则赋予行政机关采取合法行为的义务,而没有直接设定违反该义务的后果,但是,如果该原则没有被遵守,则必须承担相应的制裁:违法的法规命令无效;违法的行政行为原则上是可撤销的或者可废除的;违法的行政合同亦无效。

第二,法律保留原则(Vorbehalt des Gesetzes)。所谓法律保留,是指行政机关实施行政行为必须有法律的授权,无法律授权的行政行为无效。该原则是19世纪奥托·迈耶在君主立宪的背景下作为宪政主义的宪政工具而发展起来的,是自由法治国时期所产生的代表性理论。其初衷是禁止行政机关在没有法律规定的情况下对个人自由和财产权利的干预。因此,当时法律保留原则仅限于"侵害行政"或"干预行政",而没有把所谓"给付行政"和"内部行政"纳入法律保留的范围。但随着行政职能的扩张、对社会生活的影响加深以及公民权利的发展与充实,传统侵害保

---

① 城仲模:《行政法之基础理论》(增订新版),台湾三民书局1994年版,第5页。
② 参见董保城:《行政法讲义》,台湾1993年版,第75页。

留的范围显然已不适应时代的要求。当代的标准是由联邦宪法法院提出的所谓"重要性"理论,即凡涉及基本人权的"重要事项",均必须保留给立法者自己制定。至于重要事项的标准问题,德国学者哈特穆特·毛雷尔教授指出:

> 重要性的标准并不——像人们猜测的那样——是事物的性质,而是某个规则对共同体和公民个人的意义、分量、基础性、深远性及其强度等。重要性不是确定的概念,而是一个阶梯。某一个事务对于共同体或者公民来说越重要,对立法机关的要求就越高,随之而来的是调整密度:公民个人的基本权利越深远、紧迫,该权利对共同体的作用就越重要;社会问题越充满争议,法律调整就越应当精确而严格。因此存在一个阶梯结构:完全重要的事务需要议会法律独占调整,重要性小一些的事务也可以由法律规定的法令制定机关调整;一直到不重要的事务,不属于法律保留的范围。①

重要性理论的提出,大大发展了法律保留的范围,除干预行政外,也包括给付行政和内部行政在内。尤其是在以往,内部行政领域(公务员关系、学校、监狱、军队及其他公共营造物关系)属于所谓的特别权力关系,由行政机关自行制定的行政规则加以调整,而无法律保留的适用余地。但现在,按照重要性理论,特别权力关系中公务员、学生、军人等的权利亦有所保障,即适用法律保留原则。

在法律无明文规定领域,由于行政活动并没有违反法律,故不违反法律优先原则,惟因欠缺法律之授权,才发生违反法律保

---

① [德]哈特穆特·毛雷尔:《行政法总论》,高家伟译,法律出版社2000年版,第110页。

留原则之问题。① 换言之，法律优先仅仅消极地要求行政按现行法律办事，不采取与法律规定相冲突的措施，因此，只要行政行为不违反法律规定，就达到了法律优先原则的要求。而法律保留原则要求对人民义务之负担，权益之侵害，均属立法权的范围，行政非有法律授权不得为之，越权无效。它要求行政机关实施行政行为必须得到法律授权，没有得到法律授权的行为即使与法律规定不抵触，也是无效的。显然法律保留原则对行政机关的要求比法律优先原则严格，故法律保留原则被称为积极的依法行政，而法律优先原则为消极的依法行政。② 在判断行政活动的合法性时，首先应适用法律保留原则，只有有关事项不属于法律保留的调整对象时，才能考虑适用法律优先原则。因此，法律保留较诸法律优先更集中地体现了依法行政原则的要求，是依法行政原则的核心内容。

百余年前，奥托·迈耶倡议"依法律行政"，特别就其中要素提出了积极意义的法律保留原则，以符合民主主义、法治国及权力分立原理，保障人民权利，防止行政之恣意滥权。这是德国经典意义的"无法律即无行政"的依法行政原则。但是，"公法上任何原则与制度的发轫，必有时代背景为其造因；俟时移势异，人民就灵敏的改弦更张，以求适应"。③ 资本主义初期，为适应自由竞争的需要，提倡管得最少的政府就是最好的政府。所以，奥托·迈耶时代所建构的"依法律行政"原则，将对行政权的限制系于狭义的法律之上，强调行政须依实证法律规定为之。"二

---

① 参见翁岳生：《行政法》，台湾翰庐图书出版有限公司1998年版，第138页。
② 参见吴万得：《论德国法律保留的要义》，《政法论坛》2000年第4期。
③ 城仲模：《法律保留之现代意涵》，《月旦法学杂志》2003年第98期。

战"后,联邦德国在《基本法》第20条第3款规定,行政权(及司法权)应受法律与法之拘束。"法律"在此作狭义解释,而后者的"法"不仅包括狭义的法律,也包括实质的法,例如宪法及其他根据法律制定之法规等行政立法,且更多的是指法的理念、法的原则与精神,这是德国依法行政理论的主要变化。基于此,奥托·迈耶时代所强调的"依法律行政"原则转变为"依法行政"原则,一字之差,却表现为整个法理的转变。① 这是行政法治史上的一大飞跃,是人们对政府法治的要求从形式走向实质的标志。行政权由法律的拘束扩展为受法之拘束,对公民的权利保障更为周全,对法治国的理念也增加了崭新的内容。但作为拘束行政权"法源"的变化,由具体明确的实证法律,变成具有自然法思想如公平正义的法,当然会失之于抽象与概括,但此缺陷正可以透过行政法理与伦理思维的推敲来弥补。特别是行政法学经过200多年的历史演进,逐渐形成了诸如比例原则、信赖保护原则等经验法则,从而不必将依法行政原则绑死在僵硬的法条上,改采较具弹性且宏观的"法"来拘束行政权,对于达成实质正义无疑具有重大的作用。昔日依法行政的理念已与时俱转,由形式意义的依法行政遁入实质意义的依法行政。②

(三) 比例原则

随着德国法治国思想从形式意义法治原则到现代实质意义法治原则的发展,比例原则也成为了德国行政法基本原则的重要组成部分。比例原则(Der Grundsatz der Verhältnismäβigkeit)③

---

① 陈新民:《中国行政法学原理》,中国政法大学出版社2002年版,第39页。

② 城仲模:《法律保留之现代意涵》,《月旦法学杂志》2003年第98期。

③ 也有学者称之为"均衡原则"或"平衡原则",参见[德]格奥尔格·诺尔特:《德国和欧洲行政法的一般原则——历史角度的比较》,于安译,《行政法学研究》1994年第2期;于安:《德国行政法》,清华大学出版社1999年版,第29页。

作为实质意义法治国原则的典范,在德国行政法中有着极其重要的地位,被誉为公法领域的软化剂(Weichmacher)。① 它不但为现代条件下的干预行政提供了新的规范形式,而且具有普遍的适用性。在行政法上,无论是制定普适性规则的行政活动还是传统的行政行为,都应当接受该项原则的规范和制约,并以此判断它的合法性。② 奥托·迈耶曾将比例原则誉为行政法中的"皇冠原则"。我国台湾学者陈新民教授认为,比例原则是拘束行政权力违法最有效的原则,其在行政法中的角色如同"诚信原则"在民法中的角色一样,两者均可称为相应法律部门中的"帝王条款"。③

比例原则滥觞于19世纪警察国家时期,渊源于法治国理念及基本权利之本质,通过联邦宪法法院的判决逐步成为限制行政权的有效手段,并通过判例的形式予以概念化、体系化而提升到宪法位阶。一般认为,广义的比例原则具体包括妥当性、必要性和均衡性三个子原则。④

第一,妥当性原则(Geeignetheit)。又称适应性原则,即行政机关所采取的方法,应有助于达成其所追求的目的。而这个目的限于法律所预设的、所允许的目的,即法定的为保护公益的公共性目的。可见,妥当性原则就是要求行政机关所使用的手段能

---

① Friedrich Schnapp, Die Verhältnismäβigkeit des Grundrechtseingriffs, Jus 1983, s.850. 转引自蔡震荣:《论比例原则与基本人权之保障》,《警政学报》1990年第17期。
② 参见于安:《德国行政法》,清华大学出版社1999年版,第29页。
③ 陈新民:《行政法总论》,台湾三民书局1997年版,第62页。
④ 也有学者认为比例原则只包括必要性原则与合比例原则两个部分,如德国著名学者乐雪、希尔希贝格等,参见陈新民:《行政法总论》,台湾三民书局1997年版,第61页;陈新民:《德国公法学基础理论》,山东人民出版社2001年版,第374页。

切实地完成立法者的预期目的。① 有学者以如何防止凶猛的狗咬伤人为例来说明此原则:"警察要求凶猛的狗的主人在带狗外出时,要在狗身上挂上警铃,就不是妥当的措施。而要防止狗伤人,妥当的措施应是为狗戴上口罩。"②

依据德国联邦宪法法院的见解,只要手段不是完全或全然不适合即不违反比例原则,即使只有部分能达成目的,亦不违反该原则。故法院对妥当性原则采用了最低的标准要求。并且这个最低标准不是以客观结果为依据的,而是以措施作出时有权机关是否考虑到相关目的为准。③ 但在行政实践中,任何一个措施都"多多少少"会有助于达成目的,因此本原则实际上很难派上用场。④

第二,必要性原则(Erforderlichkeit)。又称最少侵害原则,是指在众多能够达成行政目的的手段中,行政机关应当选择对公民权利限制或侵害最少的手段。该原则适用的前提,是同时存在若干个适合于达成行政目的的手段,否则,只有惟一的手段方可达成目的时,则无法适用。所以,该原则考虑的焦点集中在各个手段间的比较与取舍之上。所谓"必要",指的是对不可避免的侵害,行政机关只能选择最小、为达成目的已无可避免的侵害手段,即最温和的手段来实施。

要求采取最温和手段的必要性原则是比例原则的核心内容,源于德国的警察法理论。在19世纪中叶,对警察的权力,原则

---

① 参见蔡宗珍:《公法上之比例原则初论——以德国法的发展为中心》,《政大法学评论》1999年第62期。

② 林腾鹞:《行政法总论》,台湾三民书局1999年版,第87~88页。

③ 参见谢世宪:《论公法上之比例原则》,载城仲模主编:《行政法之一般法律原则》(一),台湾三民书局1994年版,第123页。

④ 这正是比例原则"三分法"受到非议的原因之所在,参见黄海华:《我国台湾地区比例原则研究》,《福建政法管理干部学院学报》2002年第1期。

上是赋予维持公共安宁、秩序及安全等一切防御危害行为的责任，而未予限制。直至1882年7月14日普鲁士高等法院在著名的"十字架山案"（Krenuzbergurteil）判决中，① 对警察机关援引促进福祉而制定的建筑禁令，以未获法律授权，不得为必要措施为由，判决该命令无效。② 该判决宣示了行政权力必须依法律及在必要的范围内方得限制人权。随后的几十年间，法院进一步阐明了必要性原则，使其不仅在警察法中得到了普遍认可，而且扩展到行政法各领域。③ 在另一方面，必要性原则也获得国家立法的承认而成为正式条文。首次规定必要性原则的立法例是1931年6月1日公布的《普鲁士警察行政法》。该法规定，警察处分必须具有"必要性"方属合法，并在第41条第2款将"必要性"明确界定为："若有多种方法足以维护公共安全或秩序，或有效地防御对公共安全或秩序有危害之危险，则警察机关得选择其中一种。惟警察机关应尽可能选择对关系人与一般大众造成损害最小之方法为之。"此一立法例，之后即如同德国各邦相同法律的"母法"而被广泛采纳。德国《基本法》制定以后，1950年黑森邦（Hessen）《直接强制法》（第4条）及1952年《联邦

---

① 本案案情为：在柏林市郊有一座"十字架山"，该山上建有一个胜利纪念碑。柏林警方为使全市市民抬头即可看见此令人鼓舞的纪念碑，遂以警察有"促进社会福祉"的权力与职责，公布了一条"建筑命令"，规定今后该山区附近居民建筑房屋之高度，有一定限制，不得阻碍柏林市民眺望纪念碑的视线。原告不服，遂向普鲁士高等法院起诉（Pr. OVG9, 353ff）。转引自陈新民：《德国公法学基础理论》，山东人民出版社2001年版，第399页。

② 参见陈新民：《德国公法学基础理论》，山东人民出版社2001年版，第377页。

③ J. Schwartz, *European Administrative Law*, London: Sweet & Maxwell, 1992, p. 685.

行政执行法》(第9条第2款)，均将该原则融入法条之内。①

第三，均衡性原则（Angemessenheit）。又称狭义的比例原则或"法益相称性"原则，是指行政机关对公民个人利益的干预不得超过实现行政目的所追求的公共利益，两者之间必须合比例或者相称。虽然行政机关采取了妥当且必要的手段以试图达成所追求的目的，但是，若该手段所侵害的公民个人利益，与其实现的目的所追求的公共利益相比较，两者显不相当，那么，行政机关采取该项措施就违反了比例原则。均衡性原则与前述妥当性原则与必要性原则的不同之处在于，它不受预定目的之限制。由于必要手段附加上副作用（对人民负担）的考量，使手段产生了价值，得以和目的比较考量，该手段因其具有价值，而提升至目的的层次，成为目的与目的间的考量。因此德国学者乃称之为"目的使手段正当化"。② 可见，均衡性原则是从"价值取向"上来规范行政权力与其所采取的措施之间合理性关系的。

由上可见，比例原则要求行政目的与行政手段相适应、成比例，要求行政措施符合行政目的且为侵害最小之行政措施。③ 它所调整的关系有两类：第一是国家活动中目的与实现目的的手段之间的关系；第二是公民的自由权利与公共利益需要的关系。它所包含的三项子原则分别从"目的取向"、"法律后果"、"价值取向"三个方面规范着它们之间的比例关系，共同构成了比例原则完整而丰富的内涵。

在德国，比例原则并不是成文法明文规定的一个法律原则，

---

① 参见张国勋：《必要性原则之研究》，载城仲模主编：《行政法之一般法律原则》（一），台湾三民书局1994年版，第149页。

② "Der Zweck Heiligt das Mittel", Lother Hirschberg, Der Grundsatz der Verhältnismäβigkeit, Gottingen, 1981, s.44. 转引自蔡震荣：《论比例原则与基本人权之保障》，《警政学报》1990年第17期。

③ 参见谢世宪：《论公法上之比例原则》，载城仲模主编：《行政法之一般法律原则》（一），台湾三民书局1994年版，第121、154页。

而是联邦宪法法院在处理实际案件中通过判例发展起来而逐步得到广泛承认的一个基本原则。它的特别重要性在于它起到了实质意义法治国原则的作用。即它从法治国原则和基本权利的基本要求或实质精神出发，以实质性规则特有的伸缩性和广泛适用性，解决法治国原则运用中的大量实际问题，使成文法制度难以避免的法律漏洞得到弥补、缺陷得到克服，使法治原则更有普遍意义，能够在社会生活中得到更深刻更广泛的应用。[①] 而且它以其内容明确、逻辑缜密、操作性强在世界各国获得了广泛的肯认和适用。[②] 但是，也应当看到，比例原则并非完美无瑕，亦非控制行政裁量权的灵丹妙药。在对行政裁量的审查深度上存在操作层面的技术难题，即审查标准的进一步客观化问题，审查的程度与深浅有待进一步限定的问题，要尽可能地避免出现用法院的"主观价值"取代行政机关的"主观价值"，变成"司法机关凌驾且取代行政机关的实质性角色"。[③] 因此，对比例原则的功效应当有一个正确的估价，并非有了比例原则，所有行政裁量的问题都解决了，而只能说，比例原则是控制自由裁量滥用的最有效的、不可忽视的利器之一。

(四) 信赖保护原则

所谓信赖保护原则（VertaÜnsschutz），是指当社会成员对行政过程中某些因素的不变性形成合理信赖，并且这种信赖值得保护时，行政主体不得变动上述因素，或在变动上述因素后必须合理补偿社会成员的信赖损失。该原则的核心思想是维护法律秩序

[①] 参见于安：《德国行政法》，清华大学出版社1999年版，第32页。

[②] 参见喻文光：《论行政法上的比例原则》，中国政法大学硕士论文，2001年。

[③] 蔡宗珍：《公法上之比例原则初论——以德国法的发展为中心》，《政大法学评论》1999年第62期。

的安定性,保护社会成员的正当权益。① "保护人民权利,首重法律秩序之安定。"② 但是,在行政过程中却处处隐藏着不安定因素,如行政法规范必须随着社会的发展不断作出修正,行政行为因违法或不合适宜也需要加以撤销或废止而发生变动等。为不使社会成员因信赖上述因素的安定性而遭受损害,有必要对其正当权益设置一道屏障。信赖保护原则正是对这一现实需要的制度回应。当然,信赖保护原则的适用是有条件的,且因信赖对象的差异而存在操作上的差别。概括而言,其适用条件是行政过程中某些因素的不变性值得信赖,且这种信赖值得保护。

信赖保护原则是"二战"后在德国发展成功的又一项行政法基本原则。"二战"前,信赖保护之观念,在一向专注依法行政及公益原则的德国并不受重视,仅有一些零散规则。如《威敦比克邦行政法总则草案》(1936 年)第 42 条第 3 款就规定:"授益行政行为之撤销与变更,须附理由。"③ 说明理由义务的课予客观上有利于信赖利益的保护。但是,形式法治国仅仅在有限的程度上保护信赖利益。行政行为变得不可撤销的惟一情形是该行为已经生效,受益人已经依靠它去进行活动,例如某人得到建设许可后开始建造房屋。但是,如果一个行为是违法的,该行为总是可以撤销的,而不管存在什么样的信赖利益。④ 在"二战"以后,这种状况发生了改变。突破性的改变源于 1956 年柏林发生

---

① 参见李春燕:《行政信赖保护原则研究》,《行政法学研究》2001年第 3 期。
② 罗传贤:《行政程序法基础理论》,台湾五南图书出版公司 1993 年版,第 65 页。
③ 转引自林纪东:《行政法》,台湾三民书局 1988 年版,第 325 页。
④ [德] 格奥尔格·诺尔特:《德国和欧洲行政法的一般原则——历史角度的比较》,于安译,《行政法学研究》1994 年第 2 期。

的一个案件。① 法院在该案的判决中认为，应当用一种专门的平衡办法来协调"依法行政原则"与"信赖保护原则"这两个都代表了宪法价值的原则。由于这两个原则都是法治国原则的要素，因此它们中的任何一个都不自然地优于另一方。决定依法行政原则所保障的公益是否优于保护私人对行政行为有效性的信赖，必须对这两个原则进行衡量。只有在答案是肯定的时候，才允许撤销非法行政行为。后来，这个思路得到德国宪法法院的确认，认为信赖保护是法律安定性原则在保护公民合法权益的表现形式，侵害公民的信赖即构成违反法律安定性原则。② 自此，信赖保护原则逐渐渗透到行政全过程，如在法律事实的认定、行政法律规范的选择适用等环节，并在众多的成文法中被明确加以规定。其中，尤以1976年德国《行政程序法》的规定更为引人注目。该法第48~50条对授益、负担、双效、复效行政行为的撤销及废止作了详尽规定，从而确立了信赖保护原则在行政法上的地位，并使之更具有可操作性。但有一点必须注意的是，德国《行政程序法》以及其他有关法律在作出相关信赖保护时，是以信赖保护原则已经成为其独立的宪法性原则为背景的。所以，在德国，信赖保护原则不仅是行政法上的一个基本原则而约束所有行政行为，而且具有宪法的位阶，是一个宪法性原则，可以控制立法行为。

---

① 该案的案情是：西柏林的市政委员向一个寡妇作出保证，如果她从民主德国迁到西柏林，她将可以获得一定的福利补助。随后，该寡妇迁徙至西柏林，她一到西柏林，该委员即作出安排，为她提供了补助。然而后来事实证明，她实际上并不符合法定的条件因而没有资格获得补助。该市政委员随即决定停止对她发放补助并要求其退还业已领取的补助。柏林的高级行政法院判决该寡妇胜诉，该判决后来得到联邦行政法院的支持(BverwGE 9, 251ff)。转引自李洪雷：《论行政法上的信赖保护原则》，中国政法大学硕士论文，2000年。

② J. Schwartz, *European Administrative Law*, London: Sweet & Maxwell, 1992, p.948.

学界及判例上也多从宪法原则的高度对信赖保护原则加以研究并推动其发展。

信赖保护原则之所以产生于"二战"后的德国,与其发达的社会法治国理念有着密切的关联性。如前所述,法治国用语的产生与发展均始于 19 世纪的德国,并经历了从自由法治国到社会法治国理念的嬗变。在自由法治国时代,行政机关在国家内部的任务只限于维持社会治安,"受到法律约束来侵犯人民财产与自由的'行政处分',也堂而皇之的形成行政法的重心"。① 进入 20 世纪的社会法治国时代以后,国家任务发生了变化,国家必须解决因人口增长、工业化、无产阶级产生及都市化所带来的仅凭社会成员个人的智识所无力解决的一系列社会问题,行政机关也必须担负起创造合乎正义的社会秩序,为人民提供个人生活不可欠缺的"生存照顾"的职责。此时,行政机关与社会成员之间已不再是纯粹的命令与服从关系,而是一种相互需要与相互依赖关系——诸多行政任务的实现都需要社会成员的鼎力支持,社会成员也将国家(行政机关)视为自身谋求生存与发展的工具。这样,信赖关系不仅仅在私人生活领域具有重要地位,在国家的公共生活中同样扮演着重要的角色。正如德国学者拉邦德谓:

> 诚实信用原则得支配公法领域,一如其于私法领域然。苟无诚实、善意,立宪制度将无法实行,故诚实、善意应为行使一切行政权之准则,亦即为其界限。②

正是在社会法治国理念的影响下,信赖保护原则伴随着私法

---

① 陈新民:《公法学札记》,中国政法大学出版社 2001 年版,第 95 页。

② 参见林孝元:《诚实信用原则与衡平法之性质及其功能》,载刁荣华主编:《现代民法基本问题》,汉林出版社 1981 年版,第 48 页。

的诚信原则在行政法中的引入而确立起来,是诚信原则在行政法中最直接的体现。

信赖保护原则之所以能够在"二战"后的德国成长为一个独立的宪法与行政法原则,并在诸多领域发挥重要作用,另一个重要的前提性条件在于德国人对于纳粹在公共利益的大旗之下对私益侵犯的反思,痛定思痛,对公民的基本权利和私人利益给予足够的重视。信赖保护原则强调给予实质性保护,其目的在于保障私人的既得权,并维护法的安定性以及私人对它的确信。① 不管行政机关的决定是否合法,行政机关的行为一经表露于外,人民通常会对其所造成的"法律状态"之存续寄以信赖,并以此作为行为的依据。此种依据之信赖,政府就有责任对这一利益予以保护,而不允许政府随意变更或撤销该行政行为,否则人民将生活在一个不确定的法律状态中。因此,只要政府实施的行政行为对相对人产生一定的利益,即使为了公共利益的需要必须改变原行政行为的,也应对因这一改变而损害的相对人的利益予以补偿。

综观德国行政法的历史演变,其行政法的基本原则植根于德国特有的民族传统,决定于特定的历史背景。但这些充满民族特色的原汁原味的具有个性化的理念,如法律优先、法律保留、比例原则、信赖保护原则等不仅最先由德国人提出,而且其意涵浸透着德意志民族特有的智慧与刻板、严谨而富有逻辑的理性思维,经过一番理论加工后逐渐发展而日趋丰满。

第二节 普通法系——以英、美为代表的分析

一、英国:越权无效、合理与程序公正原则

英国是普通法系的典型国家。与大陆法系"公法模式"的行

---

① 参见黄俊杰:《税捐优惠之宪法基础与信赖保护》,《台大法学论丛》2002年第31卷第6期。

政法相比,英国没有划分公私法的传统,政府和公民之间的关系与公民个人相互之间的关系,原则上受同一法律——"普通法"的调整和同一法院——"普通法院"的管辖。虽然现代意义的行政法理念与制度在英国开始于 17 世纪下半叶,但直到现在,其外在形式仍然主要采用过去普通法的一套规则和形式。① 普通法传统中的"法的统治"(Rule of Law)原理、"自然正义原则"(the Doctrine of Natural Justice)等对英国行政法一直起着支配作用,并由此形成英国行政法上的越权无效原则、合理性原则与自然公正(程序公正)原则等三项基本原则。

(一)"法的统治"与自然正义原则

所谓"法的统治",又称"法治原则",根据英国著名学者戴雪(A. V. Dicey)的解释,其涵义即"英国人依法,而且只依法进行统治"。戴雪在其具有划时代意义的《宪法研究导论》或《英宪精义》(Introduction to the Study of the Law of the Constitution)(1885 年第 1 版)一书中明确地阐明"法的统治"有三种涵义:②

> 第一,它意味着作为专制权力对立面的正式的法的绝对优势地位或优越,它排斥政府方面的专断、特权和广泛的裁量权……在我们看来,一个人可以因违法而受到惩处,但是,他不能由于任何其他因素而受到处罚(It means, in the first place, the absolute supremacy or predominance of regular law as opposes to the influence of arbitrary power, and excludes the existence of arbitrariness, of prerogative, or even of

---

① 参见姜明安主编:《外国行政法教程》,法律出版社 1993 年版,第 144 页。

② A. V. Dicey, *Introduction to the Study of the Law of the Constitution*, London: Macmillan Education Ltd., 10th ed., 1959, pp. 202-203.

wide discretionary authority on the part of the government...a man may with us be punished for a breach of law, but he can be punished for nothing else)。

第二，它意味着法律面前的平等，或社会所有的阶层都要平等地服从由普通法院所运用的国内普通法律（Equality before the law, or the equal subjection of all classes to the ordinary law of the land administrative by the ordinary law courts）。

第三，作为英国宪法的法律——在别国作为当然构成成文宪法典组成部分的规则——并不是由普通法院所确认和实施的个人权利的来源，而是其结果……因而，宪法是这个国家普通法律发展的结果（That with us the law of the constitution, the rules which in foreign countries naturally form part of a constitutional code, are not the source but the consequence of the rights of individuals, as defined and enforced by the courts;...thus the constitution is the result of the ordinary law of the land）。

从上述三个涵义来看，戴雪强调的法治即"无论任何权力，都要经常受到法的制约，并以此保障人民的权利和自由"。"法的统治"是近代市民革命时期打倒绝对封建帝王统治的理论。这种理论与19世纪的自由主义政治理论相结合，作为英国宪法的基本原理之一得到确立，与"议会主权"原则在近代英国宪法中同时占据了稳固的地位。①所谓"议会主权"的原则，即议会制定法处于英国法的顶点，不存在优越于它的法律，而且也不可能有审查它的机关。它是17世纪英国资产阶级宪法斗争胜利的结果，

---

① ［日］畑中和夫：《"法的统治"与"法治国家"》，林青译，《外国法译评》1997年第4期。

亦被戴雪称为英国宪法的重要原则。同时,《权利法案》规定,国王未经议会同意而征税、招募军队、废止法律都属非法行为,"这就肯定了议会的权力地位高于王权,王权的行使要受到议会的制约,从而确立了'议会权力至上'的资本主义制度原则"。①

在英国,法治原则与议会主权原则同样重要,共同构成了行政法的基础,并由此产生了行政法的"一个中心原则",② 这就是"越权无效"原则。"公共当局不应越权,这一简单的命题可以恰当地称之为行政法的核心原则。"③ 这个核心原则正是英国法治原则和议会主权原则的直接后果。因为,根据法治原则,政府行使权力的所有行为,即所有影响他人法律权利、义务和自由的行为都必须说明它的严格的法律依据,受到影响的人都可以诉诸法院。根据议会主权原则,议会制定的法律为最高法律,法院必须无条件地适用议会所通过的一切法律,不能审查议会所通过的法律是否合法。因此,行政机关的行为如果在法律规定的权限范围以内时,法院就无权过问。也就是说,英国法院对于行政诉讼的管辖权,只在行政机关行为超越其法律权限时才发生。法院通过判例由此发展了著名的"越权无效"原则。这一原则是英国普通法院进行司法审查的基础。

戴雪的法治观(Rule of Law)不仅为英国现代法治理论奠定了基础,也是我们理解英国行政法治的逻辑起点。根据前述戴雪法治观中所强调的"法律面前人人平等"这一基本信条,任何国家官员都必须像公民个人一样服从同一普通法律并受同一普通法

---

① 参见赵宝云:《西方五国宪法通论》,中国人民公安大学出版社1994年版,第169页。

② 王名扬:《英国行政法》,中国政法大学出版社1987年版,第14页。

③ [英]威廉·韦德:《行政法》,徐炳等译,中国大百科全书出版社1997年版,第43页。

院系统管辖。从这一意义出发，戴雪极力反对在英国实行法国式的行政法和行政法院。他认为英国的法治迥异于法国模式的"行政法"或称"官法"（Adroit Administratif），行政法只不过是保护官吏特权的法国制度，"与英国宪政传统、法治国情即法律平等主义或普通法统治不相容"。① 这种传统的法治观使得英国人长期认为"行政法"只是欧洲大陆的"行话"。同时，由于普通法在英国人心目中的崇高威望，更使得法国模式的"行政法"无法容身于英国的传统法治之中。因此，行政法在英国长期没有得到应有的重视，在传统法学中行政法并不是一个单独的部门，也没有明确的行政法概念。

　　从某种意义上讲，戴雪所赞扬的法治（Rule of Law）比法国模式的"官法"更能有效地控制行政权的专横和滥用。然而，"这种排斥行政法的法治观念也包含着戴雪等人对19世纪法国行政法的误解"。② 随着社会的发展，19世纪末诸多的社会问题需要行政法加以解决，保守的英国法治观无法适应新的社会现实，于是行政法概念逐步被承认，并在制度上有了较大的发展。特别是到了20世纪，由于资本主义社会经济的发展，英国人的法治观念开始发生变化，不仅承认了行政法，而且以新的法治观念作为英国行政法的基础。新的法治观念一方面继承了戴雪的法治观，另一方面又有很大的发展。其中最突出之处是在控制行政自由裁量权方面，英国发展了合理性原则。在戴雪看来，法治与专制是天敌，而行政自由裁量权是权力专断的集中体现，任何实质性的自由裁量权都是对自由的威胁，应当加以拒绝。戴雪这种将"专断"（arbitrary）与"行政裁量"（discretionary）相提并论而加以全面排斥的法治观，受到了现代英国著名宪法学家詹宁斯

---

① 张彩凤：《英国法治研究》，中国人民公安大学出版社2001年版，第140页。

② 姜明安主编：《外国行政法教程》，法律出版社1993年版，第151页。

(W. Ivor Jennings)的猛烈抨击。詹宁斯认为,在英国,"事实上,公共机构的确拥有广泛的自由裁量权",但"专断"并不等于"广泛的自由裁量权",适应社会需求的广泛的自由裁量权与同样适应社会需求的法治并不冲突。① 另一位英国著名的行政法大师威廉·韦德(William Wade)也持同样的观点。他认为:

> 过去,人民通常认为,广泛的自由裁量权与法不相容,这是传统的宪法原则。但是这种武断的观点在今天是不能接受的,确实它也并不含有什么道理。法治所要求的并不是消除广泛的自由裁量权,而是法律应当能够控制它的行使。②

为了有效地控制自由裁量权,法院通过判例建立并发展了英国行政法上另一个重要的基本原则——合理性原则。同时,由于不受限制的行政自由裁量权的观点被完全否决,英国普通法传统中的自然正义原则在行政法中也获得了新生,并在广泛的行政法领域中得以适用,从而形成英国行政法上的又一核心原则——程序公正原则,并影响世界各国。

所谓自然正义,乃是英国自古即已存在之概念,它起源于自然法的理念,经过长期的历史发展而成为英国普通法上的一项基本原则。"在某种程度上,英格兰普通法长期发展的过程,其实正是普通法院在自然法原则的导引下裁决案件、连续不断地试图追求自然正义的过程。"③ 在普通法的传统中,自然正义是关于

---

① [英] W. Lovr·詹宁斯:《法与宪法》,龚祥瑞等译,三联书店1997年版,第38页以下。

② [英] 威廉·韦德:《行政法》,徐炳等译,中国大百科全书出版社1997年版,第54页。

③ H.H.Marshall, *Natural Justice*, London: Sweet & Maxwell, 1959, p.8.

公正行使权力的"最低限度"（因而也是最"自然"的）的程序要求，其核心思想有二：一是公平听证规则，即任何人或团体在行使权力可能使别人受到不利影响时必须听取对方意见，每一个人都有为自己辩护和防卫的权利；二是避免偏私规则，即任何人不能成为自己案件的法官，也就是说某案件的裁决人不得对该案持有偏见和拥有利益。① 自然正义原则最早只适用于司法或者准司法功能，或者说，在负有义务按照司法要求进行活动的情况下才可以适用该原则，而不能将此原则适用于纯粹的行政功能。② 所以，多诺莫尔（Donoughmore）委员会的报告指出：

  虽然自然正义原则所包含的并非是明确且广为接受的、并由英国法院实施的法律规则，但是，我们认为有一点毋庸置疑，那就是，的确存在着某些让所有作出司法或准司法决定的裁决机构和人员都必须遵守的司法行为规则。③

但是，在长期的司法审判过程中，"通过阐发自然正义原则，法院设计了一套公平行政程序法典"，④ 从而使这些原则不仅适用于法院和行政裁判所的司法权，同样也适用于行政权，要求行政机关在行使权力时也要保持最低限度的程序公正。尤其是，"随着政府权力持续不断地急剧增长，只有依靠持续公正，权力

---

  ① 参见[英]威廉·韦德：《行政法》，徐炳等译，中国大百科全书出版社1997年版，第95页。

  ② *Salemi v. Mackellar*（No. 2）[1977] 137 C. L. R. 369, at 419-420. 转引自杨寅：《中国行政程序法治化——法理学与法文化的分析》，中国政法大学出版社2001年版，第111页。

  ③ *The Donoughmore Report on Minister's Powers*, Cmd. 4060, 1932.

  ④ [英]威廉·韦德：《行政法》，徐炳等译，中国大百科全书出版社1997年版，第93页。

才可能变得让人能容忍"。① 因此，早在20世纪以前，自然公正就成了英国行政法最具特色和最活跃的一部分。

当然，英国自然公正原则在第二次世界大战以后的很长一段时期内也曾遭到过冷落。在"二战"前的英国，司法热衷于通过限制行政权力的干预来保护个人自由，但在战时及战后的很长时间内，这种司法能动主义被认为有悖于公共利益；加上在战时的紧急状态下行政机关被赋予了大量的行政自由裁量权，而这些自由裁量行为又被认为是纯行政行为而不受自然公正原则的支配，于是，行政自由裁量权再次成为了戴雪所谓的真正意义上的"特权"(privileges)。司法沉默了，"司法的自我节制(judicial self-restraint)显示出对司法激进主义(judicial activism)的决定性胜利"。② 所以，这一段时期自然公正原则在英国行政法中没有得到很好的运用，几乎被完全抛弃。但是，1963年贵族院在处理"理奇诉鲍德温"(Ridge v. Baldwin)一案中，认为政府在作出解雇警察局长的决定之前，并没有听取被解雇人的个人意见，因此这种解雇决定是非法的。③ 这标志着英国司法政策的重大变迁，表明自然正义重新受到重视并得以大大扩展。"一切影响个人权利或合法预期(legitimate expectations)的决定"都要适用这一原则。④ 无疑，"里奇诉鲍德温案"为自然正义在英国行政法上的适用注入了新的活力，"不久法院作出了一系列判决，使

---

① [英]威廉·韦德：《行政法》，徐炳等译，中国大百科全书出版社1997年版，第93页。

② S. De Smith, Woolf & Jowell, *Principle of Judicial Review*, London: Sweet & Maxwell, 1999, pp.6-8.

③ 参见何勤华主编：《英国法律发达史》，法律出版社1999年版，第167页；应松年、袁曙宏主编：《走向法治政府》，法律出版社2001年版，第13页。

④ S. De Smith & Rodney, *Constitutional and Administrative Law*, Penguin Books Ltd, 8th ed., 1998, p.532.

行政法恢复了元气并重新建立了与过去的联系。自然正义原则获得了适当的适用，它给行政正当程序规则提供了广阔的基础"。①

从上面的分析可见，在普通法传统中的"法的统治"原理和"自然正义原则"的长期发展及其影响和作用下，越权无效原则、合理性原则与程序公正原则已构成英国行政法的三项基本原则。

（二）越权无效原则

越权无效原则是英国行政法的核心原则。它作为英国法治原则和议会主权原则的直接后果，其最原始的根据是：既然议会法律至上，法院又必须执行议会的法律，所以行政机关行使权力不能超越法定范围，否则，法院即可宣告其无效或撤销它。经过长期的积累，法院通过解释的艺术以判例形式扩大并充实了越权原则的丰富内涵。现在越权一词几乎涵盖了全部行政违法形式，活跃的越权原则就像希腊神话中的普罗克拉斯提斯之床一样解释出各种违反议会意志的违法形式。但在英国，越权原则的具体内容并没有制定法的明确规定，因而在理论上存在着广泛争论。根据英国法院判例的发展，越权理由主要有三类：一是违反自然公正原则；二是程序上越权；三是实质上越权。实质上越权又包括四种情况：一是超越管辖权的范围；二是不履行法定义务；三是权力滥用；四是记录中所表现的法律错误。② 由于自然公正原则与作为约束权力滥用的合理性原则已发展成为一项单独的行政法基本原则，因此，狭义上的越权无效原则并不涵盖上述所有方面，它所约束的范围只包括程序上的越权、超越管辖权的范围、不履行法定义务和记录中所表现的法律错误。即便如此，越权无效原则仍旧是一个涵盖面广泛的原则，只要不属于自然公正原则与合

---

① ［英］威廉·韦德：《行政法》，徐炳等译，中国大百科全书出版社1997年版，第21页。

② 参见王名扬：《英国行政法》，中国政法大学出版社1987年版，第151、165页。

理性原则约束的问题几乎都可以用越权无效原则来约束。

关于程序上的越权，是指违反明确的法定程序（Failure to follow expressly prescribed procedure），即行政机关违反成文法规定的必须遵守的程序。在英国人看来，程序不仅存在自身的正义价值，它还可以间接支持结果的妥当性，甚至直接决定结果的公正；同时，程序的法定不仅利于实现公正，也能促进效率。所以，议会在授予行政机关权力时，往往同时规定行使权力的程序。根据议会主权原则，这些法定程序当然是行政机关必须首先遵循的程序规则，否则即构成程序越权。常见的法定程序有委任程序、咨询程序、说明理由等。从司法审查的角度来看，法定的程序规则被分为任意性规则和强制性规则两类。违反任意性程序规则的，不影响行政行为的效力；违反强制性程序规则的，才构成程序越权。[①] 至于两者的区分标准，法院采取的是具体问题具体分析的态度，通常根据个人利益和公共利益在个案中所受的影响来决定。一般来说，"如果违背该行为的要件的性质是无足轻重的，如果认为那些要求遵守这些要件的人其利益并未受到任何实际的歧视，如果由于认为这些要件是强制性的要件，可能导致严重的公共烦扰，如果法院以任何理由不愿意干涉这个被怀疑的行政行为或行政决定的话，那么，违反程序规则或形式规则很可能被认为属于指导性要件"。[②]

关于超越管辖权的范围（Breach of Jurisdictional Conditions），它属于行政机关实体越权的情形之一。英国议会法在授予行政机关行使某项职权时，必然同时规定行政机关行使相应职权的法定条件。行政机关如果在法定条件不具备或条件不相符合时行使职

[①] 参见王名扬：《英国行政法》，中国政法大学出版社1987年版，第161页。

[②] ［印］M·P·赛夫：《德国行政法——普通法的分析》，周伟译，台湾五南图书出版公司1991年版，第180页以下。

权,即为"超越管辖权的范围"。而在行政机关行使职权的法定条件中,既有事实因素也有法律因素。事实因素又分管辖权事实和非管辖权事实。管辖权事实是行政机关行使职权的最主要事实,缺乏这个事实即无管辖权。例如,内政部长对于不符合英国利益的人,可以命令其出境。在这一法律规定中,被命令出境的人是外国人的事实就是管辖权事实,如果被命令出境的人不是外国人,则部长对此案就没有管辖权;不符合英国利益的事实也是事实因素,但属于非管辖权事实。只有管辖权事实错误才导致行政机关超越管辖权;对于非管辖权事实的判断错误,除非是故意错误,法院不能以越权原则为基础进行司法审查。管辖权事实与非管辖权事实区分的标准在于后者的存在只决定行政机关的权力是否合法,前者则决定行政机关对某事是否有管辖的权力。管辖权事实与非管辖权事实的区分标准并非绝对,不同时期,不同法院有不同标准。这种区分在理论上非常重要,在实际中却很困难。尽管如此,"英国法院在司法审查中仍然采用管辖权的事实这个原则,限制行政机关权力的范围"。[①] 影响管辖权的法律先前也被称为"管辖法律",而不影响行政机关管辖权的法律则为"非管辖法律"。但是这种区别已经过时,现在的英国学者认为,法律没有不影响管辖权的,任何法律问题都影响管辖权,都构成超越管辖权的范围,都是管辖权错误,因此不存在"非管辖权的法律"。[②] 以往,对法律错误的司法审查,只有在错误属于"管辖法律错误"或"案卷表面错误"时,法院才有权撤销。现在,行政行为任何明确的法律错误都是管辖权错误,法院均可撤销。正如丹宁勋爵在 1979 年 7 月 14 日判决的"皮尔曼诉哈罗公学校

[①] 王名扬:《英国行政法》,中国政法大学出版社 1987 年版,第 169 页。

[②] 姜明安主编:《外国行政法教程》,法律出版社 1993 年版,第 171 页。

董案"中所言：

> 正确行事的方法是这样裁定：任何法庭或裁判所均无权在与案件判决相关的法律上犯错误。倘若它犯有这类错误，那么它即是越权，可用调卷令纠正它的错误。①

关于不履行法定义务，也是实质越权的表现形式。由于当事人只有在其特别权利遭受行政行为侵害时才能请求司法审查，所以不履行法定义务常限定在行政机关对当事人的特定义务范围内讨论。行政机关的某些具有普遍性质的义务，是对一般公众的义务，公民个人对此无权请求司法审查。当然，所谓法定的义务，并不以法律明确规定的义务为限，有时这种义务可以从法律的解释中看出。② 行政机关不履行法定义务的形式多种多样，包括不行使权力在内。但由于行政羁束权下不履行法定义务极易识别，所以不履行法定义务最引人注目的是不行使行政自由裁量权，或利用契约束缚自己对自由裁量权的行使。根据英国法律，行政机关不能用契约束缚自由裁量权的行使。例如，一港务管理局购买一块土地时，达成业主有从邻地经过该地到海港的权利的契约。后来由于行政机关改变所购土地的使用，无法履行契约。按禁止翻供原则，此案行政机关必须遵守契约条款，束缚自己的自由裁量权。但法院认为这个条款阻碍港务当局以后根据公共利益需要自由利用土地的权利，束缚了行政机关的自由裁量权，因而无效。另外，行政机关事先用政策束缚自己的自由裁量权而不考虑

---

① ［英］丹宁：《法律的训诫》，杨百揆等译，法律出版社1999年版，第87页。

② 参见王名扬：《英国行政法》，中国政法大学出版社1987年版，第185页。

每个案件的具体情况，也是不履行法定义务，亦是越权的表现。①

关于记录中所表现的法律错误（Error on the Face of the Record），又称"案卷表面错误"，是指行政机关作出行政行为时的各种材料、文件、有关证据和理由说明及相对人提出的申请书、有关陈述和说明（统称行政案卷），显示出明显的法律错误和使行政决定或裁决不能成立的事实错误。"案卷表面错误"原本不包括在越权原则之内，后来经过长期的发展才成为越权原则的一个理由。在越权原则产生之前，对于行政机关和行政裁判所的决定，很少能通过上诉途径进入法院，接受司法审查和司法控制，法院通常只能通过调卷令，调取行政裁判机构（包括下级法院）的决定（裁决、判决），对其案卷进行审查，撤销有"案卷表面错误"的决定。所以，"案卷表面错误"曾一度是英国普通法院采取的主要司法审查标准。但是，由于随后普通法院在使用"案卷表面错误"时越来越强调形式主义而引起了议会的反感，议会为此通过一些法律限制法院的审查权力。为应付议会的限制，法院不得不把注意力转移到管辖权控制上，于是越权原则不断得到运用，其包括的范围越来越广泛。起初，"案卷表面错误"还是越权原则以外独立的司法审查原则，后来越来越多的人认为"案卷表面错误"也是一种越权行为，而不是越权原则以外的错误。这个观点首先出现在上议院1969年安尼斯米尼克有限公司诉国外补偿金委员会的判决中（Anisminic Ltd. v. Foreign Compensation Commission），②该案的判决中明确将"案卷表面错误"归入越权。现代理论和实践均趋向于认为，行政决定的任何法律

---

① 参见朱新力：《行政违法研究》，杭州大学出版社1999年版，第41页。

② 参见应松年、胡建淼主编：《中外行政诉讼案例选译》，中国政法大学出版社1989年版，第206页以下。

错误,无论是案卷表面上的或非案卷表面上的,均构成越权,从而使越权无效原则的这一例外基本上归于消失。① 越权无效原则几乎成了英国普通法院控制行政权力的统揽一切的基本原则。

(三) 合理性原则

在英国,行政合理性原则主要针对自由裁量权而设,它是判断自由裁量权是否合理或是否被滥用的标准。同时,合理性原则作为英国行政法的基本原则之一,也是法院通过判例在不断限制行政自由裁量权的滥用中发展起来的。最初运用该原则的判例是1598年的鲁克案(Rooke's Case)。此判例规定下水道管理委员会必须合理地行使它们在制定排水计划方面的广泛权力。法官科克在该案的判词中写道:

尽管委员会授权委员们自由裁量,但他们的活动应受限制并应遵守合理规则和法律原则。因为自由裁量权是一门识别真假、是非、虚实、公平与虚伪的科学,而不应按照他们自己的意愿和私人感情行事。②

以后的判例不断引用该项原则来作为司法审查的基准,至20世纪初,该原则已发展到相当成熟的程度。然而,合理性原则发展至此时止,其仍旧主要还是关于行政机关行使自由裁量权时的程序要求。直至1948年韦德内斯伯里案(Wednesbury),这种状况才有较大改变。在该案中,法官根据合理性原则,扩张司法审查的权限,从程序审查及于实质审查。自该案例以后,法院对于行政行为之审查已如德国的比例原则一样,及于对行政行为

---

① 参见姜明安主编:《外国行政法教程》,法律出版社1993年版,第160页。

② (1598) 5Co. Rep.99b. 转引自〔英〕威廉·韦德:《行政法》,徐炳等译,中国大百科全书出版社1997年版,第64页。

实质上是否显著不合理的判断，而与法国行政法的发展异曲同工。① 1968年的帕德菲尔德（Padfield）案又发展出要求行政机关行使行政自由裁量权的行政介入请求权，使合理性原则的适用范围自行政作为及于行政不作为；1985年的政府通讯总部案（Government Communication Headquaters；GCHQ）则更进一步使合理性原则的适用范围及于传统所不及的国王特权。② 时至今日，合理性原则已拥有非常丰富的内涵，"成为近年赋予行政法生命力最积极和最著名的理论之一"，并且"该原则几乎出现在每星期所发布的判例中，在大量案件中该原则得到了成功运用"。③ 同时，英国的合理性原则也有效地控制了行政权的滥用，"该合理性原则之演进，不啻代表英国近百年来之行政法发展史中最重要之一页"，④ "它在实体方面对行政法的贡献与自然公正原则在程序方面的贡献相同"。⑤

行政合理性原则是作为判断自由裁量权是否合理或是否被滥用的标准而设置的，但这个标准却难以掌握。这一方面是因为合理性问题本身的意义相当笼统，十分抽象和复杂；另一方面也与

---

① 我国台湾学者林惠瑜认为，法国行政法虽然不使用"比例原则"和"合理原则"这两个名词，但这两个原则的精神实质对于法国行政法官来说乃是普通常识。林惠瑜：《英国行政法上之合理原则》，载城仲模主编：《行政法之一般法律原则》（一），台湾三民书局1994年版，第175页。

② 在英国行政法中，政府的权力来源有二：一是国会立法授权，称为法定权力（Statutory Power）；二是国王的特权（Prerogative Power）。后一种权力原本不受司法审查。

③ ［英］威廉·韦德：《行政法》，徐炳等译，中国大百科全书出版社1997年版，第67页。

④ 林惠瑜：《英国行政法上之合理原则》，载城仲模主编：《行政法之一般法律原则》（一），台湾三民书局1994年版，第175页。

⑤ ［英］威廉·韦德：《行政法》，徐炳等译，中国大百科全书出版社1997年版，第67页。

人们判断的主观性有关。对同一个行政行为，不同的人往往有不同的判断，即有的人认为是合理的，而有的人却认为是不合理的，其中到底哪种更符合实际也是难以判断的。正如英国黑尔什姆大法官所说：两个合理的人可以对同一事件得出完全相反的结论，且不能指责这两个相反的结论有任何不合理。[①] 然而，现实和法律的要求是，必须把抽象的概念具体化、确定化，把主观的判断客观化和标准化。为此，英国的司法审查尽可能避免正面阐述合理的含义和要求，而习惯于作一种反向思维，即努力找出到底什么或哪些属于"不合理（Unreasonableness）"，从而找出一个行政合理性的最低标准。同时，英国的司法审查往往习惯于用判例来确立行政合理性原则的各项具体规则。因为，抽象的合理，也只有在具体的判例中才能加以讨论和确定。如上述"韦德内斯伯里案"所具体确立的各种不合理标准，已成为对行政裁量权作司法复审的特定标准。现在，判例总是自由交叉地使用"韦德内斯伯里原则"、"韦德内斯伯里不合理性"或"韦德内斯伯里理由"等方便的术语，它们几乎成了英国行政合理性原则的代名词。根据英国司法审查的判例，"不合理"主要有下列类型：

第一，背离法定目的。行政自由裁量权的行使，"一切取决于授权法的真实目的与意思"。[②] 如果行政机关在作出决定时出于不正当目的或者虽主观上出于善意但客观上背离法定的目的，则属不合理。典型的例子如市政府可以为改进街道和交通强制征购土地，但不得以取得土地增值为目的强制征购土地，因为后者不是法律授予征购土地裁量权的目的。再如，内政大臣向美国遣返一名外国人，如果其目的是因为美国要求引渡而将其驱逐出

[①] Re W. (An Infant) [1971] AC 682 at 700. 转引自［英］威廉·韦德：《行政法》，徐炳等译，中国大百科全书出版社1997年版，第77页。

[②] ［英］威廉·韦德：《行政法》，徐炳等译，中国大百科全书出版社1997年版，第68页。

境，这就是非法的；但如果内政大臣认为当事人在英国对公众不利，而将其送回自己的国家，那就是合法的。法院有权透过遣返令弄清议会授予的此种权力是否得到了合法行使。有时，一个行政行为既有合法目的也有非法目的，这时法院通常就要根据真正目的或主要目的来决定行为是否符合法律规定。如某地方当局表面上为改善交通而征用土地，实际上大部分土地并非是用来改善交通，这就说明其主要目的并非为了改善交通，因而是不合理的。

第二，虚假的动机。行政自由裁量权的行使不仅要符合法定的目的，还必须具有正当的动机，在作出决定的最初出发点和内在起因上必须符合法律的要求和法律的精神。如果行政机关行使自由裁量权的行为旨在促进私利，或者出于"恶意（malice）"或"敌意（animosity）"而对当事人诉诸极端的偏见和刁难，都是不合理的。如某地方当局征收有关土地，表面上是为了扩建街道或重新规划市政建设，但事实上是为了转售牟利，就是不合理的。再如行政机关颁布一项命令特别用于阻止某人申请许可证，也是不当的。

第三，不相关的考虑。行政机关在行使自由裁量权作出行政决定时，还应当全面考虑该行政决定所涉及或影响到的各种因素，而不得考虑那些与之无关的因素，否则就是不相关的考虑，也构成不合理。不相关的考虑具体表现为两个方面：一是考虑了不相关的因素，或者说考虑了不应当考虑的事项。例如仅仅因为一个教师的发色是红的而将其解雇，就是考虑了不该考虑的因素，因而该行为是不合理的。二是忽视了相关的因素，或者说没有考虑应当考虑的事项。如市议会仅仅认为当地工资水平没有达到合理的生活水平就决定职工的工资高于当地一般工资水平，而没有考虑一般生活费用在当时已经大幅度下降，这就是没有考虑应当考虑的重要事项，也是不合理的。不相关的考虑，实质上是没有平衡考虑各种相关因素。它之所以不合理，是因为议会授权是以考虑相关因素为明示或默示条件，不相关的考虑违背了议会授权的真实意图。当然，如果不相关的考虑并不影响行政行为的内容，或者不对当事人产生不利的影响，则不构成不合理。①

第四，非正常判断，或者说显失公正，或者说严格的"非理性"（Irrationality）。这是指行政机关在行使自由裁量权作出行政决定时，明显有悖逻辑和常情，或专断，或只有不充分的证据和理由的支持。按照英国法官的说法，只有当"如此荒谬以致任何有一般理智的人都不能想象行政机关在正当的行使权力"，"如此错误以致有理性的人会明智的不赞同那个观点"，"如此无视逻辑或公认的道德标准，令人不能容忍，以致任何认真考虑此问题的正常人都不会同意它"时，才能被认为不合理。② 这样的不合理，也就是显失公正，或者严格的"非理性"。如行政当局采用抛硬币或占星术的方法来决定是否颁发许可证，这个决定就是"非理性"的。再如一个公用事业管理局对其退休职员每年只发一便士退职金，这等于拒绝发给退职金，因而是个显失公正的决定。又如大臣仅允许别人在4天时间内对综合学校的计划提出异议，也是个不合理的决定。

应当说明的是，背离法定目的、虚假的动机、不相关的考虑和非正常判断之间，有时是重叠或交叉的。

（四）程序公正原则

程序公正原则是普通法传统中的自然正义在行政法领域中的具体运用，英国学者往往直接称之为"自然正义"或"自然公正"原则。自然公正是普通法上的原则，是在制定法没有程序规定或规定不完整时，行政机关必须遵守的补充程序，是法律默认

---

① 参见王名扬：《英国行政法》，中国政法大学出版社1987年版，第172页。

② ［英］威廉·韦德：《行政法》，徐炳等译，中国大百科全书出版社1997年版，第79页。

的符合公平正义的默示条款。在英国,自然公正原则被看做是最基本的公正程序规则,只要成文法没有明确排除或另有特殊情况外,行政机关都要遵守。"它在英国行政法中的地位正如美国宪法上的正当法律程序一样",是一个广泛适用的原则。① 尤其是在行政权力不断扩大的今天,成文法不可能穷尽一切关于行政权的规定,仅依靠以成文法为适用基础的越权无效原则是远远不够的。因此,重视行使行政权的自然公正这一原则和理念,"在自由裁量型行政权力所涉及的不胜枚举的领域中有极为广泛的作用",② 这有利于在行政权力不断扩大的现代国家中,使权力得以公正的方式和程序行使,公民的权利得到尊重。

程序公正原则作为行政法领域中的"自然正义"原则,要求行政机关在行使权力时保持最低限度的公正,亦具体包括公平听证和避免偏私两项规则。避免偏私要求行政行为必须由没有利益牵连的人作出,回避制度就是这一原则的反映和体现。"没有利益牵连"通常指自己及亲属对这个行政决定没有财产上的利益,或其他足以影响行政决定的非财产利益,比如感情利益和精神利益。在行政程序上没有偏私,不仅指实际上没有偏私存在,而且在外观上也不能使人有理由怀疑为可能存在偏私。英国法院在很多判决中声称"公正不仅需要真正存在,而且需要使人相信它是存在"。③ 如经常被引用的法官休厄特在《王国政府诉苏塞克斯法官,由麦卡锡起诉案》中的一句名言:"不仅要主持正义,而且要人们明确无误地、毫无怀疑地看到在主持正义,这一点不仅

---

① 王名扬:《英国行政法》,中国政法大学出版社1987年版,第152页。

② [英]威廉·韦德:《行政法》,徐炳等译,中国大百科全书出版社1997年版,第93页。

③ 王名扬:《英国行政法》,中国政法大学出版社1987年版,第154页。

是重要的,而且是极为重要的。"①

在行政法领域中,公平听证原则要求行政机关在作出不利于公民的行政决定时必须听取对方的意见,公民有为自己辩护的权利。公平听证原则实质上是正当程序观念的另一称谓。据说此观念最初起源于人类历史上在伊甸园中的第一次审讯:

> 我记得一个十分博学的人在一个这样的场合说过,甚至上帝本人在召唤亚当作出辩护之后才通过其判决。"亚当,"上帝说,"你在哪里?你难道没有偷食我诫令你不得食用的那棵树上的果子吗?"②

实际上,正当程序思想可溯及的最早根源是1215年制定的英国《自由大宪章》(the Magna Carta)。《自由大宪章》第39条规定:"凡自由民,如未经其同级贵族之依法裁判,或经国法(Law of the Land)判决,皆不得被逮捕、监禁、没收财产、剥夺法律保护权、放逐或被加以任何其他方式侵害,我们不得违反这些规定而为之。"其中,"经国法判决"一词依学者的见解,与"正当程序"属同一意义。③但"正当程序"这一词语真正最早见诸于文字的是在1354年爱德华三世第28号法令即《自由令》中。该法令第三章规定:"未经法律的正当程序进行答辩,对任何财产和身份拥有者一律不得剥夺其土地或住所,不得逮捕或监

---

① 转引自[英]丹宁:《法律的训诫》,杨百揆等译,法律出版社1999年版,第98页。

② R. v. University of Cambridge (1723) 1 Str.557 (Fortescue j). 转引自[英]威廉·韦德:《行政法》,徐炳等译,中国大百科全书出版社1997年版,第135页。

③ See R. E. Gushman: *Due Process of Law*, *Encyclopedia of the Social Sciences*, 1968, pp.264-265.

禁，不得剥夺其继承权和生命。"① 这条规定首次以法令形式表述了正当法律程序原则。根据日本学者谷口安平的研究，该原则在英国产生和发展的主要原因有三个：陪审裁判以及作为其前提的当事人诉讼结构；先例拘束原则；衡平法的发展。其中，陪审裁判直接彰显出程序的重要意义，而要实行先例拘束原则，也必须十分重视"辩论的技术和程序"，衡平法的发展则更加要求只有严格遵守正当程序才能保证结果的"正确"。②

正当程序或公平听证原则原本只适用于刑事诉讼领域，后来通过法院的判例才逐渐扩大至行政法领域。最早在行政法领域确立行政机关适用公平听证原则的一个经典判例是1863年古帕诉万兹乌斯区工程管理局案（Cooper v. Wandsworth Board of Works）。法院在该案的判决中认为：

> 工程管理局尽管有权拆除违法建筑物，但在行使其职权之前没有听取古帕的意见，违背了公平听证原则，因而其行为无效，判决原告胜诉，被告承担赔偿责任。③

该案因确立了行政机关适用公平听证原则的基本方面而成为英国行政法上的一个重要判例。但如前所述，"二战"后的一段时期，由于种种原因，该案所确定的公平听证原则曾一度被人遗忘。直到20世纪60年代后，随着人民要求听证权的呼声日高，1963年贵族院在处理"理奇诉鲍德温"一案中才终于又作出了

---

① ［英］丹宁：《法律的正当程序》，李克强译，法律出版社1999年版，第1页。
② ［日］谷口安平：《程序的正义与诉讼》，王亚新、刘荣军译，中国政法大学出版社1996年版，第4页。
③ 参见胡建淼主编：《外国行政法规与案例评述》，中国法制出版社1997年版，第449页。

恢复公平听证原则的决定。以此为转折,该原则重新受到重视并在广泛的基础上适用。

在英国,行政法领域中的公平听证或正当程序的要求主要包含三项内容:一是公民有在合理时间以前得到通知的权利;二是公民有了解行政机关的论点和根据的权利;三是公民有为自己辩护的权利。① 一句话,公民有获得公平听证的权利,尽管听证不一定像法院开庭审理一样正式和复杂。如果行政机关在作出对于当事人有重要影响的行政决定时违反公平听证原则,则该行政决定会被法院认定为无效的决定;即使是对当事人影响较小的行政决定,也会被认为是可撤销的决定。

(五) 小结

在英国,如果说合理原则主要是实体法原则的话,那么公正原则则主要是程序法原则,越权无效原则则既涉及实体也涉及程序;如果说越权无效原则(狭义)要求行政权的行使不得超越议会法明确规定的条件,是一种授权法原则的话,那么合理原则和公正原则则主要是一种普通法原则。从这个角度上看,英国的这三项原则是平行的。当然,广义的越权无效原则包含着合理原则和公正原则,后两者实际上是要求行政权的行使不得超越议会立法所隐含的条件。从这个角度上看,合理原则和公正原则又只是越权无效原则这一总原则的分支部分或补充原则。这就是英国以上三项原则之间的关系。

二、美国:正当程序与行政公开原则

美国法的基础是英国普通法,两国同属普通法系国家。重视程序是普通法系国家共同的传统,这种传统与美国所接受的近代启蒙思想家的法治理念相结合,形成了美国独具特色的"程序法

---

① 参见王名扬:《英国行政法》,中国政法大学出版社1987年版,第153页。

治"观念。受这种观念的影响,英国普通法传统中的"自然正义"逐步被融入美国法中而成为一项重要的宪法原则,即正当法律程序原则(Due Process of Law)。该原则对美国行政法的发展产生了直接而重大的影响,并由此而逐步形成了美国行政法上的行政正当程序和行政公开两大基本原则。

(一)"程序法治"与作为宪法原则的正当法律程序

法治观念虽然源远流长,但只在17世纪的资产阶级启蒙思想运动之后,法治观念才开始成为占支配地位的意识形态,并随着西方各国的资产阶级革命运动而开始制度化和现实化。在美国,潘恩和杰克逊全盘接受了英、法两国启蒙思想家关于民主和法治的理论,并在他们的治国实践中加以运用。他们把政府分为相互独立的三个部分,并伴以复杂的制衡制度,以防止权力滥用而侵害人民权利。① 同时,自由主义的传统和个人权利至上观念对美国法治的形成和发展也起到了重要作用。而1789年美国联邦宪法的颁布,标志着以控权为特征的美国法治的正式形成。但与此同时,美国作为在英国殖民地基础上发展起来的国家,英国普通法对其法治同样有着不可估量的影响。虽然美国在革命胜利后接纳了法国启蒙思想家的学说并在其基础上制定了成文宪法,普通法的绝对统治地位受到了一定的影响,但普通法并没有被全盘否定,而是被进行了一定的改造。正如伯纳德·施瓦茨所言:"在美国法形成时期的一项主要任务是,让普通法适合于大西洋彼岸的形式。"② 普通法历来就有重视程序的传统,"信奉实体权

---

① 参见张文显:《二十世纪西方法哲学思潮研究》,法律出版社1996年版,第605~606页。

② [美]伯纳德·施瓦茨:《美国法律史》,王军等译,中国政法大学出版社1990年版,第19页。

利主要由程序来保障这样一种理念"。① 英国所谓"程序先于权利"（remedies procedure right）的普遍认识就是指："普通法的内容最初只是一定数目的程序，只有通过这些程序，才可以作出判决，但实质的判决将会如何是说不定的。"② 虽然美国对普通法进行了改造，但普通法重视程序及程序正义的传统却得以保留。这种传统与美国所接受的英法启蒙思想家的法治理念相结合，形成了美国独具特色的法治观念——程序法治观念。同时，美国宪法最突出的特征体现在相互监督制衡（checks and balances）的分权体制上，各个权力之间关系的协调主要也是通过程序进行的。③

程序法治观念对美国法治的影响极其深远，程序在美国被赋予了极高的地位。如果把美国宪法发展史看做是"自由的行进过程"的话，那么美国联邦最高法院大法官F·福兰克弗特的这一名言十分值得记取："自由的历史很大程度上是遵守程序保障的历史。"④ 而另一位最高法院的法官则指出："程序公正与规范是自由不可或缺的内容。苛刻的实体法如果公正地、不偏不倚地适用是可以忍受的。"⑤ 这些认识充分表明，程序在美国被视为实现正义和自由的根本保障，被看做为法治的中心。正是在这种程序法治观念的指引下，英国普通法传统中的"自然正义"在美国被广泛传播并得到了新的发展，作为其核心思想的正当程序观念

---

① J. Schwarze, European Administrative Law, London: Sweet & Maxwell, 1992. p.147.

② ［法］勒内·达维德著：《当代主要法律体系》，漆竹生译，上海译文出版社1984年版，第299页。

③ 参见季卫东：《法治秩序的建构》，中国政法大学出版社1999年版，第9页。

④ "The history of liberty has largely been the history of procedural safeguards." Justice Felix Frankfurt remarked In *Mcnabb v. United States*, 318 U.S. 332 (1943).

⑤ *Shaughnessy v. United States*, 345 U.S. 206 (1953).

不仅被融入美国法之中而成为一项重要的宪法原则,而且通过美国最高法院的判例得以发扬光大。

在美国,和联邦宪法独立并存的各州宪法,一直是美国联邦主义的重要特征。各州宪法一般都先于联邦宪法而产生,联邦宪法则是在州宪法发展后才产生的,"无论在政府结构还是公民权利方面,联邦宪法都在很大程度上借鉴了业已确立的各州宪法"。① 正当法律程序原则在美国联邦宪法中的确立,同样是先在纽约州提出的"人权法案"中得到发展,然后才被吸收到联邦宪法修正案中来的。在1787年美国制宪会议上,由于美国宪法的缔造者意图迅速建立一个拥有全国性权力的联邦政府,致使联邦宪法正文中很少规定对公民个人权利的直接保障,② 有关正当法律程序的条款在联邦宪法正文中更是毫无规定。直到1789年,"美国宪法的执笔人"麦迪逊(J. Madison,1751~1836)在起草作为宪法修正案的《权利法案》的初稿时,才将正当法律程序写入其中。而他的观点则是来自于纽约州1787年提出的"人权法案"。1787年,汉密尔顿(A. Hamilton,1757~1804)在纽约州批准宪法会议上提出了"正当的法律程序"一词,该会议予以采纳并提出了"人权法案"。该法包括如下规定:除非依照"正当的法律程序",否则,任何人都应得到保证,不被剥夺特定的权利。这显然是最早用"法律的正当程序"取代最初来自英国大宪章"国家的法律"措词的美国法规。麦迪逊正是从这个"人权法案"中获得"正当的法律程序"一词的。③ 它构成了1791

---

① 张千帆:《西方宪政体系(上册·美国宪法)》,中国政法大学出版社2000年版,第440页。

② 参见沈宗灵:《比较宪法——对八国宪法的比较研究》,北京大学出版社2002年版,第75页。

③ [美]伯纳德·施瓦茨:《美国法律史》,王军等译,中国政法大学出版社1990年版,第57页。

年通过的美国宪法第5条修正案和1868年通过的第14条修正案的正当程序条款的起源,对于美国宪法史的发展是一种具有创新意义的变化。

美国宪法第5条修正案规定:"无论何人,除非根据大陪审团的报告或起诉,不得受判处死罪或者其他不名誉罪行之审判,惟发生在陆、海军中或发生在战时或出现公共危险时服现役的民兵中的案件,不在此限。任何人不得因同一犯罪行为而两次遭受生命或身体的危害;不得在任何刑事案件中被迫自证其罪;不经正当法律程序,不得被剥夺生命、自由和财产。不给予公平赔偿,私有财产不得充作公用。"但这条规定通常被理解为对联邦政府权力的限制,而不适用于各州。① 正当程序的适用由联邦扩展到州,在立法上则是通过宪法第14条修正案的制定来实现的。该条修正案规定:"凡在合众国出生或归化合众国并受其管辖的人,均为合众国的和他们居住的州的公民。任何一州都不得制定或实施限制合众国公民的特权或豁免权的任何法律;不经正当法律程序,不得剥夺任何人的生命、自由或财产;对于在其管辖下的任何人,亦不得拒绝给予平等法律保护。"显然,这条规定普遍适用于各州政府机关,从而出现了"一个真正现代意义上的《权利法案》——一个保护个人权利、防止州限制基本自由权利的新理念"。② 上述美国宪法第5、14条修正案所包含的"不经正当法律程序,不得剥夺任何人的生命、自由和财产"的内容被称为"正当法律程序条款"。

毫无疑问,美国近代的《权利法案》奠定了正当法律程序的宪法原则地位。但是,在美国,联邦最高法院却是宪法含义的最终阐释者。正当法律程序作为一项重要的宪法原则在美国宪政史

---

① *Barron v. Baltimore*, 32 U.S. 243 (1833).

② [美]保罗·布莱斯特等:《宪法决策的过程:案例与教材(上册)》,张千帆等译,中国政法大学出版社2002年版,第385页。

上发挥的重大作用也与美国联邦最高法院的司法审查权密切相关。美国法院正是运用司法审查权通过一系列重大判例和对第5、14条宪法修正案的灵活解释而发展出了"实质性的正当法律程序",从而使正当法律程序原则获得了极强的生命力并带来了"正当法律程序的统治"。其中,最引人注目的判例是"怀尼哈默诉人民案"(1856年):

> 怀尼哈默案起因于一项纽约州法律。该法律禁止出售非医疗用烈性酒,并禁止在住所之外的任何地方储存非用于销售的酒类。这部法律进一步规定,立即销毁全部违反其规定而保存的酒类;如有违反,以轻罪处。纽约州法院认为:该法的实施,消灭和破坏了这个州的公民拥有烈性酒的财产权,与正当程序条款的精神不符。由此,正当程序被赋予了一种实质性的含义:规定销毁已经为其所有者拥有的财产,这样一种剥夺财产权的做法,"即使在形式上符合法律的'正当程序',也超出了政府的权限范围。此案所涉及的这项法律,尽管没有法律上的缺陷,也违反了"宪法规定的精神。宪法已明确地表示要保护个人的权利,使其不受专断权力的损害"。①

"怀尼哈默诉人民案"使正当法律程序由程序意义向实质意义延展,被认为开创了一个新时代。在此之前,美国宪法规定的正当法律程序,如同英国自然公正原则一样,其涵义仅仅指的是一个程序性原则,即在剥夺公民或法人的人身权、自由权或财产权之前要经过"正当程序",而且也只适用于法院的诉讼程序,不涉及立法机关法案的实体内容。该案使正当法律程序原则已由

---

① [美]伯纳德·施瓦茨:《美国法律史》,王军等译,中国政法大学出版社1990年版,第56页。

单纯的程序性原则转化为既含程序限制也含实质限制的原则。此后,美国法院运用司法审查权通过"屠宰场系列案"(1873年)、①"洛克勒诉纽约州案"(1905年)②等判例,进一步确立了实质性正当法律程序。据此,通过美国最高法院的解释,宪法规定的正当法律程序包含两方面的意义:其一,正当法律程序是一个程序法的规则,称为程序性的正当法律程序(procedural due process)。这种意义的正当法律程序要求政府的"正式行动必须符合对个人的最低公正标准,如得到充分通知的权利和作出裁决之前的有意义的听证机会"。③ 其二,正当法律程序是一个实体法的概念,称为实质性的正当法律程序(substantive due process)。这种意义的正当法律程序要求国会所制定的法律,必须符合公平与正义。如果法律剥夺个人的生命、自由或财产,不符合公正与正义的标准,法院将宣告其无效。④

正当法律程序作为美国法中的一条基本的宪法原则,在内容上是一个富有弹性的概念。"作为一个说明性的概念,正当法律程序被用来解释和配置许许多多业已存在的法律规则和程序;作为规范性的原则,正当法律程序被用来判别既存法律规则和程序的适当与否,并且可以引导出新的法律规则和程序。"⑤同时,作为一个宪法原则,正当法律程序在美国的适用范围也是极为广泛的。除了普遍适用于司法领域外,自19世纪末,随着工业革命

---

① *The Slaughter v. House Cases*, 83 U. S. 36 (1873).

② *Lochner v. New York*, 198 U. S. 45 (1905).

③ [美] 欧内斯特·盖尔霍恩、罗纳德·利文:《行政法和行政程序法概要》,黄列译,中国社会科学出版社1996年版,第119页。

④ 参见 [美] 杰罗姆·巴伦、托马斯·迪恩斯:《美国宪法概论》,刘瑞详等译,中国社会科学出版社1995年版,第102页以下。

⑤ David Resnick, "Due Process and Procedural Justice", in J. R Rennock and J. W. Chapman ed., *Due process*, New York University Press, 1977, p.206.

的发展和行政权的扩展，正当法律程序观念开始向行政法领域渗透，从而使得正当法律程序的适用范围呈爆炸性的扩张。这对美国行政法的发展也产生了划时代的影响，由此直接形成了美国行政法上之正当程序原则，并在20世纪60~70年代的美国，经进一步发展而形成了美国行政法上另一基本原则即行政公开原则。

（二）行政法上之正当程序原则

行政正当程序原则，是作为美国宪法原则的"正当法律程序原则"在行政法领域中的具体运用，也是其向行政法领域渗透与扩张的结果。其核心思想是行政机关行使行政权力剥夺私人的生命、自由或财产时，必须听取当事人的意见，当事人具有要求听证的权利。

由于美国法的基础是英国普通法，其行政法理论和制度有诸多相似之处，尤其是在自由资本主义时期，美英行政法几乎完全一致。直到19世纪末，为了解决工业迅速发展而引起的一系列社会经济问题，美国建立了大量独立管制机构（Independent Regulation Agency），标志着美国行政法开始形成自己的特殊模式。但与此同时，这些独立控制机构集行政权、准立法权和准司法权于一身，它们的出现，也因行政权的迅猛扩张而导致反对的呼声越来越强烈。最初，关注的焦点是在各独立机构的行政权的正当性上，但最高法院认为这种混合没有违背宪法。于是人们的注意力便集中到了程序的设计问题上，要求实现行政程序的标准化、正规化和加强司法审查。[①] 面对强大的要求限制政府权力，加强程序保障和司法审查的压力，罗斯福总统于1939年授命司法部长组成一个专门委员会研究行政程序问题，但因"二战"爆发而被搁置。战后，国会在司法部长行政程序委员会立法建议的基础上制定了1946年《联邦行政程序法》。该法的主要内容是：

---

① 参见李龙、徐亚文：《正当程序与宪法权威》，《武汉大学学报》（人文科学版）2000年第5期。

制定规章的程序、行政裁决的程序、司法审查的形式和范围以及听证官员的地位与权力。《联邦行政程序法》的制定是美国行政法发展的一个重要里程碑，它不仅统一了联邦行政机关的行政程序，还为联邦行政机关规定了最低的程序公正要求，即"作出决定者必须举行听证"；不仅充分体现了宪法上之正当法律程序精神，而且直接形成了美国行政法上的正当法律程序原则，即行政正当程序原则。

正当程序在行政法领域的适用，涉及的一个首要问题是该原则所保障的利益或适用范围，即一个程序是否适用或符合正当程序原则。这主要是凭法院的解释和理解来确定的。美国法院运用司法审查权通过一系列的重大判例进一步推动了正当程序所保障的利益或适用范围的扩张。20世纪70年代以前，正当程序所保障的是法律保护的利益即权利（right），而非政府赋予的利益即特权（privilege），这被称为特权理论。但是，"在60年代期间，随着政府官僚机构的扩大以及公众越来越关注政府对公民所承担的义务，权利——特权区分的合理性受到质疑"。① 于是，最高法院开始慢慢摆脱权利——特权的区分，并最终在"戈德伯格诉凯利案"（1970年）中抛弃了传统的特权理论，认为凡是法律上可以主张的权利都受正当法律程序的保护。该案的案情是：

> 纽约市关于终止福利补助的规章，规定在终止或暂停福利补助前，必须事先通知补助领取人，告知其终止或暂停的理由并允许提出书面意见和证据，说明反对的理由，然后行政机关决定是否终止或暂停补助。被取消了补助的人在不服该决定时才有权要求正式的听证，进行口头对质的正式程序裁决。联邦最高法院判决认为：纽约市的规定没有达到宪法

---

① [美]欧内斯特·盖尔霍恩、罗纳德·利文：《行政法和行政程序法概要》，黄列译，中国社会科学出版社1996年版，第120页。

的要求,因为福利补助是有资格领取人的法定请求权而不是特权,它在性质上类似于财产权,受正当程序的保护。行政机关剥夺当事人享受福利津贴的利益,像剥夺其他财产利益一样,必须按照正当法律程序的要求,举行事先的正式听证。①

自从"戈德伯格诉凯利案"抛弃传统的特权理论以后,美国最高法院又通过一系列判决对"财产"和"自由"的涵义进行了全新的阐释,从而使正当程序的适用范围进一步扩大。如在"阿内特诉肯尼迪案"(1974年)②和"戈斯诉洛佩斯案"(1975年)③中,"财产"标准得到了广泛的解释。"阿内特诉肯尼迪案"的判决是:如果制定法规定,除非有"合理事由"不得解雇联邦公务人员,那么,该法就赋予了一种受正当程序保护的"财产"利益。该判决隐含着这样一个原则,即"无论何时,只要一个人有资格以官员行为违背制定法为由提出挑战,他就拥有了宪法保护的'财产'利益"。④ 在自由方面,"威斯康星诉康斯坦丁案"(1971年)⑤使得政府对个人名誉的否定性评价被认为是对自由的侵犯,而"沃尔夫诉麦克唐内尔案"(1974年)⑥则令囚犯监狱生活的各个方面都落入了正当程序的羽翼保护之中。在当代社会中,除外国人的入境利益不受宪法保护以外,个人和组织的自由和财产利益,几乎都能成为法律上可以主张的权利对象而

---

① [美]伯纳德·施瓦茨:《行政法》,徐炳译,群众出版社1986年版,第205页以下。

② *Arnett v. Kennedy*, 416 U.S. 134 (1974).

③ *Goss v. Lopez*, 419 U.S.565 (1975).

④ [美]理查德·B·斯徒尔特:《美国行政法的重构》,沈岿译,商务印书馆2002年版,第73页。

⑤ *Wisconsin v. Constantineau*, 400 U.S. 433 (1971).

⑥ *Wolff v. McDonnell*, 418 U.S. 539 (1974).

受到正当程序的保护。根据美国学者C·赖克1964年的统计,在60年代,个人和组织在美国可能享有的政府所创造的特权有:社会保障收入和福利津贴、政府雇佣、酒类营业执照、政府合同、公共住房和教育、监狱行政等。这些特权在70年代均已经不同程度地受到正当法律程序的保护。

正当程序原则涉及的另一个核心问题是"什么程序才是正当的"。这仍是一个靠法院解释"正当程序"涵义来回答的重要问题。在20世纪70年代以前,由于正当法律程序主要适用于行政机关行使控制权力的活动,特别是经济方面的控制权力,听证的范围不广,而且涉及当事人重大的财产利益,因此,美国法院判例认为正当法律程序只要求正式的听证,即只有正式听证才符合宪法规定的正当法律程序。但正式的听证类似法院的审判活动,是一种司法化的行政程序或审讯性程序,需要花费大量的时间和金钱。自70年代以后,正当法律程序的适用范围极度扩张,要求听证的事项繁多,数量巨大,要求正当法律程序全部采取正式的听证,不仅影响行政效率,而且加重财政开支,不一定符合公共利益。"良好的行政程序不仅必须公正,而且需要效率,必须同时兼顾行政利益、当事人利益有时甚至还有第三者的利益。"① 于是,美国法院开始改变在戈德伯格诉凯利案中建立的正当程序均要求"证据性的听证",即正式听证的规则,以保持正当程序适用的灵活性。在"马修诉埃尔德雷奇案"(1976年)② 中,最高法院声称,在决定正当程序于特定的情况下所要求的具体内容时,它将审视三个因素:"第一,受到行政行为影响的私人利益;第二,由于行政行为所使用的程序而错误剥夺此类利益的风险,以及采取额外的或替代的程序保障可能得到的任何利益;第三,

---

① 王名扬:《美国行政法》(上册),中国法制出版社1995年版,第409页。

② *Mathews v. Eldridge*, 424 U.S. 319 (1976).

政府的利益,包括相关的行政作用,以及采取额外的或替代的程序将需要的财政及行政方面的负担。"最高法院在适用了这一平衡标准后,得出结论——并非所有的听证均需采用正式的听证作为前提。

可见,正当程序禁止对当事人作出某种不利的决定而不给予任何形式的听证,但它也并不是说不问时间、地点、情况如何,只能采取正式的听证形式。是否需要一种正式的听证形式,应当取决于一系列的因素,"所主张权利的特征、裁决本身的特征、可能会因裁决而引起的负担这些方面的问题都要进行考虑"。①据此,听证可分为正式的听证和非正式的听证。正式听证是一种审讯性的听证,又称为"基于证据的听证"。根据美国最高法院在戈德伯格诉凯利案中确立的规则,正式听证必须符合以下要求:(1)当事人应及时和恰当地得到关于听证事项的通知;(2)当事人有权对其不利的证据进行质证;(3)当事人应有机会提交对自己有利的证据;(4)当事人应有机会口头陈述事实;(5)当事人有委托律师进行辩护的权利;(6)根据案卷作出决定;(7)应对决定说明理由;(8)作出决定者没有偏私。② 与正式听证相比,非正式听证是行政机关作出具体决定时在程序上有较大自由的听证。但非正式听证也必须符合下列要求:当事人有权得到通知;应有口头或书面提出意见的机会;行政决定必须说明理由;决定者没有偏私。总之,正当程序不要求固定形式的听证,只要求适合案件性质的听证形式,在适用上具有很大的灵活性。然而任何一种听证形式,必须包含正当法律程序的核心内容:"当事

---

① B. Schwartz and H. W. R. Wade, *Legal Control of Government: Administrative Law in Britain and the United States*, Oxford: Clarendon Press, 1972, p.131.

② [美]威廉·F·芬克、理查德·H·西蒙:《行政法案例与解析》(影印本),中信出版社2003年版,第117页。

人有得到通知及提出辩护的权利。"① 是否具备这两种权利是区别正当程序和非正当程序的分水岭。虽然正式听证中的某些环节在非正式听证中可以省略,但这两个环节在一切听证中都必须具备。

此外,正当法律程序还要求设立公正的法庭,"由公正的、超党派的事实审判官主持的公正审判是裁决程序的精髓"。② 行政机关作出行政裁决同样如此,如果行政机关受到法律偏见的影响,那么行政裁决则是无效的。当然,就法律观点而言,偏见的范围不能包括一切事先存在的见解,而主要限于"利害关系"和"个人偏见"两个方面的内容。但只要有一种偏见存在,受偏见影响的裁决者就必须回避,如果他不回避,他所作出和参与的裁决就无效。可见,作为正当法律程序原则在行政法领域的具体体现,行政正当程序原则还要求行政机关在行政活动中应当排除偏见或避免偏私。

(三) 行政公开原则

所谓行政公开,是指个人或团体有权知悉并取得行政机关的档案资料和其他信息。行政公开是 20 世纪 60~70 年代美国行政法发展的又一重要方向。这段时期,由于"越战"失利、总统选举舞弊及种族歧视扩大,公众对行政机关越来越不满,从而导致行政机关的威信降低,要求进一步限制政府权力、加强公众监督的呼声越来越高,并因而引起一系列的行政法的改革。1946 年制定的联邦行政程序法在这段时期经过几次修改,其主要的宗旨就是实现行政公开。公众认识到过去通过司法审查和行政程序来

---

① 王名扬:《美国行政法》(上册),中国法制出版社 1995 年版,第 410 页。

② 《联邦上诉法院判例汇编》第 2 辑第 136 卷第 562、563 页,转引自〔美〕伯纳德·施瓦茨:《行政法》,徐炳译,群众出版社 1986 年版,第 280 页以下。

限制行政权，只能保障个人的权利免受行政机关的侵犯，而不能保证行政权的行使符合公共利益，也不能保证行政机关能为公众提供更多的福利。因此，行政必须公开，由公众直接参与对行政的监督，以弥补程序限制和司法审查的不足。①

为了推行行政公开，美国国会从20世纪60年代起进行了一系列的立法。一是1966年的《情报自由法》（Freedom of Information Act），②建立了政府信息公开制度，赋予公众向联邦政府机关索取任何资料的权利。它是人类历史上第一部政府信息法，也是世界行政发展史上的一个重要里程碑。二是1972年的《联邦咨询委员会法》（The Federal Advisory Committee Act），规定联邦咨询委员会的组织、监督、文件和会议必须公开。三是1974年的《隐私权法》（The Federal Privacy Act），规定行政机关对个人信息的收集、利用和传播必须遵守的规则，并规定个人信息必须对本人公开和对第三人限制公开的原则。它是《情报自由法》的重要补充，"没有情报法，公众对政府活动缺乏了解，不可能有效地监督政府，民主政治受到妨碍；个人的隐私权没有保障，则个人的自由不可能存在，民主政治受到破坏。所以国会制定情报法后制定隐私权法这是逻辑发展的必然结果"。③ 四是1976年的《阳光下的政府法》（The Federal Government Under

---

① 参见王名扬：《美国行政法》（上册），中国法制出版社1995年版，第57页。

② 美国国会对该法先后于1974年、1976年、1986年和1996年作了四次修正案。其中1996年修正案即电子信息自由法修正案，对电子信息的检索、公开等问题进行了规范，以解决政府信息电子化和政府对信息请求反应迟缓给政府信息公开带来的问题。参见周汉华：《中美政府公开制度异同》，http://www.cp.org.cn/pool/zmzfgkzdyt.html。

③ 王名扬：《美国行政法》（下册），中国法制出版社1995年版，第1105~1106页。

Sunshine Act),① 它是关于会议公开的法律,旨在允许公众参与行政机关的会议。五是1988年的《电脑匹配和隐私权保护法》(Computer Matching and Privacy Protection Act),规定行政机关对个人信息进行电脑匹配所必须遵守的程序,以保护个人的隐私权,同时兼顾行政机关对个人信息进行电脑匹配的需要,这个法律后来被并入《隐私权法》而成为了后者的组成部分;而《联邦咨询委员会法》在《阳光下的政府法》制定后经修改确定:咨询委员会的会议公开原则适用《阳光下的政府法》的标准,文件公开的原则适用《情报自由法》的标准。因此,美国的行政公开制度集中反映在《情报自由法》、《阳光下的政府法》、《隐私权法》这三部法律制度中。② 它们分别就政府文件的公开、会议的公开和个人记录的公开问题作了详细规定,从而确立了行政公开作为行政法基本原则的法律地位,共同构成了美国行政公开制度之骨架。

关于政府文件的公开,③《情报自由法》规定联邦政府的记录和档案除某些政府信息豁免公开外,原则上向所有人开放。即使属于豁免公开的事项,政府机构仍然有权决定是否公开。公开的方法包括在《联邦登记》上公布、行政机关主动公开和依请求公开。其中,必须在《联邦登记》上公布的文件包括:(1)该机关的总部及其在各地的工作机构的情况;(2)各机关开展活动、决定问题的一般程序和方法;(3)程序规则、通用的表格、索取

---

① 《阳光下的政府法》实际上是个俗称,它的正式法律名称即编入法典的名称是《会议公开法》(Open Meetings Act)。

② 这三部法律后来都被编入《美国法典》第五编,列为第五章"行政程序"的组成部分。其中,《情报自由法》被编入列为第552条,《隐私权法》被编入列为第552条之一,《阳光下的政府法》被编入列为第552条之二。参见[美]威廉·F·芬克、理查德·H·西蒙:《行政法案例与解析》(影印本),中信出版社2003年版,第331页。

③ See *Freedom of Information Act*, 5 U.S.C. §552.

表格的地点,对各种文书、报告书、检验证书的范围与内容的说明;(4) 行政机关依据法律授权制定的实体法规章以及相关的政策说明和解释;(5) 对上述各项的修正和废除。除了必须在《联邦登记》上公布的文件以外,还有大量的文件行政机关必须主动公开,由公众按照行政机关制定的程序查询和复制。这类文件主要包括:裁决案件时作出的最终裁决意见、已由行政机关制定但未公布在《联邦登记》上的政策说明和解释、行政工作人员手册及影响公众成员的行政人员手册、合议制机关表决结果的记录。除前两类文件之外,其他一切没有免除公开的政府文件,公众均可以请求公开。《情报自由法》还规定了九项豁免公开的政府信息:(1) 根据总统命令规定或事实上明确划定的国防或外交秘密;(2) 纯属行政机关内部的人事制度和工作制度;(3) 其他法律明确规定不得向外提供的文件;(4) 第三方的商业秘密以及第三方向政府机构提供的商业或金融情报;(5) 法律规定不得向非机关当事人公开的机关内部和机关之间的备忘录和信件;(6) 人事、医疗和那些透露后会侵犯个人隐私权的类似档案;(7) 为执法而编制的调查档案;(8) 由负责监管金融机构的机关制作的检查、工作或情况报告;(9) 地质和地球物理情报、资料。除上述内容之外,《情报自由法》的主要内容还包括:一切人享有同等得到政府文件的权利;每个机关应有现行的文件索引供公众查阅和复制;查阅和复制文件的收费标准;时效规定;国会对政府公开的监督;在政府拒绝提供文件时,申请人可以请求司法救济,对此类案件法院应重新审查事实,并可以秘密查阅该机关档案的内容,而且机关对其自身行为的正确性负举证责任等。

关于会议公开,① 《阳光下的政府法》规定委员会制(合议制)行政机关的会议,除法定的例外,必须一律公开举行,公众可以观察会议的进程,取得会议的信息和文件。其中,法定免除

---

① See *Open Meetings Act*, 5 U.S.C. §552b.

公开举行会议的理由为：涉及国防和外交机密；仅涉及机关内部的人事规则和习惯；法律规定为保密的事项；属于贸易秘密或从有特权的人或秘密的人所得到的商业和金融信息；刑事犯罪或正式指控事项；个人隐私；为执法目的而制作的调查记录或可能包含在该记录中的信息；属于监督金融机构掌握的信息；过早公开会影响经济秩序和金融安全以及执行计划；关于参加诉讼和仲裁或其他涉及在听证会之后根据案卷材料作出的决定。但这些事项只有在机关成员多数投票赞同时才能免除公开，同时，利益受到某会议直接影响的人，可以根据上述免除公开会议的相关理由，要求举行不公开会议。《阳光下的政府法》还就对会议公开的程序作出了相应的规定，以便于公众旁听，并规定违反该法的诉讼包括行政法规的合法性审查和行政处理的合法性审查。

关于个人记录的公开，①《隐私权法》规定对于个人的记录以不公开为原则，禁止行政机关在没有取得个人的书面同意之前公开关于他的记录。而只有在这些情况下行政机关可以公开个人记录而不需要本人同意：机关内部使用；情报自由法规定的公开；个人、医疗或类似的档案；常规使用；人口普查；统计研究；国家档案；为了执法目的而向其他机关提供个人的记录；紧急情况；国会及其委员会使用个人记录；审计长及其授权的代表使用个人记录；法院命令公开个人记录；消费者资信能力报道机构使用个人记录。根据该法的规定，个人有观看、取得以及要求修改个人记录的权利。任何行政机关有下列情况的，个人可以对该机关提起民事诉讼：不按个人要求修改其个人记录、拒绝提供个人记录；未能保持正确的个人记录而导致对该个人不利的决定；其他违法而对个人产生不利影响。除民事诉讼外，违法的行政机关官员或雇员在某些情况下还要被科处刑罚制裁。此外，为了防止行政机关滥用个人记录，保护个人的隐私权不受侵犯，该

---

① See *The Privacy Act*, 5 U.S.C. §552a.

法还对行政机关制定、保持、使用和公开个人的记录规定了一些限制和要求。

第三节 两大法系之共性比较与对接

一、普遍性的共同规律

无疑,西方各国行政法的基本原则既存在着形式上的差异,又有着深层次的共性特征。无论是差异还是共性,均有其深刻的历史根源和国情基础。尤其是各国行政法基本原则的形成,均要符合各国国情,适应各国的法律传统、民族传统、政治体制及社会经济情况。由于西方各国政治法律制度、历史文化传统等因素的差异,导致其行政法基本原则的历史发展模式存在着较大不同。没有最好的模式,只有最适合的模式。通过比较,我们也可以寻求出各国行政法基本原则形成过程中所体现出的一些共性特征和规律。

(一) 法治国家与宪法精神

正如现代行政法发端于近代法治国思想一样,作为规范行政权力之基本法律准则的行政法基本原则也是伴随着近代法治国思想的发展而形成的。虽然法治国思想发轫于德国,但是"大自然迫使人类去解决的最大问题,就是建立一个普遍法治的公民社会"。① 因此,法治作为人类社会发展的一种必然要求,已被西方各国不同程度地确立为本国基本的治国原则。尽管早期在德国所表现出的"法治国"(Rechtsstaat) 思想与在英国表现出的"法的统治"(Rule of Law) 原理的确存在某些层面上的不同,但"就讲求法治国家的基本目的乃在于保障人权与抑制政府的滥权,

---

① [德] 康德:《历史理性批判文集》,何兆武译,商务印书馆1997年版,第8页。

使得法成为规范国家生活的惟一准则,此是英、德两国法治主义者所不争的事实"。①

法治的要义在于对公权力的合理配置。在专制国家时代,公权力根本不受任何法律及司法的拘束,"在警察国家时代,国家公权力只服膺民法及受到民事审判的拘束,而法治国则更进一步,所有公权力都受到法律的拘束"。② 发端于近代法治国思想的行政法,其任务就在于为行政权力的运作提供依据,使行政权力受到法律的拘束。随着自由法治国家向社会法治国家的发展,近代形式意义法治原则到现代实质意义法治原则的变迁,法治原则已不仅仅是判断权力运作合法性的准绳,而且也成为衡量权力运作正当性、公正性的重要根据。相应地,行政法的基本原则即行政必须服从法律的基本准则,也在此历史背景下逐步发展并完善,成为衡量行政权力运作的合法性、正当性、公正性的基本准则。可以说,法治原则不仅孕育了行政法基本原则,而且推动了行政法基本原则的逐步发展并完善,因而始终是行政法基本原则形成过程中至关重要的因素。

法治国家的理念与原则又是通过宪法而确立的,它们反映到宪法之中而成为基本的宪法精神和原则,并发挥着规范国家权力运作之功效。作为"宪法的具体化"的行政法,其基本原则正是从体现民主法治国家精神和观念的宪法原则中推导出来的,后者是前者的直接依据。质言之,行政法基本原则是由宪法决定的,一个国家有什么样的宪法,就有什么样的行政法基本原则。如德国宪法所规定的法治国原则、议会民主原则和基本权利保护原则不仅决定着德国行政法上的依法行政原则,还要求行政活动符合

---

① 陈新民:《德国公法学基础理论》,山东人民出版社 2001 年版,第 97 页。

② 陈新民:《德国公法学基础理论》,山东人民出版社 2001 年版,第 81 页。

比例原则，遵循信赖保护原则等。行政法治之所以是法国行政法的基本原则，是由法国宪法所确立的法治原则决定的。越权无效原则之所以是英国行政法的基本原则，也是由英国宪法所确立的法治原则与议会至上的宪政体制所决定的。作为美国宪法原则的"正当法律程序"则直接形成为美国行政法上的"正当法律程序"原则，即行政性正当程序原则。

宪法不仅决定着一个国家行政法基本原则的表现形式，而且决定着行政法基本原则的内容和精神。因此，虽然法治是各国行政法的共同目标，但其具体内容却因各国宪政体制的不同而不同。如法律保留原则和法律优先原则是德国依法行政原则的内容，而不是英国越权无效原则的具体内容，尽管两者都是现代法治国家政府行使权力时所普遍奉行的基本准则。

（二）判例确认与理论加工

从方法论上看，西方国家行政法基本原则的形成还是一个判例确认与理论加工相结合的过程。无论在大陆法系国家还是在英美法系国家，其行政法都是一个基本的部门法，但多数国家却尚未制定出一个像刑法典、民法典那样的统一行政法典。这就决定了行政法基本原则无法通过行政法典的形式加以明确、统一的规定，而只能通过其他的方法形成。在西方国家，这种方法就是法官判例的确认，并辅之以理论的归纳、总结和加工。

在以判例法为主要法源的英美法系国家，行政法的基本原则主要通过法官的判例来确立，这是不言而喻的。例如，英国行政法上的程序正当原则和实体合理原则，就是在得到判例的最初确认，然后被后来的判例所反复援引、实践后发展起来的。英国行政法学权威韦德在分析实体合理原则时，就述及了对该原则确立和形成具有重要影响的数十个判例。[①] 作为英国行政法之核心原

---

① 参见［英］威廉·韦德：《行政法》，徐炳等译，中国大百科全书出版社1997年版，第64页以下。

则的越权无效原则,虽然是一个制定法原则,但该原则所涉及的具体内容即越权的理由如"案卷表面错误"等却是通过法院的判例发展并丰富起来的。在美国,虽然"正当法律程序"有制定法根据,即美国宪法修正案第 5 条和第 14 条及《联邦行政程序法》的规定,但真正使其确立为行政法基本原则并使这一原则获得极强生命力的主要因素,仍旧是美国法院运用司法审查权通过一系列重大判例所作的灵活解释。如"怀尼哈默诉人民案"使正当程序由程序意义向实质意义延展,"第一摩根案"(1936 年)① 对行政机关提出"作出决定者必须举行听证"的要求使正当法律程序观念开始向行政法领域渗透,"戈德伯格诉凯利案"进一步抛弃传统的特权理论,使正当程序的适用范围得以极大扩张,等等。这些重大的判例都被认为开创了一个新时代。可以说,在英美法系国家,无论英国还是美国,其行政法基本原则的概括,都主要是由法官通过判例来完成的。

在大陆法系国家,虽以成文法为主要法源,但在行政法中法院的判例却起着主要的作用。尤其在法国,"行政法的重要原则,几乎全由行政法院的判例产生"。② 判例中的这些原则大都先由法官或法学家们在案件发生后提出或创造出来,经过实践的检验而成为普遍性的成文法原则,如行政法治原则。甚至有的原则仍处于判例状态,仅仅出现在法学家们的学术研究中,如均衡原则。德国行政法的基本原则也并非成文法律明文规定的一个法律原则,而是联邦宪法法院在处理实际案件中通过判例发展起来而逐步得到广泛承认的一个基本原则,成为判断立法和其他国家措施合宪性的一个重要原则。正如有学者指出,比例原则"是联邦

---

① 王名扬:《美国行政法》(上册),中国法制出版社 1995 年版,第 502 页。

② 王名扬:《法国行政法》,中国政法大学出版社 1988 年版,第 21 页。

宪法法院根据宪法的基本原理引申出来，而不是根据僵硬的既存成文法律建立的一个原则"；① 行政信赖保护原则是"德国联邦行政法院根据法律安定性原则和民法的诚信原则推论而确立的"。②

当然，行政法基本原则经过法官判例的确认之后，还有赖于理论上归纳、总结和加工，才能最后形成。但是，理论只是对法官思路的梳理或对法官判词的整理。这也从一个侧面反映了行政法基本原则的客观性和法律属性。

二、共同发展趋势

早期西方各国行政法基本原则的内容差异极大，个性特色鲜明。从整体上可将其分为大陆法系模式和英美法系模式。这两种不同模式不仅有实质上的差异，更有形式上的差别。随着西方各国行政法的发展以及欧洲一体化的影响，现代西方各国行政法基本原则的不同模式在保持各自特色的同时，开始在形式上相互借鉴，在内容上相互对接，在价值取向上趋于同一。

（一）从注重实体规则到注重程序公正

一般认为，在深受法国传统"公共权力学说"影响的大陆法系国家，行政法指的是"调整行政活动的国内公法"，③ 其内容主要包括行政组织、行政活动和行政法院三部分，核心是公共权力的行使。④ 所以，大陆法系的传统行政法理论"把行政法的主要目标放在用法律对行政权力的根据加以说明和对行政权力的范

---

① 参见于安：《德国行政法》，清华大学出版社1999年版，第32页。
② 参见朱林：《德国行政行为撤销的理论及其立法评价》，《法律科学》1993年第3期。
③ 王名扬：《法国行政法》，中国政法大学出版社1988年版，第13页。
④ 参见周佑勇：《行政法原论》，中国方正出版社2002年修订版，第73页。

围加以限定上,而原则上对行政作用究竟应通过什么样的程序和过程来进行这一点似乎并不关心"。① 也就是说,大陆法系行政法主要关注的是行政实体和行政诉讼问题而不是行政程序问题。而在深受英国传统自然正义或程序公正影响的英美法系国家,其行政法更多地"信奉实体权利主要由程序来保障这样一种理念"。② 尤其在美国,人们对程序问题更是情有独钟,甚至倾向于认为行政法主要是有关行政机关活动程序的法律,而不是有关行政活动的实体性法律。例如,戴维斯(K. C. Davis)提出,行政法不是指行政机关所制定的行政实体规范,也不是指立法机关、法院所制定的由行政机关加以执行的实体法律,它是指有关规范行政机关的权力和程序的法律规则。③

以上大陆法系行政法"重实体而轻程序"的传统与英美法系行政法"重程序而轻实体"的个性特点,形成了近代以来行政法中的两种古典"控权"功能模式,即严格规则模式和正当程序模式。④ 严格规则模式的特点是:从行政行为的结果着眼,注重行政实体规则的制定,通过详细的实体规则实现法律对行政权力的控制功能,行政主体的法律适用技术侧重于严格遵循行政法实体。正当程序模式的特点则是:从行政行为的过程着眼,侧重于行政程序的合理设计,通过合理的行政程序设计来控制行政权力的目的,行政主体的法律适用技术以正当程序下的行政决定为特征。

---

① [日] 和田英夫:《现代行政法》,倪健民等译,中国广播电视出版社 1993 年版,第 15 页。

② J. Schwarze, *European Administrative Law*, London: Sweet & Maxwell, 1992. p.147.

③ K. C. Davis, *Administrative Law Treatise*, San Diego: K. C. Davis Pub. Co.1978. pp.1-2.

④ 参见孙笑侠:《法的现象与观念》,群众出版社 1995 年版,第 169 页。

在19世纪法典主义思潮影响下，近代的严格规则模式被视为理想的行政法模式并被纷纷效仿，而近代正当程序模式除英美人自我欣赏外却显得暗淡无光。但是，20世纪以来，社会问题日益增多，社会关系日趋复杂。为了有效地维护公益，西方国家授予行政机关广泛的自由裁量权和准立法权、准司法权。从摇篮到坟墓，行政权无处不在、无孔不入。这样，立法机关对行政机关和相对人所提供的行为标准也就日渐模糊，如"不得滥用权力"、"正当"、"公共利益"等，行政机关不得不依多重标准即法律、政策、道德标准进行裁量，仅靠实体法规则对行政自由裁量权实行监控明显无力。同时，授权立法日益盛行，加之行政机关的职权立法，导致法律与行政的界限不清，使"依法行政"原则的应有价值日益削减。于是，在英美法系正当程序模式的影响下，大陆法系国家开始修正和完善其严格规则模式的行政法，纷纷制定行政程序法典和行政程序性法律规范，普遍注重起程序的作用。最先考虑行政程序立法的是大陆法系的奥地利，它于1926年制定了世界上第一部行政程序法，其后，意大利（1955年）、西班牙（1958年）、德国（1966年）等国家纷纷制定了行政程序法典。令人意味深长的是，除1946年美国《联邦行政程序法》之外，制定行政程序法的几乎都是遵循严格规则模式的大陆法系国家。连行政官僚色彩最浓、程序传统最淡漠的法国，也于1979年汲取行政程序法之精髓——说明理由的行政程序，制定了《行政行为说明理由和改善行政机关和公民关系法》。可见，用程序控权取代实体控权，从注重行政行为的合乎实体法规则向注重行政行为的合乎程序性转变，或者说以正当程序模式的行政法来弥补严格规则模式之不足，已成为当代行政法发展的主流。[①]

[①] 参见孙笑侠：《法的现象与观念》，群众出版社1995年版，第173页以下。

这种行政法功能模式的革新反映在行政法的基本原则上,必然导致正当程序原则在世界许多国家和地区得以确立和广泛适用。自20世纪以来,不仅许多欧洲大陆法系国家,而且许多亚洲国家和地区,纷纷进行行政程序立法,通过立法将正当程序原则确立为行政法的基本原则。

(二) 从追求形式正义到追求实质正义

在价值取向上,受早期形式主义法治国思想的影响,大陆法系国家的行政法治原则或依法行政原理"只是从形式上要求这种行政的合法性,而根本不问其法律内容,因此称之为形式意义上的法治主义"。[①] 而源于英美法系普通法传统中之自然正义的正当法律程序原则,不仅要求权力行使的程序应公平合理,而且要求法律的内容应公平、合理,合乎正义,因此"正当法律程序对'法治'的要求比依法行政更来得彻底"。[②] 可见,大陆法系的行政法治原则或依法行政原则主要追求的是形式正义,而英美法系的正当程序之法理崇尚的则是实质正义。[③]

20世纪以来,尤其是"二战"以后,行政领域不断扩大,行政自由裁量权不断扩张,仅靠严格的依法行政来保证行政权的合目的性显得力不从心。于是,大陆法系近代形式意义的法治国家开始向现代实质意义的法治国家发展。现代实质意义的法治国家不仅形式上要求行政机关依法行政,严格依法办事,而且要求行政活动具有实质的正当性,符合公平正义的法律观念。相应地,欧洲大陆法系行政法一方面逐步确立了注重程序设计的正当

---

① [日] 室井力主编:《日本现代行政法》,吴微译,中国政法大学出版社1995年版,第21页。

② 林国漳:《浅释行政法学上的"正当法律程序"原则》,载城仲模主编:《行政法之一般法律原则》(一),台湾三民书局1994年,第60页。

③ 参见王周户、柯阳友:《行政法治与行政程序法》,《行政法学研究》1997年第1期。

程序原则,以保证行政程序正义;另一方面还发展了均衡原则、比例原则和信赖保护原则,以保证行政实体正义。无论是正当程序原则,还是均衡原则、比例原则和信赖保护原则,它们都要求行政活动具有实质上的正当性,符合公平正义的法律观念,因此它们都以实质正义为主要价值取向。只不过,前者即正当程序原则侧重于从程序上要求行政行为符合法的正义,后者则主要从实体内容上要求行政行为符合法的正义,但在本质上它们追求的都是实质正义。

同时,面对行政自由裁量权的日益扩张,为了有效防止其被滥用,英美法系国家也发展了合理性原则。尽管该原则也是从行政实体内容方面要求行政行为必须符合公平正义的标准,但"它在实体方面对行政法的贡献与自然公正原则在程序方面的贡献相同",① 其主要追求的也是实质正义。

可见,在价值取向上,从追求形式正义到追求实质正义,从追求单一的行政程序正义到既追求行政程序正义又追求行政实体正义,已成为西方两大法系行政法基本原则的又一共同发展趋势。这样,现代西方各国共同的行政法基本原则可以概括为如下三个方面:一是体现形式法治或形式正义方面的原则,具体包括德国的依法行政原则、法国的行政法治原则(形式意义)和英国的越权无效原则(狭义);二是主要体现实质法治之行政实体正义方面的原则,具体包括法国的均衡原则、德国的比例原则及信赖保护原则和英国的合理性原则;三是主要体现实质法治之行政程序正义方面的正当程序原则。这三个方面共同构成现代法治国家政府行使权力时所普遍奉行的基本准则。

---

① [英]威廉·韦德:《行政法》,徐炳等译,中国大百科全书出版社1997年版,第67页。

三、欧共体法所引起的变化

欧共体法主要由行政法规则所构成。"就某种程度而言,欧洲法院(The European Court of Justice)将欧共体描述为建立在法律基础上的共同体,更确切地说,是建立在行政法基础上的共同体。"① 因此,欧共体事实上正在促进统一的"欧洲行政法"的形成。欧共体法的渊源除欧共体协定、条例、指示和决定外,还包括由欧洲法院通过个案阐述的法律基本原则。这些原则源自有关成员国行政法,经由欧洲法院选择适用而得以扩展,对各成员国行政法产生了广泛而深远的影响。

自欧洲一体化以来,主要由欧洲法院采用和阐发的行政法基本原则有:依法行政原则(the general principle of administration through law)、均衡或比例(proportionality)原则、平等或非歧视(non-discrimination)原则、信赖保护或保护合理期待(legitimate expectations)原则、听证原则(the right to be heard)和人权(human rights)原则。② 很显然,上述原则是大陆法系行政法基本原则与英国行政法基本原则实现某种对接的结果。其中,平等原则和人权原则可以说是大陆法系行政法基本原则与英国行政法基本原则共同要求的内容。源自英美国家的听证原则(正当程序原则)也已经发展成大陆法系行政法的基本原则。而其中的依法行政原则、比例原则与保护合理期待(或信赖保护)原则,则"有所谓产自德国的名声"。③ 虽然依法行政原则与英国的越

---

① J. Schwarze, *European Administrative Law*, London: Sweet & Maxwell, 1992. p.4.

② 参见[德]格奥尔格·诺尔特:《德国和欧洲行政法的一般原则——历史角度的比较》,于安译,《行政法学研究》1994年第2期;应松年、袁曙宏主编:《走向法治政府》,法律出版社2001年版,第19页。

③ [德]格奥尔格·诺尔特:《德国和欧洲行政法的一般原则——历史角度的比较》,于安译,《行政法学研究》1994年第2期。

权无效原则,比例原则与英国的行政合理性原则,保护合理期待原则与英国的自然公正原则都具有某些相同的内容,但是它们毕竟并不完全相同。它们之间的差异性,不仅是因为所使用概念上的区别,而且还在于同一概念所反映的内涵上的区别。例如,英国和德国都有行政自由裁量这一概念,但在内涵上却并不完全相同。一些原则虽然能找到它们的共同之处,但所要求的侧重点却并不一样。例如,保护合理期待原则,在德国侧重于实质上的保护,而自然公正原则则侧重于程序保护。① 具体到特定案件的话,这种差异性将更为明显。例如,撤销权的滥用,在英国是受行政合理性原则支配的问题,② 而在德国却是受保护合理期待原则支配的问题。③

尽管如此,仍有一点应予注意,欧共体法对于英国国内法和法院具有直接效力和优先适用权。1972年英国颁布了《欧洲共同体法》(European Communities Act),该法第2条明确规定,无论何时,由共同体协定(Treaties)创立、提出或派生出的所有一切权力、权利、责任、义务和限制,以及所有一切救济和程序,在英国都具有直接效力,而无需通过国内制定法的进一步确认和转化。第3条规定,欧洲法院的判例法(Case Law)对英国的法院和裁判所具有约束力。据此,作为欧共体成员国的英国行政法必须受制于统一的欧洲行政法,英国行政法的基本原则由此也必然要发生变化。

事实上,英国法学界对比例(均衡)原则早就颇感兴趣。上

---

① 参见[德]格奥尔格·诺尔特:《德国和欧洲行政法的一般原则——历史角度的比较》,于安译,《行政法学研究》1994年第2期。
② 参见[英]威廉·韦德:《行政法》,徐炳等译,中国大百科全书出版社1997年版,第75页。
③ 参见[德]格奥尔格·诺尔特:《德国和欧洲行政法的一般原则——历史角度的比较》,于安译,《行政法学研究》1994年第2期。

议院认为，英国行政法将来有可能接受这一原则，作为审查行政行为的一项依据，并承认它相当于英国的"温斯伯里不合理性原则"。行政法学者约威尔和莱斯特尔主张英国应引进和移植这一原则，以弥补英国行政法原则的缺陷。同时，保护合理期待原则在英美法系国家也具有相关规定或观念。如在美国，信赖保护主要通过充分忠实和信任原则、一事不再理原则、禁止翻供原则、遵守先例原则、限制法规或规章的生效日期及其溯及力等途径表现出来。① 此外，在美国，"行政机关改变长期适用的政策，如果对于真诚信赖政策的人发生影响时，不能通过裁决，必须制定法规。行政机关通过裁决建立规则不能违反原先得到行政机关同意而广泛流行的习惯"。② 这是通过将不利结果普遍化来减轻对社会成员的伤害，也是保护社会成员合理信赖的一种方式。随着欧洲一体化进程的发展，源自大陆法系而被欧洲法院发展为行政法基本原则的比例（均衡）原则与保护合理期待原则，必然要被英国行政法所接纳和采用，从而给英美行政法基本原则带来更大的变化。

可见，由于受到欧洲一体化的影响，西方各国行政法基本原则的具体内容要求正在逐步相互靠拢，其相互对接的趋势愈来愈明显，由此使得原本内容上相似或相近的一些原则逐渐趋向统一。就德国的依法行政原则、法国的行政法治原则（形式意义）和英国的越权无效原则（狭义）这三个原则而言，经过相互对接，其在内容上就已逐步形成了一定的共性要求，即要求行政行

---

① 参见王名扬：《美国行政法》（上），中国法制出版社1995年版，第87页（充分忠实和信任原则）、第521页（一事不再理原则）、第525页（禁止翻供原则）、第526页（遵守先例原则）、第352页以下（法规的效力）。

② 王名扬：《美国行政法》（上），中国法制出版社1995年版，第378页。

为必须具有法律的明确依据,并严格符合法定要求。如果作进一步提炼的话,完全可以将其概括为"行政法定原则"。再就法国的均衡原则、德国的比例原则及信赖保护原则和英国的合理性原则这几个原则而言,经过对接,其在内容上也已逐步形成一定的共性要求,即要求行政行为在符合法律规定的前提下,还必须充分权衡公益与私益之间的关系,以使其实体内容"均衡合理",体现法的正义。如果作进一步提炼的话,则可以将其概括为"行政均衡原则"。另外,正当程序原则已成为各国普遍性的基本原则,其作为行政法的基本原则,也可以将其进一步概括为"行政正当原则"。这样,经过内容上的对接,现代西方各国共同的行政法基本原则可以进一步概括为三大基本原则,即行政法定原则、行政均衡原则和行政正当原则。

四、小结

西方行政法基本原则的形成与发展史表明,无论是大陆法系国家还是英美法系国家,其行政法基本原则都根植于各国深厚的历史渊源和特定的国情基础,因而有着各自鲜明的个性特色,但同时它们也存在着某些深层次的共性特征,遵循着某种普遍性的共同规律。从共性来看,西方行政法基本原则的形成与法治国思想同源,又与体现民主法治国家精神和观念的宪法原则相关,同时还是一个判例确认与理论加工相结合的过程。

从历史发展来看,虽然早期西方各国行政法基本原则的内容差异极大,个性特色鲜明。但随着西方各国行政法的发展以及欧洲一体化的影响,现代西方各国行政法基本原则在保持各自特色的同时,开始从注重实体规则向注重程序公正发展,从追求形式正义向追求实质正义(包括行政程序正义和行政实体正义)发展,就连其具体内容要求也在进行相互对接。

经过发展与对接,现代西方各国共同的行政法基本原则可以概括为行政法定原则、行政均衡原则和行政正当原则。这三大原则共同构成现代法治国家政府行使权力时所普遍奉行的基本准则。它们不仅可以作为现代西方各国共同的行政法基本原则，同样也可以作为我国行政法的基本原则。

第三章 我国行政法基本原则的确立

行政法基本原则作为行政法的一个基本问题，历来为我国行政法学者所关注，但"作为一个法律部门的基本原则，只能在该法律部门的建立和发展中逐步形成和确立"。① 由于我国行政法作为一个独立的法律部门，直到 20 世纪 80 年代才开始建立和发展，因此，我国行政法基本原则目前尚未完全定型，至今仍在进一步探索之中。其间，学术界不乏观点纷呈，但也在逐步形成某些共识。究竟应当如何确立我国行政法的基本原则，这既要借鉴国外的经验，又要立足于本国国情，在继承和发展我国现有研究成果的基础之上作进一步深入的探讨。

第一节 行政法基本原则理论之争

自我国行政法学研究起步之日，学者们便开始了对行政法基本原则的研究。但是，学者们对这一问题的争论也一直没有停止过。在最初的研究阶段，学界就曾对行政法是否存在自己的基本原则问题产生过争论。否定的观点认为，行政法是由纷繁复杂、层级多样的各种法律、法规拼凑而成，所以没有什么统一的基本原则。肯定的观点则认为，行政法虽然没有一部统一的法典，但作为一个独立的法律部门，并非是各种法律、法规简单的堆砌，

---

① 姜明安主编：《行政法与行政诉讼法》，北京大学出版社、高等教育出版社 1999 年版，第 43 页。

而是一个具有内在联系、贯穿统一基本原则的整体。① 其后,虽然行政法学界普遍承认行政法应当具有自己独立的基本原则,并对该问题进行了深入研究,但对什么是行政法基本原则及行政法基本原则有哪些,仍旧看法不一,争论激烈。就总体而言,我国行政法学者对行政法基本原则的认识先后存在着两种不同的观点,即早期之"行政管理原则论"和晚近之"行政法治原则论"。

一、早期之"行政管理原则论"

该论认为,行政法的基本原则就是国家进行各方面行政管理时所必须遵守的基本准则。这种观点对行政法基本原则的理解,主要受前苏联行政法学的影响。② 在前苏联行政法教科书中,一般不提行政法的基本原则,而只强调国家管理或国家行政管理的"指导思想和基本原则",把行政法的基本原则等同于"国家行政管理的指导思想和基本原则"。如,前苏联学者 B·M·马诺辛等在其所著的《苏维埃行政法》一书中就只论述了"苏维埃国家管理的基本原则",而没有提及苏维埃行政法的基本原则,并认为"苏维埃国家管理的基本原则"有:"苏维埃国家管理的人民性"、"民主集中制"、"民族平等"、"社会主义法制"及其他管理原则。③ 再如,瓦西林科夫在其主编的《苏维埃行政法总论》中也仅仅论述了"苏维埃国家管理的基本原则",并认为,"苏维埃国

---

① 参见许崇德、皮纯协主编:《新中国行政法学研究综述》,法律出版社1991年版,第98页;张尚鷟主编:《走向低谷的中国行政法学——中国行政法学综述与评价》,中国政法大学出版社1991年版,第59页;杨海坤主编:《跨入21世纪的中国行政法学》,中国人事出版社2000年版,第90页。

② 参见许崇德、皮纯协主编:《新中国行政法学研究综述》,法律出版社1991年版,第100页。

③ 参见[苏]B·M·马诺辛等:《苏维埃行政法》,黄道秀译,群众出版社1983年版,第17页以下。

家管理的基本原则"有两类：第一，"苏维埃国家管理的社会和政治原则"，包括"共产党的领导"、"民主集中制"、"社会主义联邦制"、"社会主义计划性"、"吸收群众参加管理"和"社会主义法制"等原则。第二，"苏维埃国家管理的组织原则"，包括"划分和确定管理职能与权限的原则"、"机关和工作人员的责任制原则"、"管理的部门制和区域制相结合的原则"、"以直线制为主导的直线制和职能制相结合的原则"和"以合议制为主导的合议制和一长制相结合的原则"。①

受前苏联影响，早期我国大陆多数行政法学者也持这种观点。我国最早由王珉灿主编的第一本高校法学试用教材《行政法概要》，就把行政法的基本原则称为"国家行政管理的指导思想和基本原则"，并认为这些原则具体包括："在党的统一领导下实行党政分工和党企分工"的原则、"广泛吸收人民群众参加国家行政管理"的原则、"贯彻民主集中制"的原则、"实行精简的原则"、"坚持各民族一律平等"的原则、"按照客观规律办事，实行有效地行政管理"的原则和"维护社会主义法制的统一和尊严，坚持依法办事"的原则。② 我国学者张尚鷟在较早编著的《行政法教程》中亦认为，"我国国家行政管理的指导思想和基本原则"有："在党的统一领导下，实行党政分工，实行政企职责分开"、"按照客观规律办事，实施有效的行政管理"、"简政、便民"和"依法办事"四个原则。③ 也有的学者认为，我国行政法的基本原则包括：国家行政机关统一行使国家行政权的原则，依

---

① ［苏］瓦西林科夫主编：《苏维埃行政法总论》，姜明安等译，北京大学出版社1985年版，第45页以下。

② 参见王珉灿主编：《行政法概要》，法律出版社1983年版，第43页以下。

③ 张尚鷟：《行政法教程》，中国广播电视大学出版社1988年版，第46页以下。

法行政的原则，统一领导、分级管理的原则，人民群众广泛参加国家管理的原则，行政管理活动中的民族平等原则，行政首长负责制原则，因地制宜的原则，提高行政效率的原则以及国际计划管理原则。①

该种观点把行政法的基本原则等同于或事实上等同于"国家行政管理的指导思想和基本原则"，主要是基于这样一种认识：行政法是有关行政管理的法。这种对行政法的认识在行政法学上被称之为"管理论"。② 前苏联、东欧学者和我国早期的行政法学者多持该论。如，前苏联学者 B·M·马诺辛等在其所著的《苏维埃行政法》一书中认为，"行政法作为一个概念范畴就是管理法（从拉丁文中'行政管理'一词翻译过来），更确切地说，就是国家管理法"。并进一步认为，行政法的调整对象是"国家管理关系"。③ 前苏联学者彼·斯·罗马什金等认为："作为行政法基础的社会关系是由于管理机关的管理活动即行政活动而产生的社会关系。"④ 瓦西林科夫也指出："总的说来，苏维埃行政法可以认为是调整国家管理范围内的社会关系——即苏维埃国家机关在组织与实施执行和指挥活动过程中发生的社会关系——的一个法律部门。"⑤ 原民主德国学者认为："行政法是统一的社会主义法

---

① 参见侯洵直主编：《中国行政法》，河南人民出版社 1987 年版，第 43 页以下。

② 周佑勇：《行政法原论》，中国方正出版社 2002 年修订版，第 69 页。

③ [苏] B·M·马诺辛等：《苏维埃行政法》，群众出版社 1983 年版，第 29 页。

④ [苏] 彼·斯·罗马什金等：《国家和法的理论》，法律出版社 1963 年版，第 516 页。

⑤ [苏] 瓦西林科夫主编：《苏维埃行政法总论》，北京大学出版社 1985 年版，第 1 页。

的一个部门,它的规范调整在国家机关对社会发展进行经常有效的管理的执行指挥活动过程中形成的社会关系。"① 在我国,王珉灿主编的《行政法概要》一书中作者认为:"行政法是一切行政管理法规的总称。"② 我国学者张尚鷟也认为:"行政法,是现代国家据以实施各个方面国家行政管理工作的全部行政法规范的总称,是各国法律体系中一个重要的法律部门。"③

"行政管理原则论"这种观点主要影响于我国行政法学的初创时期,即20世纪80年代,但至今仍然有人持此种观点,如潘世钦等在其主编的作为"高等院校21世纪法律专业统编系列教材"的《行政法与行政诉讼法概论》一书中,仍将"党政分工原则"、"分级管理原则"、"民主集中制原则"等作为我国行政法的基本原则。④

二、晚近之"行政法治原则论"

该论认为,行政法的基本原则是现代法治国家政府行使权力时所普遍奉行的基本法律准则。这种观点对行政法基本原则的理解,主要受欧美行政法学的影响。如前所述,无论欧陆国家还是英美国家,其行政法基本原则都有着各自鲜明的个性特色,如法国的行政法治与均衡原则,德国的依法行政、比例与信赖保护原则,英国的越权无效、合理性与程序公正原则,美国的正当程序与行政公开原则。但同时它们也存在着某些深层次的共性特征,

---

① 寅生:《德意志民主共和国的社会职能和对象》,载中国政法大学编:《行政法研究资料》(下册),中国政法大学1985年印。
② 王珉灿主编:《行政法概要》,法律出版社1983年版,第1页。
③ 张尚鷟:《行政法教程》,中国广播电视大学出版社1988年版,第3页。
④ 参见潘世钦等主编:《行政法与行政诉讼法概论》,吉林人民出版社2000年版,第30页以下。

即它们的形成与法治国思想同源,深刻地体现着民主法治国家的精神和观念。法治原则不仅孕育了行政法基本原则,而且推动了行政法基本原则的逐步发展和完善,始终是行政法基本原则形成过程中至关重要的因素。从总体上可以说,欧美各国行政法基本原则就是"行政法治原则"(广义上理解)。

在我国,自龚祥瑞先生出版《比较宪法与行政法》以来,行政法学界关于行政法基本原则的观点逐渐接受了欧美行政法学的看法。龚先生以英国行政法为背景,认为行政法的基本原则包括:行政法治原则(狭义)、议会主权原则、政府守法原则和越权无效原则。[①] 受此影响,在罗豪才先生主编的著作中作者指出:"行政法的基本原则,是指贯穿于行政法中,指导行政法的制定和实现的基本准则",具体包括法治原则(又包括合法性原则、合理性原则和应急性原则)和民主与效率相协调的原则。[②] 之后,在罗豪才先生主编的作为全国第二本高校统编教材的《行政法学》一书中,作者则直接将行政法的基本原则概括为行政法治原则,并将其具体分解为行政合法性原则和行政合理性原则。[③] 自此,我国行政法学著作几乎都采用此说。[④] 其间,尽管

[①] 参见龚祥瑞:《比较宪法与行政法》,法律出版社1985年版,第319页以下。

[②] 参见罗豪才主编:《行政法论》,光明日报出版社1988年版,第25页以下。

[③] 参见罗豪才主编:《行政法学》,中国政法大学出版社1989年版,第35页以下。

[④] 参见王连昌主编:《行政法学》,中国政法大学出版社1994年版,第47页以下;叶必丰:《行政法学》,武汉大学出版社1996年版,第33页;胡建淼:《行政法学》,法律出版社1998年版,第59页。

有的学者认为除了合法性原则和合理性原则外还有责任行政原则，①或者行政公开原则和行政效率原则② 等，但基本上仍然围绕着行政合法性原则和行政合理性原则来展开。可以说，在20世纪90年代，我国行政法学界比较一致地将行政法基本原则集中于"行政合法性原则"和"行政合理性原则"。

但是，到了90年代末，这种状态开始有所改变，主张将行政合法性原则与行政合理性原则作为行政法基本原则的观点受到了许多学者的质疑和批评。概括而言，反对将行政合法性原则、行政合理性原则作为行政法基本原则的意见主要表现在如下方面：

首先，这两个原则的内涵不明。行政合法性原则的涵义通常表述为"行政权力的存在、运用必须依据法律、符合法律，而不是与法律相抵触"。这一内涵实际上反映出任何法治国家对国家机关行为的基本要求，是法治原则在行政法领域的表现，即与行政法治原则同义或近义。"既然行政合法性原则等于或接近于'行政法治'，况且'合法性原则'几乎所有内容都可以被'行政法治'所涵盖，那么还有什么必要提出'合法性原则'呢？"③所以，要求行政活动合法对行政法并无特殊意义，而是法制建设的基本要求，并且极易使人们将合法性原则与法治原则混为一

---

① 参见张树义主编：《行政法学新论》，时事出版社1991年版，第48页以下；张树义主编：《行政法学》，中国政法大学出版社1995年版，第54页以下；杨解君等：《依法行政论纲》，中共中央党校出版社1998年版，第36页；陈端洪：《中国行政法》，法律出版社1998年版，第47页。

② 参见杨海坤：《中国行政法基本理论》，南京大学出版社1992年版，第149页以下；姜明安主编：《行政法学》，法律出版社1998年版，第9页以下；姜明安主编：《行政法与行政诉讼法》，北京大学出版社、高等教育出版社1999年版，第51页以下。

③ 孙笑侠：《法律对行政的控制》，山东大学出版社1999年版，第179页。

谈。另一方面，如果把"合法性"作为行政法基本原则的表现，那就等于说"行政法要合法"，个中矛盾显而易见。所以，"把行政合法性原则作为行政法基本原则也是违反逻辑的"。①

就行政合理性原则而言，其涵义通常表述为"行政决定内容要客观、适度、符合理性"。而且强调合理性的"理"不同于"社会道德"、"伦理"之类的哲理，而是"指体现全社会共同遵守的行为准则的法理"。这里且不说那种"体现全社会共同遵守的行为准则的法理"是否存在，假如我们简单地将"合理性原则"上升为行政法基本原则，那么就会产生出一个荒谬的结论：是行政法要合理，而不是行政行为（尤指行政自由裁量行为）要合理。因此，人们对行政合理性原则既难以把握，又难以指导实践，实际上它是用虚幻的理念来制约纷繁复杂的行政自由裁量行为的现实，也缺乏构成行政法基本原则的条件。②

其次，这两个原则缺乏作为行政法基本原则的普遍性和特殊性。行政法基本原则必须是贯穿于行政法的各个环节和各个方面的基本准则，即具有普遍性（或贯穿性、涵盖性）。而在上述两个原则的视野范围中只有行使行政权的行政主体，忽略了行政法律关系中至关重要的相对人的主体地位。同时，合法性原则是在存在法律、法规的前提下讲的，在立法机关制定行政法之前，或者说在没有特定行政法规范存在的时候，也就谈不上什么"合法"的问题。这就是说，"合法性原则"涵盖不了行政立法"合法性"的全部问题。③ 合理性原则也仅仅是对部分行政活动（自

---

① 黄贤宏、吴建依：《关于行政法基本原则的再思考》，《法学研究》1999年第6期。

② 参见黄贤宏、吴建依：《关于行政法基本原则的再思考》，《法学研究》1999年第6期；姬亚平：《行政合法性、行政合理性原则质疑》，《行政法学研究》1998年第3期。

③ 孙笑侠：《法律对行政的控制》，山东大学出版社1999年版，第176页。

由裁量行为）的要求，对羁束行政行为来说不存在是否合理的问题。① 再从特殊性（或惟一性）来看，合法性原则和合理性原则并不是行政法的特殊或惟一原则。由于合法性的问题是任何一个法律部门都追求的价值取向，合理性问题甚至都不只是法律所追求的价值取向，"它或许是全人类全社会都要追求的价值取向"，因此，合法性原则和合理性原则缺乏作为行政法原则的内在规定性，甚至有人怀疑它们根本就不是一项法律原则。②

正是基于上述对合法性原则与合理性原则的质疑与批评，自90年代末，许多学者纷纷提出对我国行政法基本原则要重新确立。有学者主张行政法的基本原则只有一项，就是"依法行政原则"。③ 另有学者主张有三项原则，即自由、权利保障原则，依法行政原则，行政效益原则。④ 也有学者认为行政法基本原则是：有限权力原则、正当程序原则、责任行政原则。⑤ 还有学者主张是：行政权限法定原则、行政程序优先原则、行政责任与行政救济相统一原则。⑥ 近年来，又有学者借鉴德国的经验将行政法的基本原则总括为行政法治原则，具体包括如下几项：依法行政原则（行政合法性原则并包括法律优越与法律保留）、信赖保

---

① 参见姬亚平：《行政合法性、行政合理性原则质疑》，《行政法学研究》1998年第3期。

② 参见熊文钊：《现代行政法原理》，法律出版社2001年版，第61页。

③ 参见应松年主编：《行政法学新论》，中国方正出版社1998年版，第42页。

④ 参见薛刚凌：《行政法基本原则研究》，《行政法学研究》1999年第1期。

⑤ 参见孙笑侠：《法律对行政的控制》，山东大学出版社1999年版，第180页以下。

⑥ 参见黄贤宏、吴建依：《关于行政法基本原则的再思考》，《法学研究》1999年第6期。

护原则、比例原则。① 还有学者认为,行政法的基本原则应为法律优越与法律保留原则、职权法定与不得越权原则、比例原则、诚信原则、公正原则、公民权益保障原则。② 所有这些关于我国行政法基本原则的各种认识,虽然在内容上有若干区别,但从总体上仍旧是将行政法基本原则集中定位于"行政法治原则"或"依法行政原则",所接受的也仍然是欧美观点的影响。

由于上述诸观点接受的都是欧美行政法的影响,在总体上都将行政法基本原则集中定位于"行政法治原则",且该种观点主要是晚近我国行政法学的主流观点,所以我们称其为晚近之"行政法治原则论"。

三、对理论之争的评析

从早期之"行政管理原则论"到晚近之"行政法治原则论",表明我国学者关于行政法基本原则的认识正在逐步成熟和发展。20世纪80年代"行政管理原则论",将行政法的基本原则不仅在名称上称为"国家行政管理的"基本原则,而且在内容上带有较强的政治色彩,尤其是将行政法基本原则与行政学的基本原则混同起来,这显然是不科学的,它基本上反映了我国行政法学发展初期的实际情况。到了80年代末,我国行政法学研究有了较大的发展,行政法学者关于行政法基本原则的观点逐渐接受了欧美行政法学的看法,不仅在名称上改提"行政法的"基本原则,而且在总体上比较一致地将行政法基本原则集中定位于"行政法治原则"或"依法行政原则"。

但是,究竟应当具体确立哪几项行政法基本原则,目前我国行政法学界仍旧意见纷呈,学者们之间的分歧甚至较以往更大一

---

① 参见马怀德主编:《行政法与行政诉讼法》,中国法制出版社2000年版,第38页。

② 参见杨解君等:《行政法学》,法律出版社2000年版,第60页。

些。之所以如此，笔者认为，主要是因为目前我国行政法学界围绕何谓行政法基本原则，还存在着相当大的分歧。

第一种观点认为，行政法基本原则是指："贯穿于行政法律关系和监督行政法律关系之中，作为行政法的精髓，指导行政法的制定、修改、废除并指导行政法实施的基本原则或原理。"[①]

第二种观点认为，行政法基本原则是指："行政主体实施行政行为时所必须遵循的，体现在行政法规范中的、最基本的法律准则。"[②]

第三种观点认为，行政法基本原则是指："指导和规制行政法的立法、执法以及指导、规范行政行为的实施和行政争议处理的基础性法则。"它"贯穿于具体规范之中，同时又高于行政法具体规范，体现行政法基本价值观念"。[③]

第四种观点认为，行政法基本原则是指："贯穿于全部行政法规范之中并仅为行政法规范所贯穿，体现民主宪政精神，规范行政关系的全部行政法规范都必须遵循和贯彻的核心准则和纲领。"[④]

以上诸种观点，在一定程度上揭示了行政法基本原则的法律性、特殊性和普遍性（或基本性、涵盖性、贯穿性）等特性或标准。但上述四种观点对行政法基本原则的界定视角或基点各不相同，分别为"法律关系"、"行政主体"、"行政法各个环节"和"行政法规范"。由于视角和基点不同，自然导致学者们对何谓行政法基本原则的不同理解，从而影响着行政法基本原则的具体确

---

① 罗豪才主编：《行政法学》，中国政法大学出版社1998年版，第49页。

② 叶必丰：《行政法学》，武汉大学出版社1996年版，第33页。

③ 姜明安主编：《行政法与行政诉讼法》，北京大学出版社、高等教育出版社1999年版，第38页。

④ 熊文钊：《现代行政法原理》，法律出版社2001年版，第51页。

立。如以"行政主体"为视角和基点,行政法基本原则主要是行政行为而不是相对人行为的准则;而以"法律关系"为视角和基点,则行政法基本原则不仅是行政行为的准则,还强调是相对人行为的准则。

其次,上述四种观点对行政法基本原则内在涵义的揭示也不够深入。第一、二种观点对行政法基本原则的界定仅仅停留在制度层面,侧重从制度层面构筑行政法的基本原则,而没有上升到价值层面展开探讨,也没有从宪法的角度理解和界定行政法的基本原则,明确行政法基本原则与宪法原则之间的关系。虽然第三种观点明确提出了行政法基本原则应当是行政法价值观念的体现;第四种观点意识到了行政法基本原则应当体现民主宪政精神,但都未进一步说明行政法基本原则应当如何体现行政法价值观念和民主宪政精神。同时,这四种观点都尚未从行政法内在的基本矛盾中揭示行政法基本原则的特性。基本矛盾规定事物发展全过程的本质,并规定和影响这个过程其他矛盾的存在和发展。行政法基本原则应当是反映和处理行政法基本矛盾的原则。由于没有反映行政法基本矛盾,必然无法揭示行政法的内在本质,难以真正显示行政法基本原则不同于政治的、行政管理的及其他部门法的基本原则的特殊性。

可见,上述诸种观点对何谓行政法基本原则及其标准的认识,还存在着种种分歧与不足。虽然这些观点在一定程度上揭示了行政法基本原则的法律性、特殊性和基本性等外在特性或形式标准,但由于各自的视角和基点不同以及对何谓行政法基本原则的认识还尚不够深入,所以对这些标准的涵义自然也就存在着不同理解,且欠深入。正因如此,现有这些标准无法为基本原则的确立提供明确、具体的指导。学术界提出的行政法基本原则之多,已充分说明现行确立标准的无导向性。因此,如何确立行政法基本原则,关键是要从理论的高度对何谓行政法基本原则及其确立标准作进一步深入的探讨。

第二节 行政法基本原则的确立标准

究竟何谓行政法基本原则？笔者认为，所谓行政法的基本原则，是指贯穿于全部行政法规范之中，对行政法规范的制定与实施具有普遍指导意义的基础性或本源性的法律准则，它体现着行政法的根本价值和行政法的主要矛盾，是现代民主宪政精神的具体反映。这一定义反映出作为行政法基本原则所必须具有的"法律"性、"特殊"性和"基本"性等外在特征或形式标准及其内在根据。

一、行政法基本原则的形式标准

（一）"法律"性

行政法的基本原则作为"法"的原则，首先必须是一种法律准则，而不是一种纯粹的理论或原理。所谓法律准则，是指经国家制定或认可的，具有普遍性法律效力的行为准则。行政法基本原则与具体的法律规范一样，是一种法律准则，是法的基本构成要素之一，因而必须得到普遍遵守和贯彻执行。违反行政法基本原则的行政行为也构成一种违法行政行为，这就是行政法基本原则的"法律"属性。

作为法律意义上的行政法基本原则，区别于科学意义上的行政管理基本原则。行政管理的基本原则，是为了达到行政管理的科学化所必须坚持的基本原则，是人们从实践中概括出来的理论原则，具有科学性却不具有国家强制性。[1] 如党领导行政管理的原则、政府对人民代表大会负责的原则、人民群众参加管理的原

---

[1] 参见叶必丰：《行政法学》，武汉大学出版社1996年版，第33页。

则、民主集中制原则、计划管理原则、社会主义法制原则、① 经济效率原则、因地制宜原则、尊重客观规律原则等,都属于行政管理的基本原则。虽然行政管理基本原则与行政法基本原则都以行政为基点,反映着社会对行政的根本要求,但是前者旨在解决行政的效率问题,违反这些原则引起的后果是行政效率低下,妨碍行政目标的实现;后者则旨在解决行政行为的法律效力,违反这些原则引起的后果是导致行为无效,行为人还须承担相应的法律责任。虽然行政管理基本原则经法律规范确认后,同时成了行政法基本原则,但是并非所有行政管理基本原则都能上升为行政法基本原则,因此两者在层次和范围上也是有区别的。同时,行政法的基本原则作为一种法律原则,与政治原则也是不能相混同的。以前的行政法学教科书上,将"坚持党的领导"、"党政分开"、"行政效率"、"科学性"、"精简"② 等作为行政法的基本原则,这显然将行政法的基本原则与政治原则或行政管理原则相混淆。

应当指出的是,在我国,行政法的基本原则主要是通过理论加工而形成的,但真正的行政法基本原则却不是主观的、人为的理论原理,而仍是一种法律准则,因为它是不以研究者意志为转移的、在立法时就隐含在行政法规范中的各利益主体的基本意志。③ 如前所述,在西方国家,尤其是英美法系国家,行政法的基本原则主要是通过法官的判例确立起来的。例如,英国行政法上的程序正当原则和实体合理原则,就是在得到判例的最初确

---

① 参见傅明贤等主编:《行政管理学概论》,武汉大学出版社 1988 年版,第 58 页以下。

② 参见王珉灿主编:《行政法学概要》,法律出版社 1983 年版,第 43 页以下;侯洵直主编:《中国行政法》,河南人民出版社 1987 年版,第 43 页以下;张尚鷟:《行政法教程》,中国广播电视大学出版社 1988 年版,第 46 页以下。

③ 参见叶必丰:《行政法学》,武汉大学出版社 1996 年版,第 34 页。

认,然后被后来的判例所反复援引、实践后发展起来的。英国行政法学权威韦德在分析实体合理原则时,就述及了对该原则确立和形成具有重要影响的数十个判例。① 也就是说,在英美法系国家,行政法基本原则的概括,主要是由法官通过判例来完成的,理论只是对法官思路的梳理或对法官判词的整理。这也从一个侧面反映了行政法基本原则的客观性和法律属性。

(二)"基本"性

行政法基本原则作为法的"基本原则",又是一种基本的法律准则,而不是具体的行为准则即行政法规范。也就是说,行政法基本原则是行政法领域中最高层次的、比较抽象的行为准则,是构成其他行为准则基础性或本源性的依据。这就是行政法基本原则的"基本"属性。

行政法的基本原则作为一种"基本"的法律准则,不同于具体的行政法规范。虽然同具体的行政法规范一样,行政法的基本原则也是一种法律准则,但它并不预先确定任何具体的事实状态和法律后果,也不为行政法主体设定具体的权利和义务,因而,它不是具体的行为准则即行政法规范,而是存在于或体现在行政法规范中,是对行政法规范的抽象和概括。并且这种概括是以所有行政法规范以及适用行政法规范的现象为对象所进行的概括,是一种高度的抽象。从行政法规范到行政法基本原则的过程,就是一个从具体到抽象的理论加工和升华过程。而行政法的基本原则一旦被概括出来以后,又会被运用来指导行政法规范的制定和实施,并渗透到行政法规范之中。所以,行政法基本原则是一种比较宏观和抽象的指导性准则。

行政法的基本原则不是具体的行政法规范,也不是某一行政法领域的具体原则。例如,姜明安先生认为,行政组织法领域的

---

① 参见[英]威廉·韦德:《行政法》,徐炳等译,中国大百科全书出版社1997年版,第64页以下。

原则有适应需要原则、便民原则、效率原则、精干原则和依法设置原则，人事行政法领域的原则有平等担任国家职务的原则、对人民代表机关负责并受其监督原则、可撤换原则、为人民服务原则和不谋取任何特权原则，行政行为的实施原则有"四个坚持"原则、管理民主化原则、管理科学化原则和管理法制化原则，行政法制监督的原则有经常性原则、普遍性原则、系统性原则、公正性原则、具体性原则、明确性原则、有效性原则、实际性原则、灵活性原则和公开性原则，行政诉讼的原则有客观真实原则、简便原则、平等原则、公开原则和法制原则。① 如果这些原则确实是各行政法领域的原则，则也不是行政法的基本原则。因此，作为行政法的基本原则，必须是贯穿于全部行政法规范之中，是全部行政法规范所反映出来的共同准则，而非某一类或某一方面行政法规范所反映出来的特殊准则。尽管后者也是行政法的原则，但并非行政法最基本的准则，不具有涵盖性和统率性，所以不是行政法的基本原则。

（三）"特殊"性

行政法基本原则作为"行政法"的基本原则，还是体现在行政法规范而不是其他法律规范中的基本准则，是为行政法所特有的基本原则，而不是与其他部门法共有的一般原则。这就是行政法基本原则的"特殊"属性。

行政法的基本原则作为行政法所特有的基本原则，不同于法的一般原则。法的一般原则，如民主、自由、法治、人权和平等等原则，也是在行政法的制定和实施中应当遵循的原则。但是，这些原则并不是行政法所特有的，而是各部门法都应当体现或遵循的原则，是行政法与其他部门法共同的基本原则。或者说，这些原则作为行政法的原则还应当经过特殊的加工，使其具体化。

---

① 参见姜明安：《行政法学》，山西人民出版社1985年版，第91、163、266、326、372页以下。

例如，作为法的一般原则的法治，在行政法领域就表现为依法行政，民主原则在行政法领域就表现为行政参与和行政公开等原则。

行政法的基本原则作为行政法所特有的基本原则，也不同于其他部门法的基本原则。例如，体现在宪法中的人民主权原则、基本人权原则、法治原则等，① 体现在刑事法律规范中的罪刑法定、罪刑均衡等基本原则，② 体现在民事法律规范中的平等自愿原则、公平和等价有偿原则、诚实信用原则和权利不得滥用原则等基本原则，③ 虽然也是基本的法律准则，但却不是行政法的基本原则，而分别是宪法、刑法、民法的基本原则。尽管这些原则也有可能发展成为行政法的原则，如宪法中的人民主权原则、法治原则和基本人权原则及民法上的诚实信用原则等，④ 但却有一个融入行政法的过程或环节。在此以前，它们并不是行政法的基本原则。

当然，对行政法基本原则的特殊性也不能作机械的理解。"行政法基本原则的内容不仅应反映行政法自身的特点，同时还应反映其他法律部门的共同要求"，"是法律原则共性与个性的统一"。⑤ 因此，行政法基本原则可能与其他部门法的基本原则有

---

① 参见许崇德主编：《中国宪法》，中国人民大学出版社1996年版，第41页以下。

② 参见陈兴良：《本体刑法学》，商务印书馆2001年版，第87页以下。

③ 参见徐国栋：《民法基本原则解释——成文法局限性之克服》，中国政法大学出版社1997年版，第55页以下。

④ 参见叶必丰：《行政法的人文精神》，湖北人民出版社1999年版，第216页以下；[德]哈特穆特·毛雷尔：《行政法学总论》，高家伟译，法律出版社2000年版，第50页以下。

⑤ 许崇德、皮纯协主编：《新中国行政法学研究综述》，法律出版社1991年版，第104页。

相通之处。① 尤其是，行政法基本原则与宪法原则之间具有更加紧密的联系。这是因为在法律部门中，行政法与宪法的关系最为密切。从一定程度上说，行政法是宪法的直接延伸。一方面，宪法的许多规定需要行政法加以落实；另一方面，现代宪政精神直接影响到行政法的发展。综观西方发达国家行政法基本原则的确立，无不以其本国的宪政原则为基础。② 我国学者在探讨行政法基本原则时常忽略行政法与宪法的关联性，仅强调行政法基本原则的特殊性。有学者认为行政法基本原则应具有其自身的特殊性，应贯穿于行政法律关系的始终。还有观点认为宪法原则、政治原则是最根本的原则，它们不仅是行政法的指导原则，也是其他部门法、其他各项工作的指导原则。因此，把它们说成是行政法的基本原则，没有特殊的实质性意义。③ 上述观点值得商榷。行政法的基本原则虽然不能完全照搬宪法原则，但将宪法原则和行政法基本原则机械地割裂开来是错误的。正如有学者指出的："行政法是在近现代的宪政基础上生长起来的，失去了宪法基础，行政法就无法存在。同时，行政法存在的目的也就是为了将宪政精神具体化，当然是在行政领域的具体化。因而，作为行政法精髓所在的行政法基本原则应当最大可能地反映现代宪政精神。"④

二、行政法基本原则的内在根据

上述行政法基本原则的特征或标准也就是确定一项原则的形

---

① 譬如，比例原则与刑法的罪刑相适应原则相通。在这种情况下，行政法基本原则的特殊性表现在具体的解释和内容方面。参见马怀德主编：《行政法与行政诉讼法》，中国法制出版社 2000 年版，第 35 页。
② 参见本书第二章第三节。
③ 参见张尚鷟主编：《走出低谷的中国行政法学——中国行政法学综述与评价》，中国政法大学出版社 1991 年版，第 80 页。
④ 薛刚凌：《行政法基本原则研究》，《行政法学研究》1999 年第 1 期。

式根据。那么，确定一项原则的内在根据是什么呢？这个问题在我国行政法学中并没有引起充分重视。笔者认为，行政法基本原则作为一种法的"基本"原则，主要来源于它是行政法根本价值的体现；作为行政法的"特殊"原则，则主要来源于它是行政法基本矛盾的反映。所以，确立行政法基本原则，应当以行政法的根本价值和基本矛盾为根据。

（一）根本价值——法的正义价值

在法理上，相对于法的具体原则而言，法的基本原则"是体现法的根本价值的原则，是整个法律活动的指导思想和出发点，构成法律体系或法律部门的神经中枢"。① 行政法的基本原则作为行政法这一部门法的"基本"原则，作为各种行政法规范的本源性的依据，同样源于它是体现行政法的根本价值的原则。

那么，行政法的根本价值是什么呢？笔者认为，法律有其共同的价值追求，行政法乃法律之一种，现代法律的基本价值也就提示出行政法的价值。现代法律追求的基本价值是自由、平等、正义（公正）、秩序、效益等，行政法也不例外。行政法虽然有其特定的规范对象和制度内容，但行政法的价值追求并没有特殊性。行政法同样要保障公民的基本自由和权益，维护平等，追求正义，确保行政秩序的稳定。② 但在各种法的价值中，正义却是"一个能综合、包容和指导、调整其他价值目标的最高的全局性的价值目标"，③ 而不是一个与其他价值目标相并列的一般性的价值目标。"法律的其他价值目标必须统一于正义这个目标中，只有正义这个目标充分实现了，其他目标才有可能真正实现，才

---

① 沈宗灵主编：《法理学》，高等教育出版社1994年版，第40页。
② 参见薛刚凌：《行政法基本原则研究》，《行政法学研究》1999年第1期。
③ 严存生：《论法与正义》，陕西人民出版社1997年版，第12页。

具有合理性，而不至于为一种祸害。"① 可见，从总体上或根本上讲，法的基本价值就是正义价值。行政法的基本原则作为法律价值的载体，其承载的根本价值也就是法的正义价值。

按照当代"正义理论集大成者"罗尔斯的观点，法的正义包括形式正义、实质正义和程序正义。形式正义又叫"作为规则的正义"或法治，它要求严格依法办事或法治，严格执行正义的法律。实质正义即法律本身的正义，又称为实体正义，它要求法律本身的实体内容（实体权利、义务）的确定必须合乎正义。程序正义即介于实质正义和形式正义之间的一种正义，它要求制定和执行法律的过程必须体现正义。实质正义（实体正义）和形式正义主要是一种"结果价值"，是评价行为结果的价值标准；程序正义本质上是一种"过程价值"，是评价程序本身正义与否的价值标准。② 行政法的基本原则作为法律正义价值的载体，应当承载、协调各项正义价值要素，并将这些法的正义价值都融入到行政法律制度之中。

（二）基本矛盾——行政与法的对立统一

行政法的基本原则作为行政法所特有的基本原则，这种"特殊性"显然应当源自于行政法的特殊本质，而行政法的特殊本质又是由行政法的主要矛盾所规定的。这是因为，每一物质的运动形式所具有的特殊的本质，为它自己的特殊的矛盾所规定。这种特殊的矛盾，就构成一事物区别于他事物的特殊的本质。这就是世界诸种事物所以千差万别的内在原因，或者叫做根据。③ 在整个事物矛盾系统中，又有基本矛盾和非基本矛盾之分。基本矛盾也叫根本矛盾或主要矛盾，是"贯穿于事物发展过程的始终并规

---

① 严存生：《论法与正义》，陕西人民出版社1997年版，第13页。

② 参见肖建国：《程序公正的理念及其实现》，《法学研究》1999年第3期。

③ 《毛泽东选集》（第1卷），人民出版社1991年版，第309页。

定事物及其过程本质的矛盾"。① "它的存在和发展规定或影响其他矛盾的存在和发展。"② 行政法的基本矛盾同样规定着行政法区别于其他部门法的特殊的本质属性,影响着行政法其他方面和环节的存在及发展。所以,行政法基本原则作为行政法所特有的基本原则,应当是反映和处理行政法基本矛盾的原则。那么,行政法的基本矛盾又是什么呢?笔者认为,行政法的基本矛盾即行政与法的对立统一。

首先,从行政法的核心内容看,行政法主要是规范行政权的法,即解决如何用法来规范行政权的问题。如果说民法是调整私人间人身、财产方面的对称关系的原则与规则的话,那么行政法就应当说是调整行政机关与相对人之间的非对称关系的规范体系。两者之所以不同,关键在于在后一种关系中行政机关一方拥有公共权力。③ 行政权是行政法一切特殊性的根源,"是行政法的核心内容,是行政法研究的基础和关键",④ 行政法所涉及的诸问题中,无一不与行政权的存在发生这样或那样的关系。行政法的原则同样主要是针对行政权的,主要旨在回答行政主体运用行政权实施行政为所应当遵循的原则,即主要是行政行为而不是相对人行为的准则。在国外行政法学中有相对人公法行为或行政程序中的私人行为一说,⑤ 我国行政法学上也有将相对人行为与行政行为相提并论的主张。认为传统行政法理论只囿于对行政行为的研究,将相对人行为拒之门外。这种显失偏颇的"习惯"

---

① 李秀林等主编:《辩证唯物主义和历史唯物主义原理》,中国人民大学出版社1990年版,第163页。
② 《毛泽东选集》(第1卷),人民出版社1991年版,第320页。
③ 参见陈端洪:《中国行政法》,法律出版社1998年版,第33页。
④ 熊文钊:《现代行政法原理》,法律出版社2000年版,第11页。
⑤ 参见[日]盐野宏:《行政法》,杨建顺译,法律出版社1999年版,第243页以下。

与行政法是控权法这一观念有关。① 我们承认研究私人公法行为的意义,但研究相对人行为的目的还是为了研究行政行为的合法性和合理性,相对人行为也往往只是行政行为实施程序中的一个环节,是相对人对行政程序的一种参与。在行政法关系的产生、变更或消灭中,起决定性作用的还是行政行为。相对人行为是否合法是由行政主体来认定的。② 也就是说,我们只要把握好行政行为,就能保障相对人的合法权益。因此,行政法学上只要确立行政行为须遵循的基本原则就可以了。行政法的基本原则就是行政主体运用行政法规范对行政关系进行调整即实施行政行为时应遵循的基本准则。行政法基本原则适用于行政主体实施行政行为这一特点,与其他部门法原则适用于双方当事人相比,是明显不同的。

其次,从历史的发展来看,行政法产生于或存在于行政与法的历史结合。从逻辑上似乎可以说,有行政就有行政法,但从制度上看并非如此。在绝对专制主义模式中,封建领主、专制君主集诸权于一身,可以自由地即不受法律制约而侵害私人的财产和自由,其行为不可能依据法律,因而那里也就根本不存在产生行政法的余地。尽管在封建专制时代也存在着"关于行政的法",但"从其内容结构上来分析,具有这样一个明显的特点——只规定行政权力享有者的法律地位、权力关系、职权"。③ 这种"关于行政的法"实际上是封建君主实现其专制统治的工具,法与行政的关系实际上是法依附于行政的关系,不是法决定行政,而是

---

① 参见张焕光等:《行政法学原理》,劳动人事出版社1989年版,第317页。
② 参见叶必丰:《公共利益本位论与行政程序》,《政治与法律》1997年第4期。
③ 孙笑侠:《法律对行政的控制》,山东大学出版社1999年版,第73页。

行政决定着法。严格意义上的行政法则并非"关于行政的法",它与专制主义是不相容的。我们认为,行政法最直接的产生条件应当是近代法治国原则在现实生活中的真正确认与实现。在19世纪推翻专制统治的资产阶级革命时期,法治国的思想伴随着"天赋人权"观念而产生,它认为国家的权力应受到个人先天权利的限制,要确立一种符合理性、保障社会人类利益的社会秩序,政府必须受到法的约束,即政府不是在法律之上而是在法律之下行使权力,它不能拥有任何专断的权力,其一切行为必须有法律依据。① 正是在这种法治观念的支配下,行政与法才真正结合起来,两者之间的关系才得以明确,现代意义行政法的条件也因此而"在19世纪立法约束行政时才得以成就"。② 可见,行政法要存在,或者说行政法要成就,必须要满足的一个理论性前提条件就是,"行政这种活动要服从法,这是不言而喻的"。③ 考察两大法系国家行政法模式,"无论在普通法国度还是在大陆法国度,贯穿于行政法的中心主题完全是相同的,这个主题就是对政府权力的法律控制(Legal Control)"。④

总之,行政与法的关系问题,是行政法所要解决的核心问题,是各国行政法的关注焦点。"从本质上说,行政法乃是行政(权)与法(治)的对立统一,各种有关行政法的态度和理论学说——有些针锋相对——实质上就是对这对矛盾的不同观念。"⑤ 也就是说,行政与法的关系可以通过各种不同的观点来讨论。但

---

① 参见杨寅:《论行政法的精神》,《行政法学研究》1993年第2期。
② [德]哈特穆特·毛雷尔:《行政法学总论》,高家伟译,法律出版社2000年版,第18页。
③ [日]盐野宏:《行政法》,杨建顺译,法律出版社1999年版,第12页。
④ [印]M·P·赛夫:《德国行政法—普通法的分析》,周伟译,台湾五南图书出版公司1990年版,第4页。
⑤ 陈端洪:《中国行政法》,法律出版社1998年版,第33页。

无论是英美国家的法治观念还是大陆法系国家的依法行政观念，都旨在确定和有效处理两者之间的关系。正如日本学者藤田宙靖所言："这是近代公法学和近代行政法学上最为关心的问题之一。"① 作为行政法这一部门法所特有的基本原则，行政法基本原则主要应该集中反映现代民主法治国家之行政与法之间的对立统一关系。正是两者之间的关系要求行政法实行行政法治原则。

（三）行政与法的关系定位

既然行政法基本原则是对作为行政法基本矛盾的行政与法的关系的集中体现，那么行政与法的关系定位就直接决定着行政法基本原则的确立。

行政与法之间究竟是一种什么样的关系呢？对此，理论界主要存在四种观点：第一种理论认为行政与法是两个本质不同的事物。如德国公法教授乔治·杰里内克（Georg Jellinek）认为："国家的纯粹行政活动并不适用于归入法律范畴之中。""国家创设行政机关、管理政府财产以及对国家官员发布指示和命令，都不属于法律领域。"② 第二种理论认为，行政与法是可以相等同的，汉斯·凯尔森就持此种观点。在其早期著述中，他认为行政与法之间并不存在重大区别，并且指出："每一项公共行政管理的条例实际上同时也是法律律令。"③ 第三种理论认为，行政优于法，法要受到行政的制约。该说"谓国家统治权之行使，以行政权为其中心，其他作用，均为配合行政作用而行使；立法为适应行

---

① ［日］藤田宙靖：《行政与法》，李贵连等译，《中外法学》1996年第3期。

② Georg Jellinek, *Gesetz und Verordnung* (Tubingen, 1887), p.240. 转引自［美］E·博登海默：《法理学：法律哲学与法律方法》，邓正来译，中国政法大学出版社1999年版，第364页。

③ Kelsen, *Allgemenie Staatslehre* (Berlin, 1925), p. 242. 转引自［美］E·博登海默：《法理学：法律哲学与法律方法》，邓正来译，中国政法大学出版社1999年版，第366页。

的需要使行政作用有所依据,司法为排除行政障碍,维护行政作用,考试为选拔行政人才,健全行政人事,监察为纠正弹劾违法失职人员,使行政保持正常,各种作用均为配合行政需要,行政为国家统治权作用之中心"。① 所以该说又称"行政中心说"。按照该说,由于立法权是以行政权为核心的,因而立法机关制定的法律与行政相比就是第二性的,是行政决定法律的状况,而不是法律决定行政的状况。有学者还从行政与法的起源上论证两者之间的关系,认为"'行政(一般的国家活动)并不是等到有了法律规范才有的'。在历史上还不存在'依法行政'及'法治主义'等观念的时代里,类似于现代行政的国家活动已经存在"。② 所以"行政"优先于"法"。第四种理论认为,法优先于行政,行政必须受到法的制约。这是近现代比较普遍的理论,它起源于资产阶级革命时期,同近代自由主义、法治主义的思潮相关。

按照第一、二种理论,行政与法之间或者没有直接联系,或者相互等同,都"不存在何者为大、何者为小的问题,更不存在何者可以约束或限制的问题"。③ 这显然是不符合现实的片面认识。第三、四种理论认识到了行政与法的辩证关系,但对行政与法的地位的认识却截然相反:按照第三种"行政中心说",行政优先于法;按照第四种理论,则法优先于行政。笔者认为,第三种"行政中心说"的理论是难以成立的。该理论只是片面地看到行政所涉及的范围广,行政的行为比较具体,对社会生活的影响比较直接。但从行政的本质属性看,它始终是第二性的。对此,美国思想家古德诺在《政治与行政》一书中作过认真研究。古德

---

① 张载宇:《行政法要论》,台湾汉林出版社1977年版,第4页。
② [日]藤田宙靖:《行政与法》,李贵连等译,《中外法学》1996年第3期。
③ 李传敢等:《依法行政的理性探索》,对外经济贸易大学出版社1998年版,第42页。

诺把国家行为分为两类：一类是对国家意志的表达行为，另一类是对国家意志的执行行为。前者属法治的范畴，它具有体制设计和行为规则设计的功能，实质是一种立法性行为。对后者称之为行政，它的功能是执行表达出来的国家意志。如果没有国家意志的表达，也就没有国家意志的执行。① 这说明在法律与行政的关系中，法律决定行政。②

其次，从行政与法的起源上看，如果从整个人类历史的发展进程来考察，则行政的确早于法存在。也就是说，"行政（一般的国家活动）不是等到有了法律规范才有的"，在此之前，类似现代行政的国家活动就已经存在。③ 但是，在行政先于法而存在的社会里，是不存在法治原则的，也是没有民主和人权的。这种历史考察的意义只能说明，在行政先于法存在的情况下行政随意性的必然性以及用法的合理性来约束行政随意性的必要性。如果我们仅仅截取人类历史中法治原则确立以后的阶段来考察，那么我们就只能说是法先于行政而存在。行政组织是根据法律被设置的，行政官员是根据法律被任命的，行政权是由法律设定的。在法治社会里，它们都不是与生俱来或固有的，而是由法律创造出来的。"那些先于行政法存在的事物，例如单纯某人或者某人干事是否属于行政是很难明确的，只有通过行政法的规定对其作出判断后，才能被称为行政，这时才有了行政。所以说，优先的是行政法，而不是行政。在行政与行政法的关系中，肯定是行政法优先。""带有某种性质被人们称之为行政的人类活动是行政法规

---

① 参见［美］F·J·古德诺：《政治与行政》，王元译，华夏出版社1987年版，第20页。

② 参见李传敢等：《依法行政的理性探索》，对外经济贸易大学出版社1998年版，第48页以下。

③ ［日］藤田宙靖：《行政与法》，李贵连等译，《中外法学》1996年第3期。

范的结果；如果不考虑行政法规范，行政的这种事实是无法想象的。"①

如果在国家与人民关系上应坚持人民主权原则的话，那么在权力与法律的关系上则应坚持法律主权原则。也就是说，政治意义上的人民主权原则转换成了法治意义上的法律主权原则。在政治框架内，我们可以说一切权力来源于人民，但在法治的框架内，我们应当说一切权力来源于法律。如果在法治框架内仍然强调权力来源于人民，那么结果就是：国家的权力来源于人民，国家运用这一权力来制定法律并管理人民，国家权力是法律的本源，法律只是国家权力的结果，国家权力就不必、不可能向法律负责，因而也就无法治可言。② 因此，权力来源于法律，是法优先于行政的法治基础。

可见，在奉行法治主义的近现代国家，"法律被视为人民公意的表达，根据主权在民原则，行政机关的权力来自于人民，其管理活动必须服从人民的意志即法律"。③ 所以，在行政与法之间应当是行政依附于法的关系，不是行政决定法，而应当是法决定行政。如前所述，正是法与行政之间的这种主从关系得到了明确，才标志着有了严格意义上的行政法。法与行政的这种关系内在地统一于行政法这一共同体之中。

法对行政的决定作用，又主要表现为法对行政的规制作用，或者说行政应当服从于法，受制于法，所以上述第四种理论是值得肯定的。但是，我们认为，在行政与法的关系中也不能完全忽

---

① ［日］柳濑良干语，转引自［日］藤田宙靖：《行政与法》，李贵连等译，《中外法学》1996年第3期。

② 参见叶必丰：《国家权力的直接来源：法律》，《长江日报》1998年6月8日。

③ 马怀德主编：《行政法与行政诉讼法》，中国法制出版社2000年版，第37页。

视行政裁量的作用。如果用法律对行政进行过于严格、广泛的限制，很可能使行政陷于瘫痪的状况，有时一些对社会有益的、积极的行政措施很可能被法律所禁止。① 正如 E·博登海默所指出的。

> 19世纪，美国政府的工作重点几乎完全集中在那些旨在限制行政范围的法律约束之上。行政中的自由裁量范围也不可避免地被缩小到了一种无可奈何的地步……20世纪，尤其20世纪30年代，人民的倾向开始倒向另一边。大量担负着监督管理经济和社会生活各个领域的行政机构接连不断地涌现了出来。因此，产生了这样一种趋势，即取消或削弱对这些机构的行动所施以的司法检查。19世纪对行政权力的低估，在20世纪初已被人们对行政权力在诸多方面带来的好处的高度赞扬所替代。②

事实上，在20世纪初以前的早期资产阶级国家，奉行的都是严格的形式主义法治国原则，即要求行政必须受到严格的法律限制。但20世纪以降，尤其是"二战"以后，社会问题日益增多，社会关系日趋复杂，而这种绝对的严格规则主义却"使法律陷入僵化而不能满足社会生活的需要"。③ 因此，国家法律不得不容许行政机关具有适度的自由裁量权，以使之适应复杂多变的社会生活。尤其是，"对于有效地实现某个重要的社会目的来讲，

---

① 参见李传敢等：《依法行政的理性探索》，对外经济贸易大学出版社1998年版，第45页。
② [美] E·博登海默：《法理学：法律哲学与法律方法》，邓正来译，中国政法大学出版社1999年版，第368页以下。
③ 徐国栋：《民法基本原则解释——成文法局限性之克服》，中国政法大学出版社1997年版，第178页。

为自由裁量权留出相当的余地也许是至关重要的"。① 这就是说，我们在强调对行政实行严格的法律限制的同时，也应当注意为这种限制寻找到一个合适的度，即在法律的范围内应当容许有适度的行政自由裁量权。正如 K·C·戴维斯指出的，在当代行政领域内，准许大量的自由裁量权不仅是可欲的，而且也是必不可少的。但相应地，也应当警醒自由裁量权的危险或危害。"我们既要强调对自由裁量权的需要，也要注意到它的危险性。"② E·博登海默也指出："为使法治在社会中得到维护，行政自由裁量权就必须受到合理的限制。"③

然而，究竟在何处划定行政自由裁量权与法律限制之间的界限，或者说究竟如何使行政机关在被赋予适度自由裁量权的同时又受到有效的法律限制，这显然不能用一个简单的公式加以确定之，而必须考量现代法治的实质内涵。在现代法治国家，民主、法治、人权等成为基本的宪政精神和价值取向，法律本身必须具有实质的正当性即具有实质正义和程序正义，行政活动必须体现现代民主法治国家的要求。因此，划定"行政与法的关系"必然要注入民主法治的现代宪政精神和价值取向。④ 这就不仅要求行政活动要严格符合法律的规定，即体现法的形式正义，还要求行政活动具有实质的正当性，体现法的实质正义和程序正义。

可见，从总体上讲，现代法治国家之"法与行政的关系"应当是行政受到法的控制。其具体体现在如下三个方面：一是行政应当严格符合法律的规定，即符合法的形式正义；二是行政必须

---

① [美] E·博登海默：《法理学：法律哲学与法律方法》，邓正来译，中国政法大学出版社1999年版，第370页。

② Kenneth Culp Davis, *Discretionary Justice*, University of Illinois Press, 1971, p. 25.

③ [美] E·博登海默：《法理学：法律哲学与法律方法》，邓正来译，中国政法大学出版社1999年版，第369页。

④ 参见本章第三节。

体现法的实质正义;三是行政必须体现法的程序正义。

(四) 结论

现代民主法治国家之"法与行政的关系",直接决定着行政法基本原则的确定。如上所述,从总体上讲,现代民主法治国家之"法与行政的关系"应当是行政受到法的控制,这反映在行政法基本原则上,即要求行政法实行行政法治原则。所以,笔者认为,行政法基本原则从总体上应该是行政法治原则。行政法治原则即行政必须受到法的控制,是现代法治国家之"法与行政的关系"的集中反映。实际上,"依法行政"的理念最早表现出来的就是"根据法的合理性来约束行政的随意性"。[①]

那么,究竟应当具体确定哪几项行政法基本原则呢?笔者认为,根据上述三种具体的"法与行政的关系",并借鉴前述第二章中所概括的西方国家行政法的三项原则,行政法的基本原则应当相应地具体确定为三项,即行政法定原则,要求行政必须符合法的形式正义;行政均衡原则,要求行政必须体现法的实质正义;行政正当原则,要求行政必须体现法的程序正义。

综上所述,现代法治国家之行政与法的关系要求行政法实行行政法治原则,具体要求行政法实行行政法定原则、行政均衡原则和行政正当原则。

第三节 行政法基本原则之宪政基础

近现代行政法伴随着近现代宪政的产生而建构,离开了宪政,行政法就失去了生存和延续的基础。同时,行政法存在的目的也就是将现代民主宪政精神具体化。作为现代行政法之核心问题的"行政与法的关系"的定位,必然要注入现代民主法治国家

---

① [日] 藤田宙靖:《行政与法》,李贵连等译,《中外法学》1996年第3期。

之宪政精神。行政法基本原则作为行政必须服从法律的基本准则,正是近现代宪法和宪政所确立的民主、法治和人权等原则和精神在行政法领域的具体体现和运用。因此,研究和确立行政法的基本原则必须以宪政为基础,将宪政的基本精神贯穿于行政法基本原则的具体内容之中。

一、宪政、宪法与行政法之关联

何谓宪政?宪政(constitutionalism)亦称"立宪政体"、"立宪主义"。它是宪法发展史上一个很重要的概念。"宪政"一词最早见于古希腊思想家亚里士多德《政治学》一书。亚里士多德认为宪政是以宪法的形式对"一国各机关的安排"。在他那里,宪政与宪法的涵义同一,因此在该书中,他多次交替使用宪政、宪法和政体一词。① 到了近现代,宪法与宪政的涵义既有联系,又有区别。同时,源于资产阶级启蒙思想家洛克、孟德斯鸠、卢梭立宪政治理论的宪法和宪政的涵义,无论在形式、功能和价值蕴含方面,又比古代宪法和宪政的涵义要丰富得多。

尽管近现代意义的宪政有多种涵义,但我国多数学者主张宪政应当是一个包含民主、法治和人权三要素的政治形态或政治过程。如李步云教授认为,宪政是国家依据一部充分体现现代文明的宪法进行治理,以实现一系列民主原则与制度为主要内容,以厉行法治为基本特征,以充分实现最广泛的人权为目的的一种政治制度。根据这一定义,宪政这一概念包含三种基本要素,即民主、法治、人权。民主是宪政的基础,法治是它的主要条件,人权保障是宪政的目的。② 郭道晖教授认为:"宪政是以实行民主

---

① 参见[古希腊]亚里士多德:《政治学》,吴寿彭译,商务印书馆1983年版,第178页。

② 参见李步云:《宪政与中国》,载《宪法比较研究文集》,中国民主法制出版社1993年版,第2页。

政治和法治为原则,以保障人民的权力和公民的权利为目的,创制宪法(立宪)、实施宪法(行宪)和维护宪法(护宪)、发展宪法(修宪)的政治行为的运行过程。"① 李龙、周叶中教授认为:"宪政是以宪法为前提,以民主政治为核心,以法治为基石,以保障人权为目的的政治形态或政治过程。"② 笔者赞同以上观点,同时认为,在理解和把握宪政问题时必须强调,民主、法治和人权作为宪政这一共同体中的三个基本要素或基本原则,是内在统一并有机结合在一起的。贯穿于它们之中的一个基本的宪政精神就是,"建立有限政府",③ 即通过限制政府权力,以保障公民权利。

宪政与宪法之间存在着非常密切的联系。从价值取向上看,宪法和宪政都是商品经济发展的产物,都是民主政治建设和法治国家建设的重要体现,都以限制国家权力和保障公民权利为根本精神和价值取向。从逻辑上看,宪法是宪政的前提和依据,没有宪法便谈不上宪政。宪政的产生、存在、发展和变化都必须服从于使纸上的宪法成为现实的宪法的目的。而宪政又是宪法的生命,是宪法的实施,即宪法这一"法之法"的内容在实际生活中的展开和实现。离开了宪政,宪法就成了一纸空文。虽然有无宪法是有无宪政的一个重要标志,但有宪法不一定有宪政,因为"宪法可以起一种重要的象征性作用","被用做政治教育的工具,谆谆教导公众尊重政治和社会的规范。宪法也可以成为一个政权对内对外取得合法性的工具"。④ 如中国清朝末年和北洋军阀统

---

① 郭道晖:《宪政简论》,《法学杂志》1993年第6期。

② 李龙、周叶中:《宪法学基本范畴简论》,《中国法学》1996年第6期。

③ 周叶中主编:《宪法》,高等教育出版社、北京大学出版社2000年版,第179页。

④ 《牛津法律大辞典》,光明日报出版社1988年版,第144页。

治时期的宪法,虽有宪法之名,但行的是专制之实。因此,宪法必须是"良法",是真正反映人民意志和利益的法律,具有正当性。融进了人们对宪政所追求的理想价值成分的宪政实践,又可通过反作用使纸上的宪法更符合人们所追求的价值取向。宪政反作用于宪法的表现有:第一,矫正宪法规范中不符合内在价值取向的内容;第二,根据客观的经济、政治、文化条件的变迁,对宪法进行修改。① 所以,宪法依赖于宪政实践得以实施、维护和发展。宪法权威的树立、宪法的实施、完善和发展都寓于宪政之中。可见,"宪政是宪法的灵魂、动力和支柱","没有宪政精神和宪政运作,宪法就徒有其名"。②

　　行政法与宪法之间也具有十分紧密的联系。可以说,在一国法律体系中,行政法与宪法的联系最为密切。这主要是因为它们都是近现代法治在公法领域的表现,"直接关系公共机构与权力"。③ 正如当代自由主义思想大师哈耶克曾指出的,宪法"旨在分配权威,限制政府权力",而行政法则是"调整政府机关及其公务员的行为的规则,决定社会资源的配置方式",两者的核心作用都在于"对政府手中的任意权力加以限制,以免公民个人及其财产沦为政府恣意支配的工具"。④ 正是由于宪法与行政法这种内在一致性决定了两者之间的相互关联性。对于这种关联性,我国学者基本上较为一致地认为,宪法是行政法的基础与前提,行政法是宪法的具体实施。如我国著名宪法学家龚祥瑞先生曾指出:"宪法是行政法的基础,而行政法则是宪法的实施。行

---

　　① 参见周叶中主编:《宪法》,高等教育出版社、北京大学出版社2000年版,第181页。
　　② 郭道晖:《法的时代精神》,湖南出版社1997年版,第379页以下。
　　③ 陈端洪:《中国行政法》,法律出版社1998年版,第125页。
　　④ 张文显:《二十世纪西方法哲学思潮研究》,法律出版社1996年版,第258页。

政法是宪法的一部分,并且是宪法的动态部分,没有行政法,宪法每每是一些空洞僵死的纲领和一般原则,而至少不能全部地付诸实践。反之,没有宪法作为基础,则行政法无从产生,或至多不过是一大堆零乱的细则,而缺乏指导思想。"① 老一辈行政法学家王名扬教授也有类似看法,他认为:"宪法是静态的法律,行政法是动态的法律,两者互相配合,互相需要。"②

考察西方两大法系国家,由于其法治模式不同,对于宪法与行政法之关联性的认识实际上存在着一定的差异性。在普通法传统下,不存在公法和私法的严格区分,因而"在规范行政权领域,宪法与行政法实际上融为一体,遵循着共同的规律"。③ 基于此,英国学者韦德指出:"实际上,整个行政法学可以视为宪法学的一个分支,因为它直接来源于法治下的宪法原理、议会主权和司法独立。"④ 这一论述揭示了宪法对行政法的基础性、指导性作用。可以说,在英美法系国家,普遍强调的是法治原则下宪法的价值、理念对行政法的指引作用。而在大陆法系国家,公法与私法具有严格的界限,行政法被公认为是公法的一支。由于公法与私法界限清楚,在调整公法关系时,存在着古老的行政法传统。而宪法在早期大陆法系国家,一直处在不成熟和不稳定时期,行政法在社会生活中却发挥着广泛的作用。正是基于此,德国近代行政法学的开山始祖奥托·迈耶曾经发出过"宪法消逝,行政法长存"的叹息。但这句名言主要针对的是当时德国宪法还处在不成熟和不稳定时期,所以只得意图"将治国之希望寄托在

---

① 龚祥瑞:《比较宪法与行政法》,法律出版社1985年版,第5页。
② 王名扬:《法国行政法》,中国政法大学出版社1988年版,第34页。
③ 徐秀义、韩大元主编:《现代宪法学基本原理》,中国人民公安大学出版社2001年版,第537页。
④ [英]威廉·韦德:《行政法》,徐炳等译,中国大百科全书出版社1997年版,第7页。

指导、拘束行政权力，且是较为技术性质的行政法之上"，而并不能将其误解为行政法可以"独立"于宪法之外，或两者系"一消一长"。① "二战"之后，德国宪法趋于成熟和稳定，宪法中体现的人权理念获得社会的广泛支持，其对国家权力的运作过程发挥着越来越有效的控制功能，这使得"调整行政权力的行政法重新置于宪法原理控制之后，形成宪法与行政法的密切联系"。② 德国另一位行政法学著名学者弗立兹·韦纳的名言："行政法乃具体化之宪法"，③ 就是战后德国宪法与行政法之关联性的真实写照。日本行政法的发展曾经深受德国的影响，因而学者对宪法与行政法关系的理解也有类似的表述。例如，和田英夫就认为："行政法处于宪法之下，发挥着手段性、技术性的具体作用。"④ 盐野宏也认为："行政法，可以直接认为是关于实现宪法价值的技术法。"⑤ 可见，在大陆法系国家，更主要强调的是行政法对于宪法的"相对"独立性。也就是说，一方面行政法必须在宪法的框架之内发展，宪法的模式，决定了行政法的方向和模式；另一方面，宪法所确立的仅仅是行政法的框架结构，是行政法的基本原则和精神，而不是单行的部门行政法律规范的具体内容。行

---

① 陈新民：《公法学札记》，中国政法大学出版社2001年版，第19页以下。

② 徐秀义、韩大元主编：《现代宪法学基本原理》，中国人民公安大学出版社2001年版，第539页。

③ 陈新民：《公法学札记》，中国政法大学出版社2001年版，第20页。

④ [日]和田英夫：《现代行政法》，倪建民等译，中国广播电视出版社1993年版，第36页。

⑤ [日]盐野宏：《行政法》，杨建顺译，法律出版社1999年版，第49页。

政法并不因为宪法的约束作用和主导作用而失去其独立性。①

结合上述关于行政法与宪法之关联性的认识,笔者认为,宪法是行政法的基础,对行政法具有基础性、指导性作用,法治原则下的宪法价值、理念决定着行政法的基本原则和精神。而行政法则是宪法在宪政现实中的具体制度安排,它落实着宪法的原则性规定,传播着宪政的基本理念,并对宪法起补充和注释作用,推动着宪法的发展。因此,在总体上可以说,宪法与行政法之间应当是一种"辩证统一、良性互动"的关系。②

二、作为宪政精神具体化的行政法基本原则

宪法的灵魂在于宪政精神,而行政法的精髓是行政法基本原则。如果说行政法乃具体化之宪法,那么行政法基本原则则是宪政精神的具体化。行政法基本原则作为行政法的精髓,一方面要受到人权、民主、法治等宪法原则和宪政理念的影响和制约,另一方面具体承载着实现这些宪政基本价值和精神的巨大功能。而如前所述,行政法基本原则是作为行政法核心问题的"行政与法的关系"的集中体现,它主要针对的是行政权力的合法运行问题,即为行政权力的合法运行提供基本准则。因此,考察行政法基本原则的宪政基础,也就是对在行政权力的合法运行之中如何融入现代民主宪政精神的审视。这种审视从根本上讲涉及的是行政法的合宪性问题。只有在行政权力的合法运行之中充分融入现代民主宪政精神,行政法才具有合宪性。由此而确立的行政法基本原则也才具有根基和方向。

---

① 参见高家伟:《论德国行政法的基本观念》,《比较法研究》,1997年第3期。
② 参见杨海坤、章志远:《宪法与行政法良性互动关系之思考》,《东吴法学》东吴法学院85周年院庆专号。

(一) 民主: 行政权力合法运行的制度前提

毛泽东曾指出,宪政是什么呢?就是民主的政治,① 世界上历来的宪政,不论是英国、法国、美国,或者是苏联,都是在革命成功有了民主事实之后,颁布一个根本大法,去承认它,这就是宪法。② 我国学者也大多认为宪政就是民主政治、立宪政治或者说宪法政治,其基本特征就是用宪法这种根本大法的形式把已争得的民主事实确定下来,以便巩固这种民主事实,发展这种民主事实。③ 可见,宪政与近现代民主政治紧密相联,它以民主政治为前提、为基础、为内容,是民主政治的理想形态。

民主(democracy)一词源于古希腊,它由人民和统治构成,基本含义是"由人民来统治"。④ 但是,古希腊城邦实行的是一种直接民主制,公民可以直接参与公共事务决策,人民全体直接拥有和行使着国家权力。中世纪以降,国家权力却与人民相分离而为一少部分人所掌握。这就得谋求国家权力合法运行的基础,否则就会导致专制。于是一种新兴民主制度在近现代国家发展起来,并为各国宪法所确立。这种现代民主制度即为一种间接或代议民主制。在这种政治体制之下,虽然国家权力仍为少数人组成的一定机构所具体掌握,但是他们的权力得以人民的同意为前提,同时人民有权参与到权力的运行过程中,并对权力行使的效果进行实质性的监控。我国宪法所确立的人民民主制度正是这样一种现代民主政治制度:国家一切权力属于人民,人民享有参加对国家事务管理的权力;在组织形式上,实行人民代表大会制

---

① 《毛泽东选集》(第2卷),人民出版社1991年版,第732页。
② 《毛泽东选集》(第2卷),人民出版社1991年版,第735页。
③ 参见张友渔:《宪政论丛》(上册),群众出版社1986年版,第100页;许崇德:《社会主义宪政不平凡的历程》,《中国法学》1994年第5期;张庆福:《宪法学基本理论》,社会科学文献出版社1999年版,第56页。
④ 应松年主编:《依法行政读本》,人民出版社2001年版,第3页。

度，人民通过人民代表大会来行使权力并监督政府。由此，宪法和宪政所确立的这种代议民主制为近现代国家权力的合法运行提供了制度前提。如果没有这种宪政民主作为基础，国家权力就为少数人所独断专行而成为一种专制政体。

行政权力作为一种重要的国家权力，它的合法运行同样是以这种宪政民主为制度前提的，是这种民主制度的必然产物和内在要求。只有保证行政权力的取得来源于民意，保证民众对行政权力行使过程的参与及其行使效果的监控，行政权力的合法运行才能得以存在。可见，在现代宪政民主之下，行政权力的取得必须基于人民的同意或授予，行政权力的运行必须具有民众的参与，并受到民众的监督。

首先，行政权力的取得必须基于人民的同意或授予，建立在民意基础之上。根据近代以来的民主理念，人民是国家的主人，国家主权属于抽象的人民全体；包括行政权在内的全部国家权力均来源于抽象的人民主权，包括行政官员在内的所有国家官员手中的权力均由人民授予。但是人民作为一个抽象的集合体，又必须通过制定宪法和法律将管理国家公共事务的权力授予具体的国家机关及其官员。因此，在形式上，具体的国家机关及其官员是从宪法和法律那里获得概括的或具体的权力。如此，行政权的民意基础，就具体体现于规定行政权力的宪法和法律的民主性之中。评价一国行政权的民意基础，必须考察该国宪法和法律有关行政权的规定是否真正具有民主性。只有宪法和法律有关行政权的规定是全体人民意志的反映，由此而获得的行政权才是人民的授权，具有坚实的民意基础。[1] 那么，如何才能使法律成为人民意志的反映，将民意体现在法条之中，从而保证法律的民主性呢？这又是一个需要在立法实践操作中具体体现的问题。结合目

---

[1] 参见司久贵：《行政权正当性导论》，武汉大学博士学位论文，2001年，第67页。

前的情况，立法可以先由专家起草法案，对法律草案应广为告之，使全体人民知悉全民意志为何，并充分听取意见，再由具有广泛代表性的人民代表对法律草案行使表决权从而形成法律，这样有利于建立良好的立法秩序而不致"立法不法"。如果不考虑法律的正义性、正当性，而简单地以"命令就是命令"、"法律就是法律"来行政，则与宪政民主国家的要求相违背。

其次，行政权力的行使必须尊重民意，保证民众参与到行政权力的运行过程之中。民主意味着国家权力必须具有民意基础，更意味着国家权力运行过程中的民众参与。人民通过参与权力运行过程，将自己的意愿及时传达给权力的具体行使者并给后者以切实影响，从而使权力行使的过程表现为反映和表达民意的动态过程。因此，人民的参与保障着权力民意基础的经常化和持续性。否则，"人民只有在投票时才是主人，投票完毕便成为权力的奴隶"。① 从这个意义上可以说，参与机制体现着国家权力运行过程的民主化；参与机制的完善与否是判断一个国家权力运行民主化程度的基本标准。就行政权力而言，为了保证行政权力的行使符合民主精神，同样必须为民众提供一个参与行政过程的机会。行政过程中的民众参与即行政参与，它不仅是政治参与或民主参与的最高表现和具体落实，而且也是行政民主或民主行政的主要标志。"所谓'民主行政'，是在行政上对国民的意见加以反映，亦即以为民服务并依民意为主的行政。其特质包括：（1）人民参与行政；（2）行政的公开化；（3）行政过程的民主化；（4）行政的公益性；（5）公平的对待。"② 其中，行政参与是民主行政的出发点和归宿，它意味着政府的开放性和服务性，行政的非

---

① [法]卢梭：《社会契约论》，何兆武译，商务印书馆1980年版，第125页。

② 罗传贤：《行政程序法基础理论》，台湾五南图书出版公司1993年版，第20页。

武断性和协商性,目的和手段的统一性和正当性,相对人的主体性和自尊性。因此,"公法学者普遍认为,参与是民主政治的基石和裁量决定之工具理性,协商是民主行政的中心"。① 可见,行政权力的运行过程也就是一个让民众参与行政权力运行的过程。只有国家尊重民意,保证行政参与,才有民主行政的存在,也才能真正实现行政权力的合法运行。而要保证行政参与,实现行政过程的民主化,就必须设立正当程序原则,建立和完善行政公开、行政听证等制度。

最后,行政权力的行使效果还必须受到民众监控,处于有效的民主监督之下。如果说民众参与是民众参与到国家权力运行过程之中的权利,其功能是夯实国家权力的民意基础,实现权力运行过程的民主化的话,那么民主监督则是民众通过一定的组织与形式对国家权力进行监控的权利,其功能在于保证国家权力运行的客观效果符合民意,实现权力运行结果的民主化。两者相辅相成,共同保障着行政权力的民意基础。只有强化对行政权的民主监督,才能保证行政权真正是一种来源于人民的权力;只有强化对行政权的民主监督,方能保证行政权的运作真正体现人民的意愿;只有强化对行政权的民主监督,才能保证行政权真正成为一种对人民负责的权力。② 可见,民主监督是行政民主的题中应有之意,也是实现行政权力合法运行的必然要求。在当今,人民可以通过各种形式和途径对行政权实施民主监督,总体上说包括政治监督和社会监督两个部分。政治监督主要指国家民意代表机关的监督,它是代表人民行使监督权的民意代表机关对行政权所进行的一种间接形式的民主监督。对行政权的社会监督,即各种社

---

① 叶必丰:《行政法的人文精神》,湖北人民出版社1999年版,第209页。

② 参见司久贵:《行政权正当性导论》,武汉大学博士学位论文,2001年,第82页。

会组织或团体、舆论机构及公民个人对行政权的监督,则根源于人民的根本政治地位和基本政治权利,是人民监督行政权的一种直接形式。要真正实现依法行政,必须将这两个方面的监督有机结合起来,构建起对行政权力系统而全面的民主监督体系。

(二)法治:行政权力合法运行的机制保障

如前所述,宪政是民主政治的理想形态。但是,民主政治并不绝然排斥专制,民主政治理想状态的获得还需得到法治的支撑。法治意味着严格依照法律治理国家的政治主张、制度体系和运行状态,它在功能上表现为对专制权力的决然否定和对民主政治的完善和维护;在价值取向上意味着对正义的追求和对人人平等自由权利的保护。同时,法治又是"人们提出的一种应当通过国家宪政安排使之得以实现的政治理想",① 离开了宪法和宪政,法治就丧失了基本的依托,丧失了生命和活力,权力也就不会服从于法律。因此,宪政是法治的基本标志,法治是宪政的必然结果,实行法治是宪政所要坚持的基本原则。我国宪法修正案第13条规定:"中华人民共和国实行依法治国,建设社会主义法治国家。"宪法第5条规定,"国家维护社会主义法制的统一和尊严";"一切违反宪法和法律的行为,必须予以追究";"任何组织或者个人都不得有超越宪法和法律的特权"。这说明,法治原则在我国已得到确立。

从普遍意义上讲,作为宪法基本原则的法治要求国家遵守法律,一切国家权力都应当受法的全面和全程监控。但是,法治原则的核心却是行政权力要受到法律的控制。这是因为,行政权力是国家权力中最为活跃的权力,是最需要自由空间又最容易膨胀、最容易自由无度的权力,因而也是最需要控制但又最难以控

---

① [英]米勒、波格丹诺编:《布莱克维尔政治学百科全书》,中国问题研究所等译,中国政法大学出版社1992年版,第675页。

制的权力;同时,行政机关是国家机关中权力最大、人员最多、管理范围最广且灵活性最高的机关,其管理的好坏与公民利益、社会利益密切相关。因此,行政权力能否受到法律的有效控制,是能否实现法治的关键。可见,在现代民主宪政确立之后,法治的核心功能是对行政权的控制,用法律来支配行政权。具体说来,在行政权力的运行中,必须贯彻法治基本原则所要求的权力法定、法律优先、法律保留等具体规则。

在现代法治社会里,公共权力直接来源于法律,法律授予的权力,才是正当的公共权力;在法律授予之外,公共权力便没有存在和行使的正当理由。正是基于这一理念,现代法治理论将权力法定作为一项基本原则。根据这一基本原则,行政权的取得和存在必须有法律依据;没有法律依据的行政权从根本上说是一种非法的权力。也就是说,行政主体所拥有的行政权力应当由民意代表机关通过的法律授予。法律一经对行政权力作出规定,从另一角度看实际上也就是对行政权力的范围进行了限定,行政主体必须在法律规定的权限范围内行使权力,否则就构成越权。但是,在当代,由于民意代表机关立法功能的衰萎及行政机关立法权的膨胀,行政权的法定化并不是由立法机关以法律的形式"一锤定音"的,而是表现为多个主体共同参与、多层规范依次细化的复杂过程。以中国为例,一项具体而完整的行政职权往往不是由法律直接明确的;相反,一项职权的最后确定是由宪法、法律、法规、规章等多级规范共同作用的结果。这表明,随着行政立法权的膨胀,传统的权力法定原则发生了危机。因为,一旦行政主体的行政权实质上来自于行政立法,而与民意代表机关的法律不再有必然联系,那么所谓的权力法定便异化为权力权定,即行政权由行政(立法)权而定。正是在这种情况下,以解决法律与行政立法关系为核心的法律优先及法律保留这两项原则,成为当代行政法治理论的关键要素。①

法律保留近似于英美法系国家的"依法而治",是指在国家法律秩序范围内,某些事项必须专属于立法者规范,行政机关不得代为规定。② 法律保留原则严格区分议会立法权与行政立法权,是法治在行政立法领域内的当然要求,其根本目的在于保证议会立法的至上性,划定了立法机关与行政机关在创制规范方面的权限秩序。法律保留范围的事项,行政机关非经授权不得自行创制规则,保障了法律规范位阶的有序性,防止了行政立法权自我膨胀,有利于民众权益的保护。因此,法律保留的意义就在于"明确权力秩序,确立授权禁区"。③ 法律优先,"亦即法律对于行政权之优越地位,以法律指导行政,行政作用与法律抵触者应不生效力"。④ 这一原则的内涵主要也是限制在法律与行政立法的关系上,它实质上强调的是法律对于行政立法即行政法规和规章的优越地位,其具体的要求有三:一是行政立法必须具有明确而具体的法律根据;二是行政立法不得与法律相抵触,在已有法律规定的情况下,行政法规、规章不得与法律相抵触,凡有抵触,应以法律为准,法律优先于行政法规、规章;三是在法律尚无规定,根据特别授权,行政法规、规章作了规定时,一旦法律就行政事项作出规定,法律优先,行政法规、规章都必须服从法律。⑤ 总之,法律在最高的终极意义上具有规制和裁决行政立法

---

① 参见司久贵:《行政权正当性导论》,武汉大学博士学位论文,2001年,第126～127页。

② 参见陈新民:《行政法学总论》,台湾三民书局1997年版,第52页。

③ 范忠信、范沁芳:《论对授权立法中授权行为的监控》,《法律科学》2000年第1期。

④ 转引自城仲模:《行政法之基础理论》(增订新版),台湾三民书局1994年版,第5页。

⑤ 应松年:《依法行政论纲》,《中国法学》1997年第1期。

行为的力量,是行政立法行为的最终导向和惟一准绳。

(三)人权:行政权力合法运行的价值追求

人权是指人作为人应该享有的权利,是一个人在社会中应享有的政治、经济和文化等各项自由平等权利的总称。人权具有三种形态,即"应有人权、法定人权和实有人权"。① 应有人权构成公民基本权利的基础和源泉;公民基本权利是由应有人权所衍生的法定人权;实有人权是公民在社会生活中实际享有的权利的状况。对公民权利的确认和保护是每一个国家宪法的重要组成部分。宪法所规定的公民权利即为公民的基本权利。宪法对公民基本权利的规定实际上是依照社会物质文化生活条件对应有人权所作的一种选择和确认;宪法发展和完善的过程也是对公民基本权利选择范围不断扩大、层次不断加深的过程,即公民享有权利的种类在增多。由此可见,宪政是发展人权的手段,没有宪政实践,人权的保障就只能停留于宪法条文的静态之中,而不可能表现在公民的实际享有之中。如果说宪法是应有人权向法定人权转化的关键,那么宪政就是法定人权向实有人权转化的关键。②

那么,宪法和宪政又是如何实现这种转化,从而保障和发展人权的呢?根据前面的分析,在民主法治条件下,宪法和宪政显然是通过对包括行政权在内的公共权力的限制和约束,避免其侵犯公民权利,以此来保障人权的。从本源上看,公共权力来源于人权,是人类为了克服人权社会自发现实的障碍而建构起来的系统。特定政治共同体的人们之所以通过宪法和法律向公共机构授予公共权力,其根本目的在于保障和充分实现他们的人权。同时,由于这种委托性质的公共权力本身具有异化而导致公民权利受到侵犯的可能性,因此,宪法和法律又必须将它限制在一定的

---

① 李步云:《论人权的三种存在形态》,《法学研究》1991年第4期。

② 参见周叶中主编:《宪法》,高等教育出版社、北京大学出版社2000年版,第178页。

范围之内。可见，宪法和法律无论是设定或是限制包括行政权在内的公共权力，都是以保障人权为根本目的的。这表明，行政权力的运行必须始终以人权保障为其内在的价值追求。只有如此，行政权的运行才符合宪法和法律的根本目的，也才具有合宪性。

宪政的目的在于保障人权，而保障人权是通过民主和法治两种途径来实现的。民主途径，即宪法规定公民享有广泛的政治权利和自由。以这些权利和自由为基础，公民可通过一系列的民主制度和民主机制参与国家政治生活，决定自己的命运，维护自己的权利。法治途径，即通过对公民权利的规定，明确国家权力行使的界限，保证公民人身和财产不受侵犯。同样，人权保障作为行政权力合法运行的价值追求，其途径也包括两个方面：限制行政权力的滥用从而防止其侵害公民的合法权益；促进行政主体积极保障公共利益与公民个人利益及其实现。就其内容而言，主要包括基本人权保障和法定权利保障两个方面。① 公民的基本人权如生存权（如请求国家给予生存照顾）、生命健康权、自由权（包括人身自由、居住自由、宗教信仰自由、通信自由、集会结社言论自由等）、人格权、财产权、参政议政权（如选举权与被选举权）等，必须受到宪法和行政法的保护，任何组织或个人都不得非法剥夺、限制或侵害。在这方面，不仅立法要规定措施保障公民的基本权利，而且还要求行政主体必须充分尊重并保障公民的基本权利，既要保障公民的基本权利，就不得在行使行政权的过程中有侵害行为或事实。法定权利保障主要指公民在行政法上的权利保障。这方面的权利主要又可概括为行政参与权、行政受益权和行政保护权三方面。其中，行政参与权，即公民可以依照法律规定，通过各种途径参与国家行政管理活动的权利，具体包括：直接参与管理权、了解权、听证权、行政监督权、行政协

---

① 参见应松年主编：《依法行政读本》，人民出版社 2001 年版，第 77 页。

助权等。行政受益权,即公民可以依据法律规定从行政主体或通过行政主体的管理活动获得利益,具体包括:就业权,享受养老、保险、救济金等社会福利的权利,获得许可、奖励、减免税等其他利益的权利,接受义务教育的权利等。行政保护权,即当公民的合法权利受到侵犯时有权获得行政法上的保护,具体包括两项内容:当公民的人身权和财产权受到其他公民或组织侵犯时,有权请求行政机关予以保护;当公民的人身权和财产权受到违法或不当的行政行为的侵犯时,有权申请行政复议或提起行政诉讼,且在权益受到行政行为的侵害造成损失时,有获得赔偿或补偿的权利。①

三、小结

现代宪政所包含的民主、法治和人权原则与理念,具体体现于行政权力合法运行的各个领域,分别构成了行政权力合法运行的制度前提、机制保障与价值追求,成为行政权力合法运行赖以存在的宪政基础,并为行政权力的合法运行提出了各项具体要求。其中,民主作为行政权力合法运行的制度前提,要求行政权力的合法运行必须建立在民意的基础上,具有民众的参与和监督;法治作为行政权力合法运行的机制保障,要求行政权力的运行必须贯彻法治基本原则所要求的权力法定、法律优先、法律保留等具体规则;人权作为行政权力合法运行的价值追求,还要求在行政权力的合法运行过程中既要限制行政权力的滥用从而防止其侵害公民的合法权益,又要促进行政主体积极保障公共利益与公民个人利益及其实现。

概而言之,现代宪政所包含的民主、法治和人权原则与理念

---

① 参见周佑勇:《公民行政法权利之宪政思考》,《法制与社会发展》1998年第1期;周佑勇:《行政法原论》,中国方正出版社2002年修订版,第22页。

对行政权力合法运行的要求集中体现在两个方面,即"法治行政"和"民主行政"。"法治行政"即"行政法定",主要追求形式正义,侧重的是行政权力外延的合法性,将行政权控制在宪法、法律之下,为行政权限定一个外在框架,主要包括权力法定、法律优位和法律保留原则。"民主法治"主要追求实质正义和程序正义,侧重的是行政权力内涵的正当性,主要体现为行政均衡、正当程序或行政正当原则。行政法基本原则正是在这样一种现代民主、法治和人权状态下所形成的法律与行政权的关系的集中体现。所以,从宪政的角度,也应当将行政法基本原则确立为行政法定、行政均衡、行政正当等三项基本原则。

第四章 行政法基本原则的展开
——作为行政行为之基本准则

在前面两章中,通过基于比较和宪政分析角度对西方和我国行政法基本原则的研究,确立了行政法的三项基本原则,即行政法定原则、行政均衡原则和行政正当原则。本章拟从作为行政行为之基本准则的视角,对行政法的这三项基本原则的具体内容和要求展开进一步分析。

第一节 行政法基本原则之一:行政法定原则

一、行政法治、依法行政与行政法定

前章中指出,晚近我国行政法基本原则的确立在总体上已基本趋向于"行政法治"原则,但也有学者将其总括为"依法行政"原则,同时,对于究竟应当具体确立哪几项行政法基本原则,学者们之间的分歧很大。有的学者将行政法的基本原则总括为"行政法治原则",具体分解为行政合法性原则(即"依法行政原则")和行政合理性原则,或者具体分解为依法行政原则、正当程序原则、比例原则等,即将依法行政原则作为行政法基本原则中的一项原则。有的学者则将行政法基本原则总括为"依法行政原则",具体分解为行政合法性原则和行政合理性原则,或具体分解为法律优位原则和法律保留原则、职权法定与不得越权原则、比例原则、诚信原则、公正原则、公民权益保障原则等。

还有的学者则认为行政法的基本原则只有一项，就是"依法行政原则"。所有这些分歧，实际上可以集中为一点，就是对行政法治与依法行政之间关系的认识不同。对此，目前主要存在两种不同观点。

一种观点认为，行政法治与依法行政是两种不同的概念，前者的内涵大于后者的内涵。如有学者认为，行政法治应当包括两个方面的涵义，即"法治行政"和"民主行政"。①"法治行政"即"依法行政"，主要追求形式正义，侧重的是行政法治外延的合法性，将行政权控制在宪法、法律之下，为行政权限定一个外在框架，主要包括法律优位原则和法律保留原则。"民主法治"则是就行政法治内容上的涵义而言，它侧重于行政法治内涵的正当性，主要体现为正当程序原则。因此，行政法治原则既包括依法行政原则，也包括正当程序原则等。行政法治的层次与境界及要求均高于依法行政，不能把这两个原则加以混淆。这种观点实际上是将依法行政原则作狭义上的理解。前述有的学者正是基于此而将依法行政原则作为行政法基本原则中的一项原则。

另一种观点则认为，依法行政从实质意义上来理解，就是切实保护公民权利，规范政府行为，因此它与行政法治是统一的。② 这种观点将依法行政与行政法治相等同，实际上是将依法行政原则作广义上的理解。前述有的学者正是基于此而将行政法基本原则总括为"依法行政原则"，或者直接将其理解为只有一项，就是"依法行政原则"。可见，对行政法治与依法行政关系的理解不同，是造成目前我国行政法学关于行政法基本原则众说纷纭的重要因素。

笔者认为，依法行政与行政法治之间的关系，实际上源于

---

① 王周户、柯阳友：《行政法治与行政程序法》，《行政法学研究》1997年第1期。

② 应松年主编：《依法行政读本》，人民出版社2001年版，第14页。

"法治国"与"法治"之间的分野。从源流上看,依法行政源于德国的形式主义法治国思想,行政法治源于英美的实质主义法治思想。而形成于19世纪的德国"法治国"理论,是不同于产生于17世纪的英国"法治"学说的,① 两者之间在起源、理论与实践上存在着重大分歧,这已在西方学术界引起了广泛关注。② 如著名法学家伯尔曼在《法律与革命》中指出,英国人所称的"法治"意义上的"法的统治"已经超过了"法治国"意义上的"依法而治"。③ 我国学者刘军宁认为,从法的内涵上看,法治强调的不仅是应依法办事,而且所依之法必须合法;法治国则仅仅主张依法办事。这又引申出两者与正义关系上的区别,法治既合乎实质的正义,也合乎形式的正义;法治国充其量只合乎形式的正义,但这种单纯的形式正义在后果上可能是极不正义的。④ 可见,法治国即依法而治(the rule by law),仅仅具有工具意义,而法治即法律主治或法的统治(the rule of law),则不仅仅指依法而治的意思,而是有目的、有价值的观念。从这个意义上讲,源于德国"法治国"思想之依法行政与源于英美法治思想之行政"法治"之间存在着根本区别,不能将两者相混同。但是,如第二章中所述,随着"二战"后德国形式主义的法治国走向实质主义的法治国,法治国的工具主义思想早已融入实质主义的法治思想之中。纯粹只有工具色彩的依法行政事实上已不存在,从这个角度看,过于强调依法行政与行政法治之间的严格界限,已没有太大的意义。同时,在词语的使用上,无论是我国还是国外(如

---

① 参见高道蕴等编:《美国学者论中国法律传统》,中国政法大学出版社1994年版,第218页。

② 参见刘军宁:《从法治国到法治》,载刘军宁等编:《经济民主与经济自由》,三联书店1997年版,第88页以下。

③ 参见[美]哈罗德·J·伯尔曼:《法律与革命——西方法律传统的形成》,贺卫方等译,中国大百科全书出版社1993年版,第259页。

④ 参见刘军宁:《从法治国到法治》,载刘军宁等编:《经济民主与经济自由》,三联书店1997年版,第88页以下。

法国等），无论是理论界还是实务界，也都没有过于强调两者间的严格界限，而是常常相互混用。这样，如果过于强调两者间的严格界限，反倒可能会引起不必要的歧义。所以，笔者认为，从总体上讲没有必要将依法行政与行政法治严格分开。

然而，毕竟狭义的依法行政强调的仅仅是形式法治主义，即要求行政活动严格符合法律的明确规定。这种意义上的依法行政既与行政法治不同，又是行政法治的题中应有之义或其包含的一部分。为了避免这种两难境地，笔者认为使用"行政法定"这一概念来取代狭义上的依法行政是必要的。同时，正像刑法中"罪刑法定"涵盖着刑罚权这一国家公权法定性之要义一样，"行政法定"这一概念涵盖着行政权这一国家公权法定性之要义，它们共同构成了"国家公权法定"这一公法的根本原则。所以，使用"行政法定"这一概念也是可行的。

那么，何谓行政法定原则呢？对此，需要从中外行政法学中各种与"行政法定原则"不同称谓但相类似的原则中予以提炼。行政法定原则的提出，正是源于对这些原则的整合与重构。这些原则在法国称行政法治原则，在德国称依法行政原则，在英国称越权无效原则，在日本和我国台湾地区多借鉴德国的经验而称之为依法行政原则，在我国则一般称之为行政合法原则。对于这些原则的界定，由于各国行政法产生的历史背景、形成的基本理念及适用的范围不同，使其显得有较大的差异。如前在第二章中所述，法国的行政法治原则，即政府行政活动必须遵守法律，法律规定行政机关的组织、权限、手段、方式和违法的后果。其具体包含了三项基本内容：一是行政行为必须有法律依据；二是行政行为必须符合法律；三是行政机关必须以自己的行为来保证法律的实施。①

---

① 参见王名扬：《法国行政法》，中国政法大学出版社1988年版，第204页以下；胡建淼：《十国行政法——比较研究》，中国政法大学出版社1993年版，第114页以下。

在德国，行政法学创始人奥托·迈耶（Otto Mayer）认为，依法行政原则包括以下三项原则：第一，法律的规范创造力原则，即行政机关所制定的行政法规范是法律创造的；第二，法律优位原则，即法律对行政具有支配性地位，行政作用不得与法律相抵触；第三，法律保留原则，即一切行政作用虽非必须全部从属于法律，但基本权利的限制必须由法律规定。① 多数学者则认为依法行政原则包括两项内容，即法律优位原则和法律保留原则。②

英国行政法上与行政法定原则靠近的原则是越权无效原则，其核心内容是：越权的行政行为不具有法律效力。该原则既约束行政实体行为，也约束行政程序行为。实体上的越权包括：超越管辖权的范围；不履行法定的义务；权力滥用；记录中所表现的法律错误。程序上的越权是指行政主体违反成文法明文规定的程序规则。③

在日本，主要借鉴德国经验而建立的依法行政原则，其基本内容有三项：第一，法律保留原则。这一原则的基本要求是：政

---

① 参见城仲模：《行政法之基础理论》，台湾三民书局1988年版，第5页。我国台湾地区学者陈新民对奥托·迈耶的观点有不同的解释，参见陈新民：《行政法学总论》，台湾三民书局1997年版，第51页。

② 参见［德］哈特穆特·毛雷尔：《行政法学总论》，高家伟译，法律出版社2000年版，第103页；于安：《德国行政法》，清华大学出版社1999年版，第25页；高家伟：《论德国行政法的基本观念》，《比较法研究》1997年第3期。我国也有学者将这两个原则称为"法律至上"和"法律要件"，参见胡建淼：《比较行政法——20国行政法评述》，法律出版社1998年版，第269页；应松年、袁曙宏主编：《走向法治政府》，法律出版社2001年版，第120页以下。

③ 参见王名扬：《英国行政法》，中国政法大学出版社1987年版，第151页以下；胡建淼：《十国行政法——比较研究》，中国政法大学出版社1993年版，第3页以下。

府的行政活动必须有国会制定的法律依据。第二，法律优先原则。这一原则的基本内容是：法律高于行政；一切行政活动都不得违反法律，行政机关制定的规范不得在事实上废止、变更法律。这一原则适用于权力性行为、非权力性行为、侵益行为、授益行为以及事实行为等一切领域。第三，司法救济原则。一切司法权归属于法院，法院具有行政纠纷的终裁权；公民的合法权益受到行政机关的不法侵害时，享有不可剥夺的获得法院救济的权利。① 这就是司法救济原则的基本内容。

我国台湾学者由于受德国和日本行政法学的影响，多认为依法行政原则的基本内容主要包括两项，即法律优越原则和法律保留原则。② 也有学者如林纪东、管欧认为，依法行政原则的内容包括：第一，行政权的运用不得与法律相抵触；第二，没有法律上的根据，行政权不得使相对人负担义务或侵害相对人权利；第三，没有法律上的依据，行政权不得免除特定人的法律义务或为特定人设定权利；第四，行政自由裁量权必须有法律上的界限，等等。③

在我国行政法上，多数学者将与行政法定原则靠近的原则称为行政合法原则，并对行政合法性原则的内容作了许多有益的探讨，但对其涵义的界定很不统一，至今缺乏共识。有学者认为，中国行政法上合法性原则的基本内容有两项：一是行政活动必须

---

① 参见《日本国宪法》（1946）第 31 条、第 76 条第 1 款。
② 参见参见翁岳生：《法治国家之行政法与司法》，台湾月旦出版公司 1991 年版，第 225 页以下；陈敏：《行政法总论》，台湾 1999 年版，第 137 页以下。
③ 参见林纪东：《行政法》，台湾三民书局 1988 年版，第 73 页以下；管欧：《行政法总论》，台湾蓝星打字排版有限公司 1981 年版，第 104 页以下。

根据法律；二是行政行为必须符合法律。① 有的认为行政合法性原则的基本内容有三项：一是所有行政法律关系主体都必须严格遵守并执行行政法律规范；二是任何行政法律关系的主体不得具有行政法律规范规定以外的特权；三是一切违反行政法规范的行为，都属于行政违法行为，都应承担相应的法律责任。② 有的学者把中国行政法上合法性原则的基本内容归结为四项：一是任何行政职权都必须基于法律的授予才能存在；二是任何行政职权的行使都必须依据法律、遵守法律；三是任何行政职权的委托及其运用都必须具有法律依据、符合法律要旨；四是任何违反上述三点规定的行政活动，非经事后法律认许，均得宣告为"无管辖权"或"无效"。③ 也有学者将其归纳为如下四项内容：一是所有行政法律关系当事人都必须严格遵守并执行行政法律规范；二是任何行政法律关系主体都不得享有行政法律规范以外的特权；三是一切违反行政法律规范的行为，都属于行政违法行为，自始无效；四是一切行政违法主体都必须承担相应的法律责任。④ 还有的学者把行政合法性原则的基本内容归结为五项：一是一切国家行政主体必须严格执行行政法律规范，一切行政相对人必须严

---

① 参见张树义主编：《行政法学新论》，时事出版社1991年版，第56页以下；王连昌主编：《行政法学》，中国政法大学出版社1994年版，第48页以下。

② 参见支馥生主编：《行政法教程》，武汉大学出版社1991年版，第67页。

③ 参见罗豪才主编：《行政法学》，中国政法大学出版社1989年版，第39页；罗豪才主编：《中国行政法讲义》，人民法院出版社1992年版，第30页以下；罗豪才主编：《行政法学》，北京大学出版社1996年版，第32页。

④ 参见应松年主编：《行政法学教程》，中国政法大学出版社1988年版，第40页以下；王重高：《行政法总论》，中国政法大学出版社1992年版，第9页以下。

格遵守行政法律规范；二是任何行政法律主体不得享有不受行政法调整的特权，权利的享受和义务的免除都必须有明文的法律依据；三是国家行政主体必须做到处罚有据，任何处罚性和禁止性行为必须有明文的法律依据，"法无明文"不为罪；四是一切违反行政法律规范的行为都属行政违法行为，它自发生起就不具有法律效力；五是一切行政违法主体均应承担相应的法律责任。[1] 持该观点的学者后又将其归纳为如下五项内容：一是行政主体的行政职权由法设定与依法授予；二是行政主体实施行政行为必须依照和遵守行政法律规范；三是行政主体的行政行为违法无效；四是行政主体必须对违法的行政行为承担相应的法律责任；五是行政主体的一切行政行为（法律另有规定的除外）必须接受人大监督、行政监督和司法监督。[2] 近年来，也有许多学者倾向于借鉴德国的经验，将行政合法原则归纳为法律优越与法律保留，或者直接称之为依法行政原则，然后将其分解为法律优越与法律保留等原则。[3]

可见，上述各种观点不仅称谓不同，而且在内容上也存在较大分歧。就称谓而言，如前所述，称"依法行政"容易引起与行政法治的界限不清。而采用"合法性"原则这一过于笼统、过于宽泛的术语来表达行政法基本原则，笔者认为也欠妥当，所以提

---

[1] 参见张焕光、胡建淼：《行政法学原理》，劳动人事出版社1989年版，第73页；胡建淼主编：《行政法教程》，杭州大学出版社1990年版，第48页。

[2] 参见胡建淼：《关于中国行政法上的合法性原则的探讨》，《中国法学》1998年第1期；胡建淼主编：《行政法学》，法律出版社1998年版，第72页以下。

[3] 参见应松年主编：《行政法学新论》，中国方正出版社1998年版，第42页以下；马怀德主编：《行政法与行政诉讼法》，中国法制出版社2000年版，第38页；杨解君等：《行政法学》，法律出版社2000年版，第60页。

出"行政法定"这一概念来进行表述。就这一原则的内容界定而言,德国、日本及我国台湾学者往往从内在要求方面,将依法行政原则的内容界定为两项,即法律优位原则和法律保留原则;而法国、英国及我国大陆多数学者则往往从外在要求方面,将其界定为职权法定、越权无效等原则。

笔者认为,全面界定行政法定原则应当包括内在和外在两个方面的内容和要求。为此,认为所谓行政法定,即"法无明文规定不得任意行政",具体包括职权法定、法律优先与法律保留原则等内容。其中,根据职权法定原则,表明任何行政必须具有法定的依据。但这并未揭示出作为行政依据的各种"法"之间的关系问题。在这一问题上,则应当进一步遵循法律优先和法律保留原则。

二、职权法定原则

职权法定,即行政职权法定,是"公共权力法定"这一公法基本原则在行政法领域的具体化。在现代法治社会里,私人权利和公共权力的运行规则有着明显不同:对于私人权利来说,法不禁止即自由;对于公共权力来说,法不授权即禁止。之所以存在这样的区别,是因为私人权利和公共权力的本质属性不同。私人权利从本源上说来自于社会本身,是由人作为社会本体的地位所决定的。法律所规定的权利即公民的法定权利,只是人类应有权利即人权的一部分。那些没有转化为法定权利的人权仍然为人类所保留。当然,成文法在规定公民权利的同时,也对某些权利作出限制或禁止。但是这种限制和禁止的目的在于保障人权从整体上得以充分实现。正是由于法律并没有完全开列出公民的应有权利,所以我们不能以法律没有明确授予公民某项权利而断言他一定没有该项权利。正确的认识应当是,只要公民没有背离法律对其权利的限制或禁止,那么他便是自由的。与私人权利不同,公共权力来源于人权,是人类为了克服人权社会自发现实的阻碍而建构起来的系统。从根本上说,这种权力不是本源的,而是由公民权利和人民的权力所派生的,"人民是权力的惟一合法泉源"和"原始权威"。① 具体来说,它来源于特定政治共同体的授予;特定政治共同体的人们之所以向公共机构授予公共权力,其根本目的在于保障和充分实现他们的人权。由于这种委托性质的公共权力本身具有异化的可能性,因此,它必须被限制在一定的范围之内。法律便是限制权力的适当工具。在真正的法治社会里,公共权力的直接来源便是法律。法律授予的权力,才是正当的公共权力;在法律授予之外,公共权力便没有存在和行使的正当理由。正是基于这一理念,现代公法理论将权力法定作为一项基本原则。②

就行政权来说,权力法定原则具体表现为行政职权法定原则,其基本涵义是:任何行政职权的来源与作用都必须具有明确的法定依据,否则越权无效,要受到法律追究,要承担法律责任。这一定义包含如下三层涵义:

第一,行政职权来源于法。一切行政行为以行政职权为基础,无职权即无行政。然而,行政职权必须合法产生,行政主体的行政职权或由法律、法规设定,或由有权机关依法授予,否则权力来源就没有法律依据。没有法律依据的行政权从根本上说是一种非法的权力。这是对权力来源的要求,构成职权法定原则的基础。这里强调的是行政主体要依法办事,而不得"依言办事"、"依习惯办事"、"依长官意志或主观意志办事"。行政主体必须在法律规定的职权范围内活动,非经法律授权不得行使某项职权,尤其是在涉及剥夺公民权利、课以公民义务的时候,必须要有法

---

① [美]汉密尔顿、杰伊、麦迪逊:《联邦党人文集》,程逢如等译,商务印书馆1980年版,第257页。

② 参见司久贵:《行政权正当性导论》,武汉大学博士学位论文,2001年印,第125页。

律的明确授权。①

行政职权来源于法，意味着拥有行政职权的行政主体必须依法设立，具有法定依据。"行政机关是法律的产儿。"② 法律是行政机关赖以生存的基础，行政机关的产生是由代议机关通过相关法律而创设的，即组织法定、主体法定。在我国，行政机关是根据宪法、组织法及其他法律，按照一定的层次和结构加以设置的，没有法律上的依据，便不能设置，也不能行使国家的行政职权。在没有法律依据的情况下，行政机关自己设定机构包括临时性机构都是违法的。

第二，行政职权受制于法。职权法定原则不仅要求行政职权来源于法，还进一步要求行政职权的行使（即行政作用或称行政行为）必须具有明确的法定依据，受到法的全面、全程和实际的制约。这是对权力行使的要求，构成职权法定原则的核心。"无法律即无行政"，行政权的特性决定了必须以法律设定行政权的行使界限，即行政权限。行政权限可分为纵横两大类，即纵向的行政权限和横向的行政权限。纵向行政权限即"级别管辖权"，是指有隶属关系的上下级行政主体间处理某一行政事务上的权限划分（或分工）。横向行政权限，是指无隶属关系的行政主体之间的行政权限分工，它又可分为两种情况：一是"事务管辖权"，即从事不同公务或行政事务的行政主体之间的权限分工；二是"地域管辖权"，即具有相同公务性质但地域不同的行政主体之间的权限分工。③ 行政权限的划分一般都由法律、法规作了明确规

---

① 我国《行政处罚法》规定的"处罚法定原则"，就要求行政机关在没有明确的法律授权时，不得行使行政处罚权。

② [美] 伯纳德·施瓦茨：《行政法》，徐炳译，群众出版社1986年版，第141页。

③ 参见周佑勇：《行政法原论》，中国方正出版社2002年修订版，第123页以下。

定,行政主体只有在其法定的权限范围内行使其行政职权才是合法的。

同时,法律给行政职权设置的限制,不仅包括实体上的权限范围(行政权限),还从程序上为行政主体规定了行使职权的方式和过程(行政程序)。行政主体行使行政职权不仅要依据法定的权限,还要依据法定的程序,即既要遵循实体法的规定,也要遵循程序法的规定。

第三,越权无效,并应承担法律责任。行政职权来源于法,受制于法,否则即为违法的权力,构成一种越权行为。职权法定原则还要求行政主体不得越权,如果越权则不具有法律效力。"这是因为,法律效力必须法律授予,如不在法律授权范围内,它就在法律上站不住脚。"[1] 因此,法院及其他有权国家机关可以撤销越权行为或者宣布越权行为无效,并依法追究有关责任主体的法律责任。这是对权力行使后果的要求,构成职权法定原则的保障。如果违法的权力并不承担法律责任,那么权力来源于法律、权力应受法律限制将毫无意义。

按越权的一般理解,越权既包括实体上的越权(超过法定权力范围),也包括程序上的越权(即违反法定的必须遵守的程序)。笔者以为,这里的越权应当作广义的理解,即除不正当行使行政职权之外的所有违法行使行政职权的行为。具体而言,下列情况可归入越权:

一是无权限。即有关行政机关或者组织、个人根本无行政权或者无管辖权却行使了一定的行政权力。通俗地说,即"无权行使了有权"。

二是不符合行使职权的法定事实根据。任何行政职权的行使都必须基于一定的事实,如行政处罚是基于某种违法行为的存

---

[1] [英]威廉·韦德:《行政法》,徐炳等译,中国大百科全书出版社1997年版,第44页。

在，行政许可是因有相对人的合法申请存在。而且这种事实还必须是一种法律事实，即相应的证据予以佐证的事实，没有证据或没有确凿的证据佐证的事实，不成其为法律事实。因此，法律相应地规定了某一行政职权行使时的事实要件和证据要件。行政主体在行使这一行政职权时，就必须符合相应的法定事实要件和证据要件，这样才是合法、有效的行为，否则，事实不清、证据不足即构成一种越权行为。

三是超越法定的管辖权。行政机关虽有一定的行政职权范围，但其行使超过了该范围，这是我们通常所谓的狭义越权行为。它在表现上有多种形式，具体包括级别越权、地域越权、事务越权和内容越权。级别越权又称纵向越权、层级越权，是指具有行政隶属关系的上下级行政主体之间的越权行为，具体表现为下级行政主体擅自行使了上级行政主体的法定职权和上级行政主体擅自行使了下级行政主体的法定职权这两种形式。事务越权是指行政主体在行政管理活动中，超越自己的业务管理范围，行使了法律授予其他行政主体的职权。地域越权也称"空间上的越权"，是指行政主体超越自己的地域管辖范围行使行政权力的行为。按照行政组织法的分工，每一个行政主体都有特定的地域管辖范围，行政主体的职权只能在法定的地域范围内行使才是有效的、合法的。如果行政主体超越自己的法定地域管辖范围去行使行政职权，就必然会侵犯其他行政主体的管辖权，构成地域越权。除此之外，行政越权还应当包括行政主体于管辖权限范围内逾越法定的条件、种类、对象和幅度等作出行政行为的情形，即内容越权。如《治安管理处罚条例》规定，行政拘留的最长期限为15日，公安机关却作出了拘留20日的决定，则属于逾越了法定幅度的情形。

四是超越法定的程序。法定的行政程序具体涉及行政职权行使的形式、步骤、顺序和期限等内容。违反法定程序的表现形式也是多样的，如应当以书面形式却以口头形式、随意增减法定步骤、行政程序的顺序颠倒、超越法定期限等。

五是行政不作为。行政不作为与行政作为违法相对应，是指行政主体负有某种作为的法定义务且具有作为之可能性，而在程序上逾期有所不为的行为，其实质是行政主体消极放弃行政权力的一种违法行政行为。①

六是行政转授行为。行政职权不仅表现为法律上的支配力量，而且还包含着法律上的职责，是权力和职责的统一体。作为法定职责的要求就是行政主体不得自由处分行政职权，必须依法行使。因此行政主体不仅不得随意放弃或抛弃行政职权，否则构成行政不作为，而且不得随意转授行政职权。按照职权法定原则，一定的行政职权必须由法律定位的相应行政主体行使，未经法律许可不得随意转移。法律上对行政授权和行政委托的规定就反映了这种要求。授权和委托实际上是职权的转移，但任何授权和委托都必须严格符合法定的条件。

总之，职权法定原则表明任何行政必须具有法定的依据，要求行政主体应做到有法必依、执法必严，用法的合理性来约束行政的随意性，不得抗拒和规避法的约束。那么，接下来我们需要进一步思考的是：这里作为行政依据的"法"究竟指哪些呢？

在早期资本主义国家中（即20世纪初以前），实行的是严格分权原则，立法权属于经选举的民意机关，行政权属于行政机关，司法权属于司法机关。并且，判例和学说还认为，

> 立法部门、行政部门和司法部门拥有的权力是人民授给它们的。既然这三个部门是人民所授的立法权、行政权、司法权的接受者，那么他们也就必须是这种权力的惟一所有者……因此，代议政府的一个基本原则就是立法机关不能把

---

① 参见周佑勇：《行政不作为判解》，武汉大学出版社2000年版，第18页。

制定法律的权力授予其他人或其他机关。①

在这种立法与行政壁垒森严的情况下,职权法定原则的"法"就只能是指议会制定的法律,或宪法与议会法。职权法定原则的内容即政府必须在议会制定的法律范围内行使权力,不能超出法律规定的范围,这一时期被称为"无法律即无行政"时期。这一时期是与当时的社会经济状况和国家政治体制相适应的。因为在自由资本主义时期,经济上自由竞争的要求反映在政治上,必然要求政府尽量少地干预经济,并需要及时为这种竞争提供必要的保障。因此,当时的国家行政管理相对简单,主要是治安、税收、国防、市政等事务。由于行政职能比较简单,社会活动的频率也较为缓慢,议会有足够的时间和能力来制定各种法律。

资本主义进入垄断阶段以后,随着社会经济的不断发展,社会问题越来越多,尤其是周期性的经济危机,要求政府主动地进行多方面的管理,尤其是为了挽救经济危机,资本主义国家有必要全面地干预社会。于是,行政职能增多了,行政管理的专业性、技术性也增强了,此时议会也无法以法律规范全部行政活动。在此情况下,西方国家出现了"委任立法"现象,即政府也获得了议会授权的部分行政立法权,这种现象直到今日仍久兴不衰。"委任立法"的出现不仅改变了传统的法的范围,也使人们对职权法定原则的认识有了变化。如果说原来的法仅指议会立法,那么,现在的法也包括政府机关的行政立法。如果说原来的职权法定原则在内容上只是要求行政机关遵守议会法律,那么在当代则还要求行政机关服从行政立法。事实上,行政立法或委任

---

① [美]伯纳德·施瓦茨:《行政法》,徐炳译,群众出版社 1986 年版,第 31 页。

立法在近代就已经存在，几乎与行政法有同样长的历史。① 只不过"传统的观念认为，行政立法是一个不得不予以容忍的祸害，它对于分权是一种不幸而又不可避免地破坏"。② 随着行政立法的迅速发展，行政立法是对分权原则的破坏的指责，被认为是一种过时的观点。在判例和学说中，从理论上禁止授出任何立法权变成了反对无限制授权的准则，即反对没有任何标准的授权。③

这表明，在当代，由于民意代表机关立法功能的衰萎及行政机关立法权的膨胀，行政权的法定化并不是由立法机关以法律的形式"一锤定音"的，而是表现为多个主体共同参与、多层规范依次细化的复杂过程。以中国为例，一项具体而完整的行政职权往往不是由法律直接明确的；相反，一项职权的最后确定是由宪法、法律、法规、规章等多级规范共同作用的结果。而从另一个角度看，一旦行政主体的行政权实质上来自于行政立法，而与民意代表机关的法律不再有必然联系，那么所谓的"权力法定便异化为权力权定"，即行政权由行政（立法）权而定，这必然导致整个行政法治理论的崩溃。④ 这表明，在当代背景下，维护权力法定原则，捍卫行政法治理念，必须把注意力集中到议会法律与行政立法的关系。只有保证行政立法服从于议会法律，所谓的行政法定才能依然存在。正是在这种情况下，以解决法律与行政立法关系为核心的法律优先及法律保留这两项原则，成为当代行政法治理论的关键要素，也成为行政法定原则的重要组成部分。

---

① 参见［美］伯纳德·施瓦茨：《行政法》，徐炳译，群众出版社1986年版，第16页。
② ［英］威廉·韦德：《行政法》，徐炳等译，中国大百科全书出版社1997年版，第558页。
③ 参见［美］伯纳德·施瓦茨：《行政法》，徐炳译，群众出版社1986年版，第30页以下。
④ 参见司久贵：《行政权正当性导论》，武汉大学博士学位论文，2001年印，第126页以下。

三、法律优先原则

法律优先（或法律优位）这一概念最早由德国行政法学鼻祖奥托·迈耶（Otto Mayer）提出。他认为，法律为国家意志中法律效力最强者，"以法律形式出现的国家意志依法优先于所有其他形式表达的国家意志；法律只能以法律的形式才能废止，而法律却能废止所有与之相冲突的意志表达，或使之根本不起作用。这就是我们所说的法律优先"。① 到目前为止，德国、日本和我国台湾地区的学者在论述依法行政的基本要素时，也大都把法律优先作为其中一项。只不过在他们那里，法律优先的涵义相当宽泛。譬如，德国学者哈特穆特·毛雷尔认为，"法律优先原则是指行政应当受现行法律的拘束，不得采取任何违反法律的措施。"② 日本学者南博方指出，"法律的优先，即一切行政行为都不得违反法律，且行政措施不得在事实上废止、变更法律。这一原理适用于权力性行为、非权力性行为、侵益行为、授益行为以及事实行为等一切行政活动"。③ 我国台湾行政法学者多将法律优先原则称为"消极的依法行政"，其基本涵义仍然是行政活动必须遵守而不得违反法律。④ 法律优先（法律优位）这一概念被引入我国行政法学时，多数学者则将其内涵相对限制在法律与行政立法

---

① ［德］奥托·迈耶：《德国行政法》，刘飞译，商务印书馆2002年版，第70页。

② ［德］哈特穆特·毛雷尔：《行政法学总论》，高家伟译，法律出版社2000年版，第103页。

③ ［日］南博方：《日本行政法》，杨建顺等译，中国人民大学出版社1988年版，第10页以下。

④ 参见陈新民：《行政法总论》，台湾三民书局1997年版，第52页；苏嘉宏、洪荣彬：《行政法概要》，台湾永然文化出版有限公司1999年版，第36页；翁岳生：《法治国家之行政与司法》，台湾月旦出版公司1997年版，第7页以下。

的关系上，认为法律优先的基本涵义是指法律优先于行政立法，即强调法律对于行政立法即行政法规和规章的优越地位。①

笔者认为，在我国行政法学中引入法律优先这一概念是必要的，但没有必要像德国、日本和我国台湾学者那样宽泛地使用这一概念。因为他们所使用的广义上的法律优先一词，实际上从一个侧面表述了依法行政的全面涵义，而目前我国行政法学明确而公认的概念——"职权法定"已经表述了依法行政的表层涵义，即任何行政都必须具有法定依据，而不得与之相违反。只是作为依法行政所依之"法"的关系，尤其是法律和行政立法之间的关系却一直没有一个相对固定的概念来表述。法律优先一词则能够准确而明快地概括出法律与行政立法的关系。同时，在这种意义上使用法律优先一词，也表明在这里，"法律"仅限于狭义上，即仅指国家立法机关制定的法律，因而与其字面含义相一致。并且，德、日学者所使用的法律优先一词，只是说"行政"是广义上的，即法律优越于一切行政活动，而其中的"法律"在本意上则仅限于狭义上使用。因此，笔者认为将法律优先的基本涵义限定在法律与行政立法的关系上是适当的。

据此，法律优先原则的基本涵义是指法律对于行政立法即行政法规和规章的优越地位。从这个角度而言，法律优先实质上强调的是法律的位阶体系。所谓法律位阶，是指"一部法律在一个国家法律体系中的纵向地位"。② 在现代社会，任何一个国家的法律整体都已经构成了一个法律塔，在一个国家的法律金字塔

---

① 参见应松年：《中国走向行政法治探索》，中国方正出版社1998年版，第105页；孙笑侠：《法律对行政的控制——现代行政法的法理解释》，山东人民出版社1999年版，第194页；刘莘：《依法行政与行政立法》，《中国法学》2000年第2期；方世荣：《论行政相对人》，中国政法大学出版社2000年版，第200页。

② 张根大：《法律效力论》，法律出版社1999年版，第168页。

中，法律与法律之间存在地位的差别，一部法律的地位越高，其位阶也越高。在多层次立法的情况下，法律处于最高位阶、最优地位，法律在效力上要高于其他法的规范，其他法的规范都必须与之保持一致，不得相抵触，否则无效。这是立法权高于行政权、行政从属法律的体现，它是法律至上原则在行政法领域的适用。

法律优先之积极意义在于行政机关必须主动地、积极地执行法律，不得推卸或者怠慢履行法定职责，此即所谓的"法律适用要求"；至于其消极的意义则系行政机关不得采取与法律规定相冲突的措施，不得违反法律，行政措施也不得在事实上废止、变更法律，更不得践踏法律。即使在行政组织内部，发布违反法的精神的通知及职务命令，也都是违反法律的。此即所谓的"禁止偏离法律"。① 法律优先强调内涵上的合法性，下位阶之行政法规与规章必须与上位阶之法律相符合。② 换角度而言，这实际上又是对行政违法的禁止，旨在防范行政机关自行拟订发布违背法律意旨的行政命令，违反法的位阶性。③ 而实现法律优先原则的关键在于追究行政机关违法的法律责任。法律优先原则赋予行政机关采取合法行为的义务，违反该原则必然带来这样的法律后果：违法的行政法规与规章无效。④

在我国，权力机关的立法权居于立法活动的主导与核心地位，国家权力机关制定的法律是行政机关行使行政立法权的依据和基础。根据我国现行宪法的规定，全国人民代表大会及其常务

---

① 参见陈敏：《行政法总论》，台湾1999年版，第137页。

② 参见彭国能：《法治国之基本理念》，载城仲模主编《行政法之一般法律原则》（一），台湾三民书局1994年版，第398页。

③ 参见于安：《德国的依法行政原则及其宪法基础》，《外国法译评》1999年第3期。

④ 参见［德］哈特穆特·毛雷尔：《行政法学总论》，高家伟译，法律出版社2000年版，第103～104页。

委员会行使国家立法权,这是国家法制统一的基础。行政立法为从属性立法,是在国家权力机关立法权保留之外的立法,并要受到权力机关的监督。之所以强调国家立法要高于行政立法,是因为国家重要事务之决定,不仅以最高度的民主合法性为依归,尤须要求尽可能正确。易言之,依照机关之组织、编制、功能与程序方式观察,由具备最优良条件的机关来作国家决定。与行政法规、规章制定程序相比,法律的制定须践履繁复、细腻的三读或三审讨论程序,明显较为正式、严谨,尤其在讨论方面更是较为公开、深入与彻底,且立法机关有比行政机关更宽广的民意基础,立法程序拥有较高的民主正当性,因此,重要的、原则性事务适合由立法者以法律规定之。这种复杂、奢侈的程序绝非"自我目的"的存在,其存在意义便是在于尽可能提升依此程序所作成决定的实质正确性,所展现的是一种"他制"的权力区分与制衡功能。而行政法规与规章系行政机关"自制"的表现,乃源自行政权内部本身,而非出自行政权以外的其他国家权力,自然不具权力制衡色彩。根据形式与内容的合比例原则,惟有重要、原则性的事务适合且保留由立法者以法律方式决定之。因此,与其说议会立法代表某种意义的"民主正当性",倒不如说是"结构功能上的正当性"更为贴切。[1] 此等论证恰好迎合了从权力分立到功能分立的最新时代脉动,从而导出法律优先原则。

法律优先原则作为法律位阶在行政立法中具体作用的客观要求,在强调国家立法权限与行政立法权限划分的同时,侧重于要求低位阶法律规范的制定必须以高位阶的法律规范为依据,前者必须服从于后者并不得与之相抵触。据此,法律优先原则又可具体导出"根据(法律)"和"不相抵触"两个子原则。

第一,"根据(法律)"原则。该原则是指行政立法应服从法

---

[1] 参见许宗力:《法与国家权力》,台湾月旦出版公司1993年版,第143页。

律位阶的要求，以上位法作为行政立法的根据。"根据（法律）"原则厘清了立法权在不同地位的国家机关的权限划分标准，保障了国家立法体系的统一性和有序性，同时亦是对行政立法内容的一种限定，使行政立法遵循上位法的规定，符合内容合法有效的成立要件。

在当代，民主的目的要求行政权的行使服从代表人民意志的立法机关所制定的法律，由此防止行政权的滥用和维护公民等社会成员的基本人权。这里所谓的行政权的行使应服从代表人民意志的立法机关所制定的法律，包含着行政机关在制定法规范时也同样必须服从以宪法为顶点构成的法律体系的要求。在我国现行《宪法》以及相应的法律中，我们可以清楚地看到反映上述民主要求的基本规定。例如《宪法》第89条第1款规定制定行政法规应"根据宪法和法律"，第90条第2款和《国务院组织法》第10条规定，制定国务院部委规章应"根据法律和国务院的行政法规"。概括言之，宪法和法律中的这些规定是通过下位法规范以上位法规范为直接根据的方式保证宪法和法律所具有的民主性延伸至由行政权所制定的法规范体系。但是，在实际的由行政权制定的法规范体系中，相当一部分缺乏来自于上位法规范的直接根据或者根据暧昧。[①]

我国《宪法》、《国务院组织法》和《立法法》规定，国务院要根据宪法、法律制定行政法规；部门规章要以法律、行政法规为根据；地方政府规章应以法律、行政法规和地方性法规为依据。这是"根据"原则在我国行政立法中的具体体现。这里的关键是如何理解"根据（法律）"原则中的"根据"问题。笔者认为，这里的"根据"必须是具体明确的根据。

就行政法规的制定根据而言，国务院应当根据的是宪法、法律的明确规定。对此，《立法法》第56条就国务院制定行政法规

[①] 参见朱芒：《依法行政：应依何法行政》，《法学》1999年第11期。

的权限范围作了进一步明确界定，具体包括三个方面的事项：一是为执行法律的规定需要制定行政法规的事项，这类事项必须由法律明确授权。所谓明确授权，应是在法律条文中有具体的规定，如"授权国务院制定"，"由国务院规定"等类似表述。如《行政处罚法》第63条规定："本法第46条罚款决定与罚款收缴分离的规定，由国务院制定具体实施办法。"二是《宪法》第89条规定的国务院行政管理职权的事项。这类事项可以视为宪法的直接授权，所以通常被认为是国务院的"职权立法"。但是国务院在就此类事项制定行政法规时，必须受法律保留原则的限制，即凡属全国人大及其常委会专属立法权的事项，即使属于《宪法》第89条规定的事项，未经法律的专门授权，也不得制定行政法规。如根据《宪法》第89条的规定，国务院有权"决定省、自治区、直辖市的范围内部分地区的戒严"，但这并不等于说国务院可以直接以行政法规创设戒严制度，因为戒严涉及在一个地区和一定的时间内暂时限制或剥夺公民的某些权利和自由，而这属于全国人大及其常委会专属立法权的事项。三是全国人大及其常委会特别授权的事项。根据《立法法》第9条规定，全国人大及其常委会可以作出决定，将属于其专属立法权范围内尚未制定法律的部分事项，授权国务院制定行政法规。这类行政法规制定的依据是全国人大及其常委会的特别授权，即采取专门授权决定的方式，并具有明确的授权目的和范围。国务院应当严格按照授权目的和范围行使该权力。授权立法事项，经过实践检验，制定法律的条件成熟时，国务院应当及时提请全国人大及其常委会制定法律。法律制定后，相应立法事项的授权终止。

就行政规章的制定根据而言，同样应当根据的是法律或法规的明确规定，只不过这里还存在着一个"根据法规"的问题。我国《立法法》规定，部门规章除以法律为根据外，还可以行政法规为依据；地方政府规章除遵循部门规章的制定根据，即以法律、行政法规为根据外，还可依地方性法规为根据。因此部门规章和地方政府规章的制定依据略有不同。值得注意的是,部门规章的制定须有法律的明确授权,但并不以行政法规的"授权"为前提,而且就国家职能的分工结构来看,行政法规亦无"转授"的权力。规章的制定权是来源于《宪法》、《国务院组织法》、《立法法》或其他一些单行法律的规定,即来源于国家立法权的一部分,因而从理论上来讲,只要有行政法规的存在,依法律规定享有部门规章制定权的主体均可在其权限范围内制定规章,除非行政法规明令禁止。对此,《立法法》第71条第2款对部门规章的性质、范围作了规定,即"部门规章规定的事项应当属于执行法律或者国务院的行政法规、决定命令的事项"。就地方性规章而言,由于地方政府是地方人大的执行机关,地方政府由地方人大而产生,向地方人大负责,因而,如果在地方性法规有明确授权的情况下,法律规定有地方政府规章制定权的行政机关应当制定地方政府规章;在没有明确授权的情况下,则不得就地方性法规规定的事项行使规章制定权。另外,基于中央政府与地方政府的隶属关系以及法律的规定,有规章制定权的地方政府在其权限范围内当然可以直接依照行政法规制定规章,而不论有无地方性法规的规定(民族区域自治地方除外)。同时特定的行政机关亦基于法律的授权而享有地方政府规章的制定权,如深圳、珠海、厦门、汕头等四个特区的地方政府,即是基于人大特别决议而成为地方政府规章的制定主体。

第二,"不抵触"原则。所谓"不抵触",是指在法律位阶的层级结构中,下位阶的法律不得与上位阶的法律相冲突,凡有冲突应以上位阶的法律为准绳。"不抵触"原则是"根据"原则的题中应有之义。"根据"原则即行政机关在立法时必须严格依据上位法的规定,这表明,在上位法尚未对相关立法事项进行授权或作出相关规定的情况下,各该行政机关先行立法,就是明显违背上位法的原意,这种未有根据的立法,可被视为抵触立法,按《宪法》和有关法律规定,有权机关可依法撤销它们。可见,"根据"原则中必然包含有不抵触的因素。① 但是,"不抵触"原则主要侧重于行政立法的内容不得与法律相抵触。行政机关为了执行法律而进行行政立法,必须严格依照法律的规定和原则,其立法内容不得与法律相悖。我国《行政处罚法》和《行政许可法》都很好地体现了这一点。根据《行政处罚法》第10~13条的规定,在法律对行政处罚已有规定的情况下,法规、规章可以作出具体化的规定,但必须在法律关于行政处罚规定的行为种类、幅度、范围内规定,不得与之相抵触。根据《行政许可法》第16条的规定,法规、规章可以在上位法设定的行政许可事项范围内,对实施行政许可作出具体规定,但不得增设行政许可,也不得增设违反上位法的其他条件。

根据我国《宪法》、《国务院组织法》、《立法法》和其他一些单行法律的规定,"不抵触"原则包括以下内容:一是行政法规、规章不得与宪法、法律相抵触;二是规章不得与行政法规相抵触,其中地方政府规章不得与地方性法规相抵触;三是在法律调整的空白地带,若有法律明确授权行政机关制定行政法规、规章,则行政法规、规章不得与宪法相抵触;四是在法律尚无规定,经授权,行政法规、规章作了规定时,一旦法律就此作出规定,则法律优先,行政法规、规章必须服从法律,不得抵触。

行政法规、规章不得与法律相抵触,否则,应当由有关的国家机关按照法定程序予以撤销或者改变。有无违反法律之审查机制既是法律优先的一个重要要求,也是该原则之重要保障机制。因体制不同,各国存在着不同的违法审查机制。在法国,行政法院对行政立法进行审查,行政法院不但可以审查行政机关作出的具体行政决定,还有权审查政府制定的条例,从而有力地防止了行政机关滥用权力侵犯公民权利。在德国,违反法律优先的审查

---

① 参见叶世治:《关于我国立法体制中"根据"与"不抵触"的比较》,《行政与法》2002年第8期。

权在国会及法院,国会具有同意权的保留、废弃请求权的保留、听证权的保留等,而德国每一个联邦法院都有权利也有义务在具体诉讼中审查法规命令有无违法,甚至违宪,同时也有抽象的法规审查权。① 在英国,法院可以用确认判决宣告违法的行政管理法规无效。在美国,行政法规也要服从法院的司法审查。② 由此可见,法、德、英、美等国的法院都有对行政立法审查的权力。

而在我国,对行政法规的监督,主要由全国人大常委会负责。我国《宪法》第67条第7项规定,全国人大常委会有权撤销国务院制定的同宪法、法律相抵触的行政法规、决定和命令;《立法法》第90、91条为全国人大常委会审查和判断行政法规的合宪性与合法性提供了具体的程序。据此,国务院、中央军委、最高法院、最高检察院、省级人大常委会均有权向全国人大常委会提出对行政法规进行合宪性、合法性审查的要求,作为常委会事务机构的法制工作委员会必须把上述要求转交有关的专门委员会进行审查。而普通公民也有对行政法规提出审查的"建议权",由法制工作委员会负责研究处理,如果认为必要也有可能送交有关的专门委员会审议。专门委员会在确认审议对象有与宪法和法律相抵触之处的场合,向法规制定机关提出书面审查意见,并要求该机关在2个月内作出是否修改法规的答复;如果制定机关不予修改但却不能说服有关专门委员会,那么由委员长会议决定是否最终付诸常委会会议审议决定。就行政规章的监督而言,则主要来自于国务院和各级行政机关的自我备案审查。根据我国《宪法》第89条第13、14项的规定,国务院有权改变或者撤销各

---

① 参见德国基本法第93条,联邦宪法法院法第76条。转引自皮纯协:《行政程序法比较研究》,中国人民公安大学出版社2000年版,第77页。

② 参见袁曙宏、李洪雷:《新世纪我国行政立法的发展趋势》,《行政法学研究》2002年第3期。

部、各委员会发布的不适当的命令、指示和规章；改变或者撤销地方各级国家行政机关的不适当的决定和命令。

　　如果行政立法可以免受司法审查，行政法治就是一句空话。我国《宪法》第 126 条明文规定，人民法院依据法律独立行使审判权，不受行政机关、社会团体和个人的干涉。而行政立法并非法律，根据法律优先原则，人民法院在审判活动中，有权根据法的效力等级原则，来认定行政法规、规章是否与宪法和法律相一致，从而适用相一致、有效的行政法规和规章，不适用认为不一致的行政法规和规章。然而，《行政诉讼法》将规章锁定在"准法"的属性，法院审理行政案件时只能"参照"规章。依据权威的解释，"对符合法律、行政法规规定的规章，法院要参照审理，对不符合或不完全符合法律、行政法规原则精神的规章，法院可以有灵活处理的余地"。① 因此，法院对行政立法的监督，仅仅表现为对行政法规和规章是否合法、有效的认定和选择适用，而并不是直接撤销、变更和废止。显然，这种审查只限于鉴别、判断，与有效监督相差甚远。"由于我国的审判机关并没有对法律、法规以及规章的司法审查权，因而人民法院不能完全独立自主地选择适用法律规范，必须严格按照法定的权限和程序处理法律规范的可适用性问题。"② 而这种认定和适用是以法院对宪法和法律的理解和解释为前提的。尽管目前法院对行政立法的司法审查并没有直接的宪法依据，但由于法院这种解释、认定和适用是根据宪法上的审判权和法的一般原则进行的，这种监督的效力源于宪法的一般原则，因而是合宪的。故司法审查作为行之有效的、经常性的监督，理应得到加强与完善。

---

　　①　王汉斌《关于〈中华人民共和国行政诉讼法（草案）〉的说明》。
　　②　江必新：《〈立法法〉是人民法院适用法律规范的基本准绳》，《行政法学研究》2000 年第 3 期。

由上所述，我国在宪法中虽有法律优先的渊源，《立法法》也对法律优先作了较具体的规定，但仍然存在法律监督机制的缺失。从总体上讲，宪法、法律对有关立法监督的规定显得粗放，宣言性、原则性的规定多，具体性、程序性的规定少，实践中缺乏可操作性。具体讲，权力机关的立法监督缺乏专门机构落实，其监督的程序和方式也不很明确，导致权力机关的立法监督职能弱化。整个行政立法监督制度缺乏有效的启动程序，主动监督与被动监督未能有机结合起来。① 虽然全国人大常委会有权撤销与法律相抵触的行政法规，但时至今日人们却无一例可考，与其说备而不用，倒不如说纯属摆设。尽管法律冲突比比皆是，而控告者寥寥，《立法法》设立的解决法律冲突的机制至今没有真正启动起来。②

根据《行政诉讼法》及相关司法解释，司法机关原则上也无权审查行政法规、规章之违法。对行政规章，法院虽然不必像对行政法规那样无力，但它并不能明确表示该行政规章是违法的或违宪的：它可以将合法有效的规章作为判案的依据，在判决书中加以援引，而对于它认为不是合法有效的规章，则不加以援引，法院能做的也就仅限于此。由于司法审查的权能不足，司法审查大量依据的是行政法规，而行政法规、规章的解释权在行政机关。在司法严重依附行政的现实下，法院受各种现实因素的掣肘，并不具备独立适用法律的地位，难以有所作为，导致所谓的法治自然只能是徒托空言。可见，我国的法律优先原则在很大程度上仅停留于形式法治，也没有相应的制度予以保障实施。因

---

① 参见朱林：《谈我国行政立法权的监督》，《山东省青年管理干部学院学报》2001年第4期。

② 参见高娣：《立法违法告它去——写在〈立法法〉实施两周年之际》，《法制日报》2003年1月2日。

此，借鉴国外的有益经验，建立法律优先的监督机制已迫在眉睫。

第一，尽快出台《监督法》，加强和完善国家权力机关对行政立法的监督。国家权力机关对行政立法的监督是具有最高法律效力的监督。我国《宪法》第67、104条和《立法法》第五章规定了国家权力机关对行政立法的监督制度，但由于监督程序和方式的不明确、不具体，致使这种监督制度难以发挥实际作用，导致国家权力机关对行政立法的监督职能弱化。我们注意到，全国人大常委会已于2004年5月正式设立法规审查备案室，负责法规备案，并审查行政法规、规章是否与宪法、法律相抵触，但最终违法审查权由全国人大常委会行使。① 显然，该机构的成立是我国启动违宪违法审查机制的一个重要信号，表达出我国最高权力机关对违宪违法的审查已进入操作层面。但是该机构隶属于人大常委会的法制工作委员会，并没有实际撤销违宪违法的法律、法规的权力，相对地位较低且缺乏权威性，难以独自承担违宪与违法审查的重任。

为了保障法律优先原则得以具体落实，笔者认为，首先，应尽快出台《监督法》，建立独立违宪审查机构，以切实有效行使对行政立法的监督权；其次，对行政立法的审查要求和建议，要明确规定启动受理程序，包括步骤、方式、顺序、期限等规定，这对于加强监督是十分必要的；再次，应根据行政法规或者规章的重要性或者对行政相对人可能带来不利影响的程度分别规定提交人大常委会批准或者备案。提交批准的法案，人大可以批准、否决或者要求制定机关修改后再提出；提交备案的法规或者规章，如果严重违反上位法，改用批准程序予以否决，违法程序不

---

① 全国人大成立违宪审查的专门机构，http://www.phoenixtv.com/home/news/Inland/200406/19/277510.html.

严重的，要求制定机关修改。①

第二，修改《行政诉讼法》，重新建构以行政法院为主的司法审查机制。有无超脱行政意志以外的外部力量对行政立法的监督，是行政法治生死存亡的关键。② 鉴于人大常委会对行政立法的监督绩效不彰，而司法审查作为权利保障的最后一道屏障，不仅是社会稳定的调节器和法制统一的维护者，而且是法律优先得以确立和维系的组织和制度保证。建立切实有效的司法审查制度，首先应扩大法院司法审查的范围，目前可以考虑先将规章纳入司法审查的范围，以后再进一步扩大。受规章影响的利害关系人包括个人、团体或者单位都可以请求对规章进行司法审查。法院对违反上位法或者严重违反法定立法程序的规章予以撤销。③因此，建议《行政诉讼法》规定公民、法人和其他组织可以对"行政规章或者行政机关制定、发布的具有普遍约束力的决定、命令"提起诉讼，行政规章经法院审查认定不合法的，行政机关应停止实施，或者予以修改使其符合法律的要求后再实施。其次，应当考虑在现有的行政系统之外，建立和完善一种能够代表中央意志执行法律的纠纷解决机制和权力制约机制。对此，笔者以为借鉴德国与法国的行政法院制度是可行的。设立单独的隶属于最高人民法院的行政法院体制，是一个不用大动法院体制而又解决实际问题的最佳方案。与其他可能的改革方案相比，行政法院方案是风险最小、成本较低的一种。为此，应制定《行政法院

---

① 参见陈伯礼：《论权力机关对授权立法的监督控制》，《法商研究》2000年第1期；杨明成：《关于改革我国行政立法程序制度的思考》，《法制日报》2000年12月3日。

② 参见冯军：《行政处罚法新论》，中国检察出版社2003年版，第28页。

③ 参见杨明成：《关于改革我国行政立法程序制度的思考》，《法制日报》2000年12月3日。

组织法》，确定行政法院的任务就是按照法律程序正确地适用法律，审理和判决行政案件以及行政机关内部行政行为、制定规章和其他规范性文件引发的争议案件。① 而法官独立，只服从于法律，是坚持法律优先原则的根本保障。因此还应当改革法官的等级制和目前的审判委员会制度与请示审批制度，加强法院的内部独立，保障法官独立自主地行使审判权。

四、法律保留原则

与法律优先一样，法律保留学说主要见之于德国、日本和我国台湾地区的行政法理论。其基本涵义是：特定范围之内的行政事项专属于立法者规范，行政非有法律授权不得为之。② 我国学者近年来开始使用这一概念，并集中围绕法律和行政立法的关系来阐述它的涵义。③ 在这里，借鉴我国多数学者的意见，亦将法律保留的基本涵义限定在法律与行政立法的关系上。具体说来，可将法律保留的基本含义表述为：凡属宪法、法律规定只能由法律规定的事项，则只能由法律规定，或者必须在法律有明确授权

---

① 参见马怀德、解志勇：《行政诉讼案件执行难的现状及对策——兼论建立行政法院的必要性与可行性》，《法商研究》1999年第6期；陈有西：《我国行政法院设置与有关问题探讨》，《中国法学》1995年第1期；刘飞：《建立独立的行政法院可为实现司法独立之首要步骤——从德国行政法院之独立性谈起》，《行政法学研究》2002年第3期。

② 参见陈新民：《行政法学总论》，台湾三民书局1997年版，第52页；苏嘉宏、洪荣彬：《行政法概要》，台湾永然文化出版有限公司1999年版，第37页；[德]哈特穆特·毛雷尔：《行政法学总论》，高家伟译，法律出版社2000年版，第104页。

③ 参见应松年：《中国走向行政法治探索》，中国方正出版社1998年版，第105页；孙笑侠：《法律对行政的控制——现代行政法的法理解释》，山东人民出版社1999年版，第195页；刘莘：《依法行政与行政立法》，《中国法学》2000年第2期；方世荣：《论行政相对人》，中国政法大学出版社2000年版，第200页。

的情况下,才能由行政机关作出规定。

法律保留原则严格区分国家立法权与行政立法权,是法治在行政立法领域内的当然要求,其根本目的在于保证国家立法的至上性,划定了立法机关与行政机关在创制规范方面的权限秩序。法律保留范围的事项,行政机关非经授权不得自行创制规则,保障了法律规范位阶的有序性,防止了行政立法权自我膨胀,有利于民众权益的保护。因此,法律保留的意义就在于"明确权力秩序,确立授权禁区"。①

第一,明确权力秩序。法律保留厘清了立法机关与行政机关在创制规范方面的基础权限秩序。在现代民主法治国家,立法权并不只是由权力机关行使,行政机关也具有一定的立法权,因此,如何划分权力机关与行政机关之间的立法权限是立法实践中不可回避的客观现实,确立法律保留原则正是明确立法权力秩序的有效手段。法律保留明确地将属于权力机关的立法事项规定下来,明确规定除法律规定属于权力机关立法的事项外,其余事项才能由特定的行政机关予以规定,这样既能有效防止地方和行政机关越权立法的混乱状态,又确立了立法权限的合理秩序,有助于我国民主法治建设的发展。

第二,确立授权禁区。随着社会生活专业化、技术化程度的不断提高以及时效性要求的增强,立法机关难以亲自完成所有法律保留范围内事项的立法任务;同时,授权立法虽要求保留范围内的事项应以法律形式规定,但也不禁止立法者在不违反授权明确性要求的前提下,授权行政机关以法规、命令方式规定。对于应当由法律规定的事项,何者可以授权行政机关以命令形式规范,何者必须由立法机关亲历亲为以法律形式加以规范,法律保留原则对于明确立法授权,划分权力机关与行政机关之权力界限

---

① 范忠信、范沁芳:《论对授权立法中授权行为的监控》,《法律科学》2000年第1期。

的作用是明显的。同时,法律保留原则亦是对国家立法权的一种限制,即对于法律保留范围内的事项非经明确的法律授权,立法机关不得径自委任给行政机关行使。

在行政法学上,对于法律保留的最大争执点,不在于是否应该有法律保留的问题,而是法律保留的范围。随着行政领域的扩张和社会主体对行政依赖性程度的提高,有关法律保留原则的适用范围也不断地发生变化,并产生相应的学说。

一是侵害保留说。侵害保留说是法律保留的古典核心理论,① 系指对人民之自由、财产权的剥夺以及义务之负担,都应当由法律明确加以规定。② 凡侵害人民自由与财产权之行政活动必须以法律的明确授权为依据。而在其他的一些领域如给付行政和特别权力关系等,行政权仍保留其独立性,则不适用法律保留原则。该说形成于19世纪末的德国,流行于近代各大陆法系国家,是近代"警察行政法"的体现。但"二战"后,随着议会民主的发展和给付行政的扩大,该说已不适应时代的要求。

二是全部保留说。该说认为,依据民主原则,一切权力源自人民,人民的代表机关为国家最高机关,故一切行政行为都应受此民主立法者意思的支配、引导与规范,即以人民代表机关制定的法律为依据。③ 易言之,法律保留原则应适用于行政法的所有领域,不管是负担行政还是给付行政,也无论是外部行政还是内部行政,都应当受法律约束。全面保留说把握时代脉动,充分考虑国家与宪法结构变迁的因素,并正视国家任务于社会国时代业已大幅度扩张的事实,是对传统的侵害保留说作出的重大修正。

---

① 参见李震山:《行政法新论》,台湾三民书局1999年版,第49页。
② 参见[德]奥托·迈耶:《德国行政法》,刘飞译,商务印书馆2002年版,第72页;翁岳生:《行政法》,中国法制出版社2002年版,第180页。
③ 参见翁岳生:《行政法》,中国法制出版社2002年版,第180页。

惟过于强调宪法原理中的国民主权、议会民主精神，忽略了现代社会中权力分立与相互制约原理，过分强调议会的优越性，忽略了行政活动本身所具有的无所不在、随时在场与持续不间断的特点，在一定程度上抹煞了行政机关的创造性，使之变为了议会的工具。①

三是重要保留说。该说由德国行政法学者 Fritz Ossenbühl 教授提出，后获得联邦宪法法院的肯认。该说认为，公民重要的权利义务应当由法律加以规定，涉及相对人重要的、基本的权利义务的行政作用应当有明确具体的法律依据。法律保留原则的范围从侵害保留发展到基本权利保留，这个标准的根据，不是规范对象的性质，例如个人的自由和财产，而是比较抽象、宽泛和富有弹性的，例如所谓重大的、重要的、决定性的、紧急的等概念。不重要的事务不能列入法律保留的范围。凡涉及人民基本权利的"重要事项"，不论是干预行政或给付行政，则必须保留给立法者自己制定，不能让行政权力恣意妄为，这就是所谓"重要性理论"。但所谓"重要事项"，其评判标准在于一个规范对一般大众或个人是否具有"深远广泛的影响"，即对一般大众或者对个人愈重要的事务，若涉及基本权之实现或公共事务之形成，则对立法者所作的要求愈高。而公共事务重要性的衡量标准，常与规范人范围的大小、影响作用之久暂、财政影响的大小、公共争议性之强弱以及现状改革幅度之大小密切相关。②但紧急事故与规范不能之事务，不适用法律保留。以上重要性理论，实际上扩大了侵害保留说的对象，也提供了新的判断标准。重要性理论的提出，大大发展了法律保留的范围，尤其是对特别权力关系中的公

---

① 参见张正钊、韩大元主编：《比较行政法》，中国人民大学出版社1998年版，第56页。

② 参见许宗力：《法与国家权力》，台湾月旦出版公司1993年版，第189页以下。

务员、学生、军人等的权利有所保障。

四是国会保留说。国会保留是指某些事项之规范，须透过立法机关以形式意义的法律规定，要求国会就特定事项无论如何必须亲自以法律决定，不得委由行政机关决定。国会保留的功能并非像传统法律保留系在护卫国会权限，使免遭受来自行政权的侵夺，而是在督促立法者确实去行使宪法所赋予的职权，而不要任意以授权方式逃避自己的立法责任。国会保留范围内之事务，议会若放弃自己的职责而擅自授权行政机关立法，则难免陷于违宪境地。那么，违宪的将不但是该授权法而已，且根据该授权法制定的行政规则及进一步实施的行政行为，其合法基础亦均将随之动摇。① 可见，国会保留属法律保留之核心。如果说重要事务应当法律保留，则"更重要"的事务，即应适用更严格的国会保留。惟所谓"重要"与"更重要"之区分，其困难远甚于单纯重要与否的判断。②

从上面的分析可以看出，无论哪种法律保留范围的学说，都未将传统的侵害行政或干预行政排除在外，故在干涉行政领域，应强调法律保留，遵循"法无授权即禁止"原则。事实上，上述学说之争执的焦点在于，给付行政与特别权力关系这两个具体领域是否适用法律保留的问题，对此有必要作进一步分析。

第一，关于给付行政之法律保留。现代宪法规定了公民的社会、经济、文化等权利，国家对人民负有生存照顾义务。对公民而言，自由在现代国家不再仅是免于国家之干预，而且涵括分享国家之给付。基于法律规定接受国家提供的扶助、服务应是一种法定权利。有无获得给付往往与是否遭受干预具有同等重要意

---

① 参见许宗力：《法与国家权力》，台湾月旦出版公司1993年版，第198页。

② 参见吴万得：《德国法律保留的适用范围及其学说》，《东吴法学》2001年号。

义，某些时候影响甚至更大。在给付行政领域，行政机关拒绝对人民的给付给公民造成的侵害可能并不亚于对财产和自由的侵害，且关系到某些公民的生存权。例如，行政机关拒不提供补贴可能导致企业破产，拒不提供助学金可能使学生辍学，实际上等同于剥夺人民的权益，与侵害行政无异。① 另外，由于给付行政涉及敏感的利益分配问题，其争议性亦往往远非干预行政所能比拟。既然干预行政业已纳入法律保留的范围，就没有理由将给付行政排除在外。对于国家而言，给付行政并不是国家的恩惠和赠与，而是国家基于法律的规定，必须提供的为保障和提高公民生活福利而负有的义务。因此，国家在行政给付时也必须依法作出，为确保公民给付请求权的实现，国家应通过法律将其规范化。

给付行政的法律保留原则之适用，并不意味着所有给付行政事项均须有法律依据，盖全部保留说并不现实，而重要性理论强调给付行政凡涉及人民基本权利的实现与行使，以及涉及公共利益，尤其是影响共同生活的"重要基本决定"时，应当保留给法律加以规定，因此契合法律保留的要求。但是，法律深入到每一个具体案件和每一个细节是不可能和不必要的，行政机关需要灵活处理的余地和空间。如果出现自然灾害、经济危机等非常情况，公民需要的是及时救助，而不是法律明确具体的授权。基于行政的主动性与及时性，自然不必法律的授权，否则，反而对公民及时获得救助不利。② 况且给付行政已按照代议机关的预算和可提供的资金进行，因此，不应加以严格限制，防止因过度控制

---

① 参见［德］哈特穆特·毛雷尔：《行政法学总论》，高家伟译，法律出版社 2000 年版，第 113 页。
② 参见［德］哈特穆特·毛雷尔：《行政法学总论》，高家伟译，法律出版社 2000 年版，第 113 页。

而捆住行政机关的手脚，不利于行政机关积极为人民谋福利。①

第二，关于特别权力关系之法律保留。传统特别权力关系理论认为，公务员、学生、军人及受刑人等与国家或其他行政主体之间，仅属内部关系，较诸人民与国家外部关系不同，这些人被视为"行政机器中的小齿轮"，国家享有绝对的掌控权，特别权力主体不需有个别具体之法律根据，就具有限制相对人的基本人权或者增加相对人义务的"特别权力"。私人只能忍受特别权力人所施加的不利行为而缺乏法律救济途径，变成了受任意宰割的客体。因此有人戏称此种关系如同立于"专制的小岛上"，行政主体与其相对人之间的关系不属于权利义务均衡的法律关系，而是"特别的权力关系"，因而无法律保留的适用余地。特别权力关系的特征在于"无基本权利"、"无法律保留"、"无司法救济"，三者环环相扣，互有关联，实际上形成了一个没有救济的空间，构成法治国家的漏洞。

特别权力关系理论排除法律保留原则的适用，其主要理论根据有二：一是"自愿抛弃基本权利的行使"，而自愿不构成不法侵害；二是习惯法的授权。② 就前者而论，由于公法基本上为强行法规，非人民或行政机关一方所能任意自由处置，并无私法上契约自由原则适用的余地；况且，国家拥有事实上或法律上的独占权力，而相对人处于弱势地位，实际上除被迫同意外别无选择。故自愿抛弃基本权利行使的说法，缺乏说服力。何况习惯法之存在本身就难以界定与确认，习惯法之授权自然没有存在的法律基础。因此，在现今民主法治国家，不应再有"特别"与"一般"之国家与人民关系的区分，任何人都是基本权利的主体，对

---

① 参见刘俊祥：《日本行政法的基本原理——法治主义论》，《现代法学》1999年第1期。

② 参见许宗力：《法与国家权力》，台湾月旦出版公司1993年版，第167页以下。

其基本权利的限制,纵因其所处地位不同可能宽严有别,但只要欠缺法律根据即不得为之。

在我国,特别权力关系常被表述为内部行政行为。内部行政由于是行政主体对自身的管理,不直接影响行政相对人的权益,因而长期以来内部行政都由行政主体自行调整,无需通过法律加以规定。但内部行政与外部行政相辅相成,不可分离,它们有机结合构成了国家行政的完整内涵;而且随着行政职能的不断扩张,相当一些内部行政行为对行政相对人的权益有着直接的影响,内部行政也不再是"纯内部"了。① 法制的统一和人性尊严保障原则要求,行政机关的内部管理活动也应当接受法律的约束,公民的基本权利在内部行政中应当受到与外部行政一样的保护。划分"内部"行政与"外部"行政的科学标准应当是行政决定是否影响公民权利,而不是行政机关与相对人的组织隶属关系。公务员与学生在任何情形下均属权利主体——具有人性尊严的独立人格主体,宪法上的基本权利应受保障。故凡攸关相对人基本权利者,不应排除法律保留之适用。

传统的特别权力关系理论,虽有助于行政秩序之维持及行政目的之达成,但忽视公民的基本权利,有违法治国家原则。法律保留原则的发展历史表明,现代民主法治国的宪法理念已没有特别权力关系继续生存的合适土壤。难以想象有何种理由可以容忍法治国家竟然存在法治漏洞,也难以容忍同样作为共和国的公民却有部分人被当做"次等国民"而予以不平等对待。这些无法在宪法面前自圆其说的不公平与不合理现象值得我们反思与克服。② 在特别权力关系的合法性与正当性已因人权意识与法治观

---

① 参见胡建淼:《行政强制法研究》,法律出版社 2003 年版,第 117 页。

② 参见许宗力:《法与国家权力》,台湾月旦出版公司 1993 年版,第 171 页。

念日趋高涨而迭遭严厉质疑的今日，始作俑者德国早已抛弃与修正其理论，我国亦已到了应彻底反省与检讨这一错误移植进来的"舶来品"的时候了。

当然，我们也应当注意到，特别权力关系不但积习久远，且范围广大，如立即全面贯彻法律保留之要求，并否定所有未经授权之规定，行政功能将因之而瘫痪。① 对于枝微末节之事项均须有法律授权，事实上也不可能。就干预强度而言，那些干预程度根本微不足道的所谓轻微干预自始就不被承认具有干预性质。诸如禁止在图书馆或博物馆内喧哗、抽烟，禁止在校内攀折花木，教师要求学生遵守课堂纪律，按时交作业等。因这类轻微干预乃日常生活可预期，并为一般社会通念符合的例行事件，很难想象可以或值得成为法治国深刻、严肃讨论的对象。所以直接把它划入根本不具基本权重要意义的部分，不适用法律保留原则，应是法律保留的应有之义。② 故行政机关在目的合理之限度内，承认虽无法律授权行政主体得订定特别规则，应属正常。

以上是关于法律保留原则的适用范围问题，那么我国的情况又是怎样的呢？在我国，现行宪法和法律对必须由法律规定的事项已作出了某些规定，特别是2000年7月1日开始实施的《立法法》对应该由全国人大及其常委会行使的立法权作了较为全面、系统的列举，这些都表明法律保留原则在我国已经有了广泛的实践。此外，法律保留原则在《行政诉讼法》、《国家赔偿法》、《行政处罚法》等单行法律中也有相应的规定。③

---

① 参见陈敏：《行政法总论》，台湾1999年版，第203页。
② 参见蔡震荣：《特别权力关系与基本人权限制》，载《现代国家与宪法》，台湾月旦出版公司1997年版，第513页。
③ 如《行政诉讼法》第12条第（4）项关于法院不受理的行政案件的规定；《国家赔偿法》第17条第（6）项关于国家不承担赔偿责任的范围的规定；《行政处罚法》第9条第2款关于限制人身自由的行政处罚设定权的规定。

根据现行宪法的规定，我国的法律保留集中表现在45个宪法条文中，其规定的方式有"……由法律规定""……以法律规定""依照法律规定……"和"依照法律……"等几种基本形式。① 其内容主要涉及国家基本制度、国家机构组织和职权、有关选举权和被选举权、人身自由、纳税、服兵役等公民基本权利和义务以及战争与和平、对外缔结条约等其他重要问题的法律保留。《立法法》以宪法为基础，作了进一步和更为具体的规定。该法第8条规定："下列事项只能制定法律：（一）国家主权的事项；（二）各级人民代表大会、人民政府、人民法院和人民检察院的产生、组织和职权；（三）民族区域自治制度、特别行政区制度、基层群众自治制度；（四）犯罪和刑罚；（五）对公民政治权利的剥夺、限制人身自由的强制措施和处罚；（六）对非国有财产的征收；（七）民事基本制度；（八）基本经济制度以及财政、税收、海关、金融和外贸的基本制度；（九）诉讼和仲裁制度；（十）必须由全国人民代表大会及其常务委员会制定法律的其他事项。"上述规定表明，我国法律保留的范围不限于自由和财产方面的内容，还包括基层群众自治制度、金融和外贸等方面的基本制度，以及全国人大及其常务委员会认为必须制定为法律

---

① 其中表述为"由法律规定"或"以法律规定"的共12处，即宪法第9条第1款、第10条第2款、第31条、第59条第3款、第78条、第86条第3款、第95条第2、3款、第97条第2款、第111条第1款、第124条第3款；表述为"依照法律规定"或"依照法律"的共26处，即宪法第2条第3款、第10条第3、4款、第13条第2款、第16条第2款、第17条第2款、第19条第4款、第34条、第40条、第41条第3款、第44条、第55条第2款、第56条、第72条、第73条第3款、第77条、第89条第17项、第91条第2款、第99条第1、3款、第102条第2款、第104条、第107条第1款、第109条、第126条、第131条；其他表述共7处，即宪法第8条第1款、第11条、第18条第1款、第62条第3项、第115条、第125条。

的内容。但是，我国法律保留的范围也不是全部保留，并非所有的内容都要制定为法律。如给付行政、行政指导就未必要受法律保留原则的支配。但是，凡行政主体对限制或剥夺公民自由和财产及重要权利的行政作用，都应受法律的约束，都应有具体明确的法律依据，否则，就属于违法行政。由此看来，我国法律保留的范围所采用的是重要保留说。同时，根据《立法法》第9条的规定，"有关犯罪和刑罚、对公民政治权利的剥夺和限制人身自由的强制措施和处罚、司法制度等事项"属于法律绝对保留的事项，全国人大及其常务委员会不得进行授权。

由上所述，法律保留原则在我国已得到运用和体现。但是，这种运用还很不彻底，仍存在着诸多缺失和不足，需要予以重新检讨与进一步修正。

首先，公民的基本权利难以得到切实保障。我国宪法虽然十分重视对公民基本权利的规定，但却并未明示它属于法律保留的范围。而《立法法》对基本权利的保留仅限于侵害保留，且范围极窄，没有对基本权利保留的一般规定。该法规定，对公民政治权利的剥夺、限制人身自由的强制措施和处罚，属于法律"绝对保留"；而对非国有财产的征收则属于法律的"相对保留"。然而，即使在属于法律保留范围内的这三项公民基本权利中，也仅对人身权利作了较为充分的规定，而对政治权利的保障甚至没有列入"相对保留"的事项。如果公民的言论、出版、集会、结社、游行、示威的自由可以被行政机关的授权立法限制，宪政秩序则无从谈起。如果公民的平等权、宗教信仰自由、社会经济权、文化教育权、获得物质帮助权等重要的基本权利亦被排除在法律保留事项以外，也就意味着行政机关可以通过行政立法"合法"地对上述公民基本权利予以限制甚至剥夺。[①]

---

① 参见王珂瑾：《我国〈立法法〉的缺陷分析》，《政法论丛》2002年第3期。

其次，无法防范行政立法越权。法律保留乃是宪法赋予立法权的专属空间，行政权不得侵犯之。行政立法若无法律之授权而侵及法律保留的领域，将会受到违宪的指责。这是权力分立原则下，立法权足以对抗行政权侵犯的界限。但《立法法》第9条仅将犯罪和刑罚、对公民政治权利的剥夺和限制人身自由的强制措施和处罚、司法制度等事项列为"绝对保留"事项。这里，"等"包括什么？"等内等"抑或"等外等"？又如何与宪法第89条授予国务院的权限范围相协调，值得深入省思与检讨。且《立法法》仅把对政治权利的"剥夺"列为法律绝对保留事项，从而为行政机关对涉及公民政治权利的立法以及限制打开了一个"合法"的广阔空间。① 由行政机关对公民政治权利进行立法和限制，有违宪政国家的基本规律，也对公民政治权利带来极为不利的影响。鉴于行政权的先天扩张性，在没有严格控制的情形下，模糊的权力边界实际上就等于没有边界。② 由于法律保留的范围界定模糊，将使行政机关获得本不属于其行使的权力，或使其合法性存有争议的权力合法化，这必然导致在立法实践中，受地方及部门利益的驱使，加之违宪审查制度的缺席以及立法者素质的局限，往往不同层次的法律规范将不属于自身的立法事项纳入其规范的内容之中，从而造成法律规范体系的混乱，损害法制的统一与尊严。

再次，无法防止立法懈怠。"法律保留"的功能有两个方面：一是防止行政机关侵犯代议机关的立法权，二是防止代议机关的立法懈怠。"法律保留"范围内的事项对于立法机关而言是一项立法义务，义务是不可以随便转嫁的。但就《立法法》的表述而

---

① 参见杨利敏：《我国〈立法法〉关于权限规定的缺陷分析》，《法学》2000年第6期。

② 参见唐璨：《从立法法看我国行政立法之完善》，《天津市政法管理干部学院学报》2002年第2期。

言,已经将其表述为一项权力,只要是"第 8 条规定的事项尚未制定法律",全国人大及其常委会都可以将"相对法律保留"范围内的事项授权国务院立法。可见,我国并未采认国会保留说。如果说全国人大及其常委会的立法懈怠还可以由国务院"查漏补缺"的话,那么,国务院的立法懈怠几乎就"无药可救"了。①既然社会的实际需要呼唤着"立法",全国人大及其常委会就应该积极立法。而授权国务院立法时,也应当设置相应的制度防止其立法懈怠。例如,1997 年 12 月 29 日颁行的《中华人民共和国价格法》第 47 条规定:"国家行政机关的收费,应当依法进行,严格控制收费项目,限定收费范围、标准。收费的具体管理办法由国务院另行制定。"但是,至今仍未见任何办法出台。乱收费屡禁不止,显然与此息息相关。因此,借鉴西方国家的"立法催生条款"或"日出条款",限期完成立法事项,就显得至关重要。

总之,法律保留原则作为行政法的一个基本原则和核心要素,理应对整个行政法起着精神贯彻和实践指导作用。然而,长期以来,我们忽略法律保留原则研究,没有意识到法律保留原则本身同样也需要其他法律制度与程序加以保障,从而导致法律保留原则在我国行政法治实践中的作用非常有限。例如,明显与法律保留原则相抵触的劳动教养制度仍然继续存在,在行政组织、行政强制、行政征收与行政程序等领域仍缺乏法律保留的约束。再如,"孙志刚案"引发的对国务院 1982 年 5 月 12 日颁布的《城市流浪乞讨人员收容遣送办法》的质疑,实质上涉及的也就是人身自由的法律保留问题。尽管在各界呼吁与压力之下,终于导致 2003 年 6 月 18 日国务院自行废止该《办法》,但它并不是由全国人大常委会予以撤销而告终结。值得关注的是,《社会团

---

① 参见刘连泰:《评我国〈立法法〉第 8 条、第 9 条关于"法律保留"制度》,《河南省政法管理干部学院学报》2003 年第 3 期。

体登记管理条例》、《出版管理条例》等一系列没有法律依据或授权而限制公民宪法所保障的结社自由、出版自由等基本权利的行政法规,似乎也应当予以重新检讨与修正,以符合法律保留原则保障公民基本权利的目的。① 所有这些都表明,为了捍卫公民的基本权利,有效规制行政权,应当尽快建立切实有效的违宪审查与法律监督制度,赋予公民宪法诉愿的权利,使我国的法律保留由宏大的制度安排转化为具体实质的法治,② 以建构起法律保留的有效保障机制。

第二节 行政法基本原则之二：行政均衡原则

一、行政裁量与行政均衡

行政裁量（administrative discretion），即法律赋予行政主体可以选择的权力。但这种选择不是任意的,而应当受到一定原则的限制,其中之一的重要原则便是行政均衡原则。行政均衡原则作为一项行政法基本原则,亦主要是针对行政裁量而设置的。

"行政裁量"一词源自德、日行政法学,其基本涵义是指行政机关处理同一事实要件时可以根据具体情况选择不同的处理方式。它具体表现为两种情况：一是行政机关决定是否采取某个法定措施,此谓之决定裁量；二是在各种不同的法定措施中,行政机关根据案件的具体情况选择哪一个,此谓之选择裁量。③ 目前

---

① 参见葛云松：《论社会团体的成立》，《北大法律评论》（第 2 卷第 2 辑），法律出版社 2000 年版。

② 参见高辰年：《法律保留原则研究》，中国政法大学硕士论文，2002 年印，第 41 页。

③ 参见［德］哈特穆特·毛雷尔：《行政法学总论》，高家伟译，法律出版社 2000 年版，第 125 页。

在我国行政法学中，学者们通常将行政机关的上述裁量权称为"自由裁量权"，将行政裁量称为"行政自由裁量"。笔者认为，这种"自由裁量权"和"行政自由裁量"的提法值得商榷。这是因为，虽然行政裁量意味着行政主体具有选择的权力，但行政主体并不因为裁量而获得"自由"。从最严格的意义上说，自由是指公民在不侵犯他人权利的情况下为或者不为一定行为的活动空间。自由是自然人之所以能够成为或者被认为是"公民"的基本条件，是公民与生享有、不可剥夺的；行政机关只能剥夺公民的权利，而不得剥夺公民的自由。因此，自由与权利并非同一个概念，自由是目的，权利是公民实现其自由的手段，自由高于权利。一切国家机关的权力来自于公民，因此一切权力对国家机关来说都是义务。与公民权利一样，国家权力也是公民实现其自由的手段。[①] 按照这种观念，自由只能为公民享有，而不可能也不应当为国家机关所享有，裁量并非行政的自由或任意，没有所谓"自由裁量"，只有"合义务裁量"或者"受法约制之裁量"。[②] 正因如此，在德、日行政法学上，一般只使用行政裁量一词，而并不提"自由裁量权"或"行政自由裁量"。就我国的情况来看，宪法所确立的人民代表大会制度是我国行政法的现实基础，而人民主权则奠定了我国行政法的理论基础。一切国家权力都来自于人民，一切行政权力都是行政机关对国家和公民所承担的必须履行的行政职责；即便是行政机关可以根据实际情况享有一定的选择余地，也必须受宪法原则和法律规定的约束。我国宪法第 5 条所确定的法制统一和尊严的原则要求，行政机关选择的余地越大，应当受到的监督程度就应当越高。在法治国家里，行政机关

[①] 参见高家伟：《论德国行政法的基本观念》，《比较法研究》1997年第 3 期。

[②] 城仲模主编：《行政法之一般法律原则》（二），台湾三民书局1997 年版，第 169 页。

不只享有权力,更不享有自由,有的只是职责和义务。就此而言,我国行政法学上的"自由裁量"和"自由裁量权"的提法是不适当的。①

我国学者对行政裁量(权)的误解,追根溯源,也许源于对英语中"Discretion"翻译的一种误读。英语中"Discretion"的本意是判断(力)或辨别(力),慎重,谨慎,考虑周到,决定权的意思,② 其中似乎并未含有"自由"的语义。因此,作为行政法上的特定概念,译为"行政裁量(权)"最合适。再从与"自由裁量"相对应的"羁束(拘束)裁量"这一译词来看,后一概念是否存在,目前也仍有争议。因为"羁束裁量"既然是指"必须严格按照法律明确、具体的规定而实施的行政行为",就排除了酌情裁量的主观意志。故"羁束裁量"行为应当直接称为"羁束"行为,"自由裁量"行为则应改为"裁量"行为。考虑上述原因,这里拟借鉴德、日的做法,将"行政自由裁量"的提法改为"行政裁量"。

行政裁量是现代行政的典型特征,"它通过行政活动的所有过程,涉及一切行政领域"。③ 笔者在前面的章节中已经指出,在20世纪初以前的自由资本主义时期,资产阶级为巩固反对封建专制的成果,奉行的都是严格的形式主义法治原则,即要求行政必须受到严格的法律限制,"无法律即无行政"。英国著名的宪法学家戴雪(Dicey)提出"法的统治"(Rule of Law)的原则,强调为了抑制恣意性的权力,保障公民权利不受侵犯,行政部门

---

① 参见高家伟:《论德国行政法的基本观念》,《比较法研究》1997年第3期。

② [日]小川芳男编:《实用英语词源词典》,孟传良译,高等教育出版社1999年版,第166页;吴光华主编:《英华大词典》,上海科技文献出版社1997年版,第382页。

③ [日]室井力主编:《日本现代行政法》,吴微译,中国政法大学出版社1995年版,第26页。

必须遵守议会制定的正规法律。在他的概念中，任何实质性的自由裁量行为，都是与专制联系在一起的，都构成对个人自由的威胁。① 当时由于资本主义处于自由竞争时期，政府所扮演的仅仅是"守夜人"角色，当时的公共行政仍处于消极阶段，因此这种观点能够得到大多数人的赞同。

但在20世纪初，西方国家进入垄断资本主义时期以后，政治经济形势发生了巨大的变化。尤其是"二战"以来，国家主动干预社会经济生活，政府管理社会经济事务的职能不断扩大。正因如此，行政行为的技术性、专业性大大增强，行政活动的多样性、复杂性更加明显。在这种形势下，法律已经不可能对全部行政活动的各个方面都作出详尽的规定以作为行政机关行动的准则，不得不容许行政机关具有适度的裁量权，以使之适应复杂多变的社会生活。洛克曾说，"有许多事情非法律所能规定，这些事情必须交由握有执行权的人自由裁量，由他根据公众福利和利益的要求来处理"。② 不过在这里，洛克与前述戴雪的观点一样，将"自由裁量权"与法看做不相容的东西。在当代，这种传统的广泛裁量权的存在与法律不相容的观念已被否定，取而代之的是"法治所要求的并不是消除广泛的自由裁量权，而是法律应当能够控制它的行使。现代统治要求尽可能多且尽可能广泛的自由裁量权"。③ 法治与人治相对立，它排除权力行使者的专横、武断和凭个人意志行事的方式，但是法治并不排除执法人员的主动精神，法治应允许执法人员发挥创造性、主动性和积极性，根据选

---

① 参见何勤华：《西方法学史》，中国政法大学出版社1996年版，第345页。

② [英]洛克：《政府论》（下篇），叶启芳等译，商务印书馆1964年版，第99页。

③ [英]威廉·韦德：《行政法》，徐炳等译，中国大百科全书出版社1997年版，第55页。

择判断以最佳的方式达到法律目的的实现。因此,行政裁量权的确定,不仅不与法治相冲突,相反还是法治的要求和补充。可以说,"现代行政主要表现为自由裁量行政,绝对的羁束权限行为几乎是不可能的"。① 对此,王名扬教授在《美国行政法》中,详细分析了现代行政为何要被授予广泛的裁量权。他指出:

> 法律授予行政机关自由裁量权力出于下列原因:第一,现代社会变迁迅速,立法机关很难预见未来的发展变化,只能授权行政机关根据各种可能出现的情况作出决定;第二,现代社会极为复杂,行政机关必须根据具体情况作出具体决定,法律不能严格规定强求一致;第三,现代行政技术性高,议会缺乏能力制定专业性的法律,只能规定需要完成的任务或目的,由行政机关采取适当的执行方式;第四,现代行政范围大,国会无力制定行政活动所需要的全部法律,不得不扩大行政机关的决定权力;第五,现代行政开拓众多的新活动领域,无经验可以参考,行政机关必须作出试探性的决定,积累经验,不能受法律严格限制;第六,制定一个法律往往涉及不同的价值判断。从理论上说,价值判断应由立法机关决定,然而由于议员来自不同的党派,议员的观点和所代表的利益互相冲突,国会有时不能协调各种利益和综合各种观点,得出一个能为多数人接受的共同认识。为了避免这种困难,国会可能授权行政机关,根据公共利益或需要,采取必要的或适当的措施,例如为了管理无线电广播事业,可以考虑的价值包括:言论自由,社会安全,广播质量,企业的利益,其他可能涉及的观念和利益。国会不能作出决定时,只能授权行政机关根据公共利益,批准、限制或取消广

---

① 杨解君等:《依法行政论纲》,中共中央党校出版社1998年版,第27页。

播许可证，制定管理规则。①

可见，行政裁量为现代法治所必要，国家必须承认行政裁量权的存在与作用。但这只是问题的一个侧面。问题的另一个侧面是"所有的自由裁量权都可能被滥用，这仍是个至理名言"。②因此，我们既要强调对行政裁量权的需要，也要注意到它的危险性，强调对这种权力的监督与控制。③事实上，任何权力都必须受到监督与控制，没有监督和控制的权力必将导致专制。正如孟德斯鸠指出："一切有权力的人都容易滥用权力，这是万古不易的一条经验。有权力的人们使用权力一直到遇到有界限的地方才休止。"④对于行政裁量权而言，由于行政机关的决定具有广大的选择空间，更应受到监督与控制，否则权力滥用、损公肥私现象将难以避免。随着政府行政裁量权不断扩张，人们亦日益感受到来自于它的威胁。人类逐渐认识到，行政法不仅应控制政府的羁束行为，同时更应控制政府的裁量行为。对此，美国行政法学者B·施瓦茨指出："自由裁量权是行政权的核心。行政法如果不是控制自由裁量权的法，那它是什么呢？"⑤英国行政法学专家H·韦德认为："在公法中没有不受约束的自由裁量权……绝对的和无约束的自由裁量权的观点必须受到否定。为公共目的所授予

---

① 王名扬：《美国行政法》，中国法制出版社1995年版，第546页以下。

② [英]威廉·韦德：《行政法》，徐炳等译，中国大百科全书出版社1997年版，第70页。

③ Kenneth Culp Davis, *Discretionary Justice*, University of Illinois Press, 1971, p. 25.

④ [法]孟德斯鸠：《论法的精神》（上册），张雁深译，商务印书馆1987年版，第154页。

⑤ [美]伯纳德·施瓦茨：《行政法》，徐炳译，群众出版社1986年版，第566页。

的法定权力类似于信托,而不是无条件地授予。"① E·博登海默也指出:"为使法治在社会中得到维护,行政自由裁量权就必须受到合理的限制。"② 这说明,行政裁量虽然意味着在法律所未及之范围内,行政享有某种程度的决定空间,但同时它也不应是"专断的、含糊不清的、捉摸不定的权力,而应是法定的、有一定之规的权力"。③ 申言之,任何行政裁量都是有一定限度的,都应受到法律的约束。具体而言,在外部界限上,不得逾越裁量权,亦不得有其他违反法律的情形;在内部界限上,不得滥用裁量权或有裁量不足、考虑不周或权衡不当的情形。④ 这就是说,行政裁量除了在外部界限上要符合行政法定原则的要求之外,在内部界限上也应受到一定裁量规则的限制。

正是在这种历史背景下和理论基础上,各种从内部界限上控制行政裁量权的法律规则先后在世界各国得以产生和确立。如法国的均衡原则、德国的比例原则或均衡原则及信赖保护原则、英国的合理性原则和自然正义原则、美国的正当程序原则和行政公开原则等。这些原则都是作为控制行政裁量权的规则而得以产生和成立的,其目的都是为了使行政裁量能够在法治的框架内进行,能够体现现代实质意义法治国家所要求的实质正当性,符合公平正义的法律观念。只不过其中有的原则如法国的均衡原则、德国的比例原则或均衡原则及信赖保护原则、英国的合理原则等,侧重于从实体或内容上控制行政裁量权,以追求法的实体正

---

① 参见[英]威廉·韦德:《合理原则》,李湘如译,《法学译丛》1991年第6期。
② [美]E·博登海默:《法理学:法律哲学与法律方法》,邓正来译,中国政法大学出版社1999年版,第369页。
③ 1958年《科克判例汇编》第5卷第99页,转引自[美]伯纳德·施瓦茨:《行政法》,徐炳译,群众出版社1986年版,第568页。
④ 陈敏:《行政法院有关依法行政原则裁判之研究》,《政大法学评论》1987年第36期。

义为主要目的；而有的原则如英国的自然正义原则、美国的正当程序原则和行政公开原则等，则主要以追求法的程序正义为目的，侧重于从程序上控制行政裁量权。"行政均衡原则"这一概念的提出，正是笔者基于对前者即法国的均衡原则、德国的比例原则或均衡原则及信赖保护原则、英国的合理原则等实体法原则的概括提炼。至于英国的自然正义原则、美国的正当程序原则和行政公开原则等程序法原则则将其归之于"行政正当原则"内容。

何谓行政均衡原则？"行政均衡"一词实际是一个组合范畴，"行政"是对"均衡"的名定。这就得首先考量"均衡"一词的涵义。"均衡"一词来源于拉丁文"prõportiõ"，是个涵义很丰富的概念，有数学上的"成比例"，美学、哲学上的"和谐"、"协调"、"相称"等涵义。它指的是事物与事物之间、事物的部分与整体、部分与部分之间一种合理的量、度、大小、重要性等比例关系。[①] "均衡"之于"行政"，实质是一个利益衡量的过程，要求行政得衡量各种利益之间是否成比例。这是因为，虽然从技术层面看，行政行为是行政主体运用行政权对行政相对人所作的法律行为。[②] 但如果从利益角度来观察的话，行政行为则实质上表现为"行政主体对公共利益的集合、维护和分配"。[③] 行政主体在集合、维护和分配公共利益的过程中必然要与行政相对人之间发生各种复杂的利益关系。其中，最基本的利益关系是公共利益与个人利益的关系，但并不仅限于这种利益关系，它有可

[①] 参见王桂源：《论法国行政法中的均衡原则》，《法学研究》1994年第3期。

[②] 姜明安主编：《行政法与行政诉讼法》，北京大学出版社、高等教育出版社1999年版，第141页。

[③] 叶必丰：《行政法的人文精神》，湖北人民出版社1999年版，第195页。

能涉及多重的利益关系。因为现代行政既有公权力行政与私经济行政（国库行政）之分，还有干预行政、给付行政和计划行政等。① 多元化的行政，必然体现多元化的利益及利益关系。正如我国台湾学者董保城先生所表述的那样，

> 过去以干预行政为导向的行政管制，最多也仅涉及行政机关与单一私人，在公益与私益衡量二元化对立之讨论，如今，行政法律关系转趋多样化、多元化，如大型工厂、垃圾掩埋场等设立除涉及设立申请人与主管行政机关之外，还包括相邻之居民、其他利害关系人、环保团体与其他相关主管机关，行政机关所面临（的）不再是单一的私人，而是复杂多元的当事人与利害关系人。②

这就是说，在行政行为的实施过程中，除了在行政主体与行政相对人之间发生公共利益与个人利益的关系之外，还可能因行政权的行使而在不同的行政相对人间发生个人利益与个人利益的关系。当然，这种个人利益之间的关系，实质上也是公共利益与个人利益间关系的体现。因为在利益上，"如果所有人都要拥有足够的多，就没有人拥有很多；如果有某些人要拥有得多，其他人必定拥有得较少"。③ 也就是说，如果某个社会成员不承担公共负担，就必然会加重其他社会成员的公共负担；如果某个人多

---

① 吴庚：《行政法之理论与实用》，台湾1996年版，第10页以下。
② 董保城：《行政程序法基本法理之初探》，转引自杨解君：《走向法治的缺失言说——法理、行政法的思考》，法律出版社2001年版，第321页。
③ [英]米尔恩：《人的权利与人的多样性——人权哲学》，夏勇等译，中国大百科全书出版社1995年版，第52页。

占公共利益，就必然会减少其他社会成员所能享受的公共利益。①

　　无论是公共利益还是个人利益，都应受到法律的保护和尊重。"任何权利主体的正当利益，无论是个人利益、团体利益还是公共利益，都必须受到社会的尊重和法律的保护。任何主体以非法形式侵害了其他主体的正当利益，都必须承担起相应的法律责任。"② 但是利益关系往往表现为冲突与矛盾，在此种情况下，就需权衡各种利益从而作出最佳选择。从这个角度而言，行政裁量实质上就是法律赋予行政主体在权衡各种利益关系的基础上作出选择判断的权力。行政均衡原则实则为这种利益权衡和选择判断提供一种具体的标准。它要求行政主体在对各种利益权衡时，应当综合衡量各种利益因素，充分协调各种利益关系，使之有机地统一起来，在尽可能的范围内保护各种合法利益。不能借口某种利益的重要而牺牲其他利益主体的利益，即使必须在相冲突的利益之间作出选择，也应将牺牲减小到最低的程度，补偿利益牺牲者的损失。总之，"利益衡量的结果应当促使各种利益尽可能的最大化"。③这正是行政均衡原则作为利益衡量之一般准则存在和广泛运用的意义所在。

　　由上可见，行政均衡原则所调整的利益关系主要有两类：第一是公共利益与个人利益之间的关系。以行政违法行为为例而论，行政违法行为本身就是一种具有"公害"的行为，是对公共利益的破坏与侵害，理论上来说所有的违法行为都应撤销，但具

---

　　① 参见叶必丰：《行政法的人文精神》，湖北人民出版社1999年版，第157页。

　　② 郑成良：《权利本位说》，《政治与法律》1989年第4期，转引自张文显：《法学基本范畴研究》，中国政法大学出版社1993年版，第95页。

　　③ Paund, *A Survey of Social Interests*, 57. Hav. L. Rev. 1943, p.14.

体涉及某一行政违法行为时,还必须权衡该行为与个人利益的相互关系。例如《联邦德国行政程序法》(1997年)第48条规定:对于某些授益的违法行政行为(给受益人提供金钱或可分物给付),如受益人已信赖行政行为的存在,且其信赖依照公益衡量在撤销行政行为时需要保护,则不得撤销;违法行政行为得撤销的,行政机关须依相对人申请,赔偿有关财产不利,"该财产不利是因相对人相信行政行为的确定力而生,但以其信赖依公益需要保护为限"。① 第二是在权衡公共利益与个人利益间关系的基础上,进一步权衡和比较不同的个人利益关系。如对于涉及多方利益主体的授益性行政行为,原则上应更多地考虑到行政行为的利害相关人。"对行为的相对人来说是授益的,然而对第三人则构成权益的侵害,反之,对相对人来说是负担的,然而对第三人则构成利益,在这种所谓双重效果的行政行为的情形下,有必要进一步对相对人的权益与第三人的权益进行比较与衡量。而且在第三人的权益被认为处在优越的情形下,应撤销前者的行为,而撤销后者的行为,原则上要受到限制。"② 因此,"行政均衡原则"具体应当导出上述两个方面的法律规则。

考察法国的均衡原则和德国的比例原则,前者的基本内涵是"平衡、协调行政机关与相对人之间的权利义务关系……其根本目的是监督、制约行政权力,维护公共利益和公民的权利与自由"。③ 后者亦主要在于"协调公共利益与个人自由权利的限制

---

① 应松年主编:《外国行政程序法汇编》,中国法制出版社1999年版,第182页。
② [日] 室井力主编:《日本现代行政法》,吴薇译,中国政法大学出版社1995年版,第107页以下。
③ 王桂源:《论法国行政法中的均衡原则》,《法学研究》1994年第3期。

或侵害之间的冲突"。① 可见，这两个原则实质就是均衡公共利益与个人利益之间关系的准则，其主要作用在于"制止过度的侵犯人权"，实际上应为"禁止过度原则"。② 但是，均衡公共利益与个人利益之间关系的准则又不仅限于该原则，还表现为信赖保护原则。按照信赖保护原则的要求，只要政府实施的行政行为对相对人产生了值得保护的信赖利益，不允许政府随意变更或者撤销该行政行为，即使为了公共利益的需要而必须改变原行为的，也应当对受到特别损害的当事人给予相应的补偿，这实质上也是均衡公共利益与个人利益之关系。同时，如上所述，行政主体在行政裁量时，往往还要权衡和比较不同的个人利益关系。在这个方面，各国行政法中所称的"平等原则"或"平等对待原则"即行政主体针对多个相对人实施行政行为时应遵循的规则。笔者在此所提出的"行政均衡原则"，正是在吸收和借鉴了上述原则（均衡原则或比例原则、信赖保护原则、平等原则）中合理因素的基础上，经概括提炼而命名的。它全面涵盖着均衡各种利益关系的准则，可具体导出"平等对待"、"禁止过度"和"信赖保护"三项子原则。

此外，还需要说明的是关于行政均衡原则与行政合理性原则之间的关系问题。行政合理性原则起源于英国判例，是法院通过判例在不断限制行政裁量权的滥用中发展起来的。该原则后来为美国所接受，成为英美法系国家控制行政裁量权之一般原则。在我国，许多学者受英美法系国家的影响，将行政合理性原则亦作为我国行政法上控制行政裁量权的基本原则。然而究竟什么是合

---

① 王周户、柯阳友：《行政法治与行政程序法》，《行政法学研究》1997年第1期。

② 陈新民：《德国公法学基础理论》，山东人民出版社2001年版，第374页。还有学者主张"比例原则"应改称为"禁止过度原则"，参见吴庚：《行政法之理论与实用》，台湾1996年版，第57页。

理性原则,或者说合理性的标准是什么,却始终是一个有争议的问题。为此,英国的司法审查尽可能避免正面阐述合理的涵义和要求,而习惯于作一种反向思维,即努力找出到底什么或哪些属于"不合理(Unreasonableness)",从而找出一个行政合理性的最低标准。根据英国司法审查的判例,"不合理"主要有:背离法定目的、虚假的动机、不相关的考虑、非正常判断或者说严格的"非理性"(Irrationality)等。[①] 在美国,最高法院对于什么是不合理的标准,也没有明确的定义,只是通过判例"指出抽象的原则";下级法院和学术界通过对判例的研究,从学理角度,认为不合理主要表现为:不正当的目的、忽视相关的因素、不遵守自己的先例和诺言、显失公正的严厉制裁、不合理的迟延等。[②] 在我国行政法学界和实践中,行政合理性多指行政行为应具有的内容上的公正性。[③] 但是"合理"和"公正"等概念本身都是抽象的,如果用"公正"来界定"合理",实际上是在用一个不确定概念来解释另一个不确定概念,因此并没有对合理性作出准确的解释和回答。事实上,由于合理性问题本身的意义相当笼统,十分抽象和复杂,加之人们的判断都是主观的,到底哪种判断更符合实际也难以把握,因此,要想准确把握行政合理性这一主观性标准的确很困难。然而,现实和法律的要求是,必须把抽象的概念具体化、确定化,把主观观念客观化和标准化。而行政均衡原则作为一种利益衡量的准则,则是一个客观性原则。它可以通过数和量的比较进行判断,包含着评价行政裁量行为适当

[①] 周佑勇:《论英国行政法的基本原则》,《法学评论》2003 年第 6 期。

[②] 王名扬:《美国行政法》(下册),中国法制出版社 1995 年版,第 687 页以下。

[③] 参见张尚鷟主编:《行政法学》,北京大学出版社 1990 年版,第 37 页。

性的可操作的具体标准,从而在根本上解决了行政合理性原则这一主观性原则的适用性和可操作性问题。同时,行政均衡原则和行政合理性原则在本质上也是完全相通的,两者均建立在一种"更重要的、更科学的关于行使自由裁量权的目的、方法、理由及效力关系的基础之上",① 均是对行政裁量权的控制,从根本上都是要求行政裁量行为应具有内容上的适当性。只不过行政合理性原则在一定意义上只是一个"定性"原则,即确定的是某一裁量行为是合理的还是不合理的;而行政均衡原则是一个"定量"原则,通过利益衡量手段,为评价行政裁量行为的合理性提供可操作的具体标准。总之,这两个原则在根本上有相通的一面,即都是为了解决行政裁量的适当性问题,但也有不同之处,就是行政均衡原则比行政合理性原则更具有客观性、具体性和可操作性。基于此,笔者提出应当用行政均衡原则来取代行政合理性原则。

二、平等对待原则

"平等对待原则"是作为宪法原则的"平等原则"在行政法中的具体化。"平等"这一概念,就其字面含义加以理解,系指"身为人之价值与地位皆无差等、无特殊之谓"。② 就其渊源而言,可以溯及古希腊哲学家亚里士多德在其"正义论"中,将"正义"分为平均正义与分配正义,即富有现代"形式平等"与"实质平等"的思想。此后,洛克和卢梭为了反对封建专制和封建特权,先后提出了"自然平等论"和"天赋平等论"。1776年美国的《独立宣言》率先宣告了人人平等的原则。1789年法国

---

① [印] M·P·赛夫:《德国行政法——普通法的分析》,周伟译,台湾五南图书出版公司1991年版,第213页。

② 邱基峻、邱铭堂:《论行政法上之平等原则》,载城仲模主编:《行政法之一般法律原则》(二),台湾三民书局1997年版。

《人权宣言》第 1 条宣称:"人生来就并将始终是自由的且享有平等的权利。"1793 年法国宪法在列举个人自然权利时,则进一步明确将平等权放在第一位并且补充道:"在法律面前人人生就是平等的。"① 此后,公民在法律面前人人平等的原则和平等权的观念逐步得到各国宪法的确定。如联邦德国《基本法》(1949年)第 3 条第 1 项规定:"法律面前人人平等";日本宪法(1946年)第 14 条规定:"一切国民在法律面前一律平等"。我国《宪法》(1982 年)第 33 条亦明确规定公民在法律面前一律平等。可见,平等原则系宪法位阶的法律原则,可拘束行政、立法和司法。作为拘束行政的基本准则,平等原则在行政法中具体化为"平等对待原则",是行政主体针对多个相对人实施行政裁量行为时应遵循的规则。

在量化情况下,平等对待原则是容易掌握和运用的。亚里士多德指出:

> 所谓平等有两类,一类为其数相等,另一类为比值相等。'数量相等'的意义是你所得到的相同事物在数目和容量上与他人所得者相等;'比值相等'的意义是根据个人的真价值,按比例分配与之相衡称的事物。举例来说,3 多于 2 者与 2 多于 1 者其数相等;但 4 多于 2 者与 2 多于 1 者,比例相等,两者都是 2∶1 之比,即所超过者都为 1 倍。②

然而,在行政法领域,许多问题往往难以量化,因此,我们就有必要用"模糊语言"来表述这一原则。当代学者米尔恩指

---

① [法]莱昂·狄骥:《宪法学教程》,王文利等译,辽海出版社、春风文艺出版社 1999 年版,第 177 页。
② [古希腊]亚里士多德:《政治学》,吴寿彭译,商务印书馆 1983 年版,第 234 页。

出,比例平等原则要求:(a)某种待遇在一种特定的场合是恰当的,那么在与这种待遇相关的特定方面是相等的所有情况,必须受到平等对待;(b)在与这种待遇相关的特定方面是不相等的所有情况,必须受到不平等的对待;(c)待遇的相对不平等必须与情况的相对不同成比例。①

这就是说,平等对待包括三种情形:一是同等情况同等对待,要求行政主体在同时面对多个相对人时应当一视同仁,反对歧视;在先后面对多个相对人时应当前后一致,反对反复无常。二是不同情况区别对待,要求行政主体在实施行政行为时应当认真区别各相对人的具体情况。三是比例对待,要求行政主体应当按不同情况的比重来设定相对人的权利义务。概括这三种情况,可以从中具体导出禁止恣意原则和行政自我拘束原则。

第一,禁止恣意原则。平等对待要求"同等情况同等对待,不同情况区别对待或按比例对待",这是一种顺向思维。如果作反向思维,这项原则也就是要求"同等的情况不应有差别待遇,不同的情况可以有差别待遇",亦即国家行政机关不可恣意采取差别待遇,由此可以推知所禁止者乃恣意妄为的差别待遇。德国联邦宪法法院正是通过判例对基本法第3条第一项规定之"平等原则"的解释而提出"禁止恣意"原则之如下著名公式:"如果一个法律上之区别对待或相同对待不能有一个合乎理性、得自事物本质或其他事理上可使人明白之理由,简单地说,如果该规定被认为恣意时,则违反平等原则。"② 可见,"禁止恣意"系由"平等对待"原则所导出之具体准则,意指行政机关的任何措施必须有其合理的、充分的实质理由,与其所要处理的事实状态之

---

① [英]米尔恩:《人的权利与人的多样性——人权哲学》,夏勇等译,中国大百科全书出版社1995年版,第59页。
② 参见张锟盛:《析论禁止恣意原则》,载城仲模主编:《行政法之一般法律原则》(一),台湾三民书局1994年版。

间保持适度的关系。此处所谓之"恣意"是指任性、专断,毫无标准,要怎么样就怎么样,随个人好恶而决定。由于行政机关拥有充分的武器与权力并掌控租税、土地、公物等社会资源,如任其恣意妄为,则人民的生命、身体、财产权益,必将受到侵害。所以,"一个宪政、法治国家,如果任何行政行为能被证明是专断恣意时,其行为即属违法"。①

禁止恣意原则不仅禁止故意的恣意行为,而且禁止任何客观上违反宪法基本精神以及事物本质的行为。因此,凡是欠缺合理的、充分的实质上的理由,或者说未依照"事物的本质"及"实质正义"所为之行为皆为"恣意"。这里,"事物的本质"一词为德国联邦宪法法院在诸多判决中所引用,并以之作为衡量行政裁量是否违反平等对待原则而构成恣意的基本标准。依德国学者拉伦兹(K. Larenz)的解释,"事物的本质"是"一种有意义的,且在某种方面已具备规律性的生活关系,也就是社会上一种已经存在之事实及存在之秩序"。② 因此,事物本质就是存在于一特定生活关系中既存的秩序,亦即"社会生活关系中就事物之性质所分析出之法律上的重要特征"。其中,所谓"事物"系指受法律规范的"物"和"人"。前者包括"自然事实"如地球的转动等,"法律关系之既存模式"如习惯、传统、风俗、惯例等,以及"受法律规范之法律关系"如买卖、租赁等;后者包括人的"生物学上之特征"如男女之别,"心理上之特征"如行为能力、责任能力,以及"社会上之特征"如商人、军人、公务员等身份。至于"本质"系指本身之"秩序"、"法则"、"法律上之重要

---

① 翁岳生编:《行政法》,中国法制出版社2002年版,第153页。
② K. Larenz, Wegweiser zu richterlicher Rechtsschöpfung, in: Festchriftfür A. Nikich, 1958, 275 ff. 转引自陈新民:《德国公法学基础理论》,山东人民出版社2001年版,第676页。

特征",即所谓"事物"的客观性质及意涵。① 据此,禁止恣意原则并不是说机械、无条件地不容有差别待遇的平等,而是容许透过客观的衡量合理地加以区别,是否或在何种程度内容许对于特定情事秩序加以区别,应当依现存事物范围的本质而定,即与"事物的本质"相符。例如参政权之行使因需有成熟的判断经验,固设有年龄限制;为保护未成年人于健全生活环境成长,推行电影分级制度。但以外观之美丑作为决定公务员录取之标准者,则不合乎事项本质必要性之要求。

此外,即使依"事物的本质"须有差别对待之必要,但也不可以"过度"或"过早"地予以差别对待,超过合理程度的差别对待,亦构成"恣意"。例如在蒋韬诉中国人民银行成都分行案中,被告2001年12月23日在《成都商报》上刊登《中国人民银行成都分行招录行员启事》,其中第1条规定招录对象为"男性身高168公分,女性身高155公分以上"。原告是四川大学1998级学生,认为被告的上述规定,是对包括自己在内的因身高不符合上述条件的报名者的身高歧视,侵犯了原告享有的宪法赋予的担任国家公务员的平等权,遂向法院提起了行政诉讼。② 显然,在本案中,被告作出的这种"含有身高歧视"的具体行政行为超过了合理程度的差别对待,构成了平等原则所不容许的差别对待情形。公务员固然因体能部分缺陷不能完成公共任务,然此种情形应在录取之后,分派担任特定职务时可为必要之区别,而不能在选择职业的考试上"提前"设下不当之限制。故在招考简章中以身高不够禁止其参加考试,限制其报名资格,侵犯了其享有的依法担任国家机关公职的平等权,应允许向法院提起行政

---

① 张锟盛:《析论禁止恣意原则》,载城仲模主编:《行政法之一般法律原则》(一),台湾三民书局1994年版。

② 参见周伟:《宪法基本权利司法救济研究》,中国人民公安大学出版社2003年版,第270页以下。

诉讼，以保障其平等权。

第二，行政自我拘束原则。平等对待原则的主要意义和内容在于禁止行政恣意，但行政裁量决定只有在严重违反该原则时才构成被撤销的理由，因此"仅依靠禁止恣意还不能充分保护私人的平等权，为了填补这种权利保护的欠缺，行政自我拘束的原则便成为必要"。① 所谓行政自我拘束原则系指行政机关在作出行政裁量决定时，若无正当理由，应受行政惯例或者行政先例的拘束，对于相同或同一性质的事件作出相同的处理。该原则之适用主要是针对先后发生的同类案件中的多个相对人而言的，它要求行政机关在后案中，必须受其在前案中所作出的决定的拘束，对有关行政相对人作出与之相同的决定。后案之相对人亦可依此提出平等权之请求，而由行政机关作出相同的处理。所以，该原则的实质在于要求行政机关对先后发生的同类案件中的多个相对人必须予以平等对待，亦乃平等对待原则所衍生之行政裁量的准则。

行政自我拘束原则要求行政主体在法律、法规未有明确、具体规定的情况下，应受行政惯例的约束，因此该原则的适用首先要有"行政惯例"或"行政先例"的存在。所谓"行政惯例"或"行政先例"是指"关于行政上同一或具有同一性的事项，经过长期的、一般的、继续的或反复的施行，则即可认为已成为行政上措施的通例"。② 因此，必须至少有两个以上的相同案件存在，才可形成行政惯例或行政先例，此时也才有行政拘束原则的适用。如果该案件是行政机关处理的第一个案件，则无该原则的适用问题。同时，作为行政自我拘束之依据的行政惯例或先例本身必须合法，违法的行政先例也不能构成平等原则的基础。因为，"不法的平等"是被排除的，当法的拘束与平等处理问题间有冲突时，应以法的拘束为优先，否则，行政机关便可有意或无意地

---

① 杨建顺：《论行政裁量与司法审查》，《法商研究》2003 年第 1 期。
② 林国彬：《论行政自我拘束原则》，载城仲模主编：《行政法之一般法律原则》（一），台湾三民书局 1994 年版。

透过违法的行政先例而排斥法的适用或变更法的适用。就相对人的请求权而言,亦不可要求行政机关援引不法的先例而给予平等的待遇。如公民不能以公安未取缔他人违规,而主张自己遭取缔为违法之决定。①

行政自我拘束原则的适用还须行政机关享有决定余地,即只限于行政裁量领域,而羁束行政事项,行政机关应严格地受法律羁束,自无行政自我拘束原则之适用。因为,在接受法律严格羁束的领域,如果法律为行政机关设定了进行某种特定行为的义务,则行政机关依据该法律的规定在某个案件中作出该种行为,在以后的同类案件中,同样也应当依据该法律的规定作出相同的行为。这种情况显然应当直接看做是受法律规范拘束的效果,而非行政自我拘束的效果。换言之,在这种情况下,直接适用依法行政或行政法定原则就可以认定前后不一致的行政行为是违反法律的,而没有必要在此外特地提出行政自我拘束原则作为评价根据。行政的自我拘束,在法律规范上,意味着在一定范围内承认了行政的判断乃至行为余地的情况下,行政自己朝着一定的方向来规范或者限定这种余地。所以,"在完全不能承认这种余地的严格受法律羁束的行政领域中,行政的自我拘束是不可能的"。②

三、禁止过度原则

禁止过度原则,亦可称行政适度原则,系由比例原则演化而来。比例原则,又称为均衡原则或称为平衡原则,③ 首创于大陆

---

① 参见陈新民:《中国行政法学原理》,中国政法大学出版社2002年版,第41页。
② 杨建顺:《论行政裁量与司法审查》,《法商研究》2003年第1期。
③ 参见[德]格奥尔格·诺尔特:《德国和欧洲行政法的一般原则——历史角度的比较》,于安译,《行政法学研究》1994年第2期;于安:《德国行政法》,清华大学出版社1999年版,第29页。

法系之德国，曾被德国行政法学鼻祖奥托·迈耶誉为行政法中的"皇冠原则"，被台湾学者陈新民教授称为行政法中的"帝王条款"。① 该原则最初起源于19世纪德国的警察法制，是为限制警察权力的行使而提出的，即警察只有在必要时才能行使行政权力限制人民的权利。第二次世界大战后，随着民主、法制的发展，比例原则在德国超越了警察法领域而被联邦法院赋予宪法原则的地位，对行政、立法及司法都具有拘束力。故比例原则具有宪法和行政法两个层级不同的涵义。在宪法层级上，比例原则是指任何对人民权利的限制都必须以"公共利益需要"为前提。宪法意义上比例原则的确立，其意义在于，不仅在个案情形上限制人权的法律规定必须有公共利益需要之前提，而且在立法目的上，如果没有公共利益需要而限制人权，则会产生立法违宪的问题。在行政法层级上，比例原则是指行政权虽然有法律上的依据，但必须选择使相对人利益受到限制或损害最小的方式来行使，并且使其对相对人个人利益造成的损害与所追求的行政目的或所要实现的公共利益相适应，从而达到既实现公共利益又保护公民合法权益的目的。

比例原则是现代实质主义法治的典范。自比例原则被德国法制确立之后，它即超越了国界和法系，对世界上其他许多国家和地区产生了广泛的影响。尤其是深受德国行政法影响的葡萄牙、西班牙以及我国台湾地区给予了比例原则较高的关注。葡萄牙1996年的《行政程序法》规定了11项基本原则，其第3项原则为"平等及适度原则"。该法对适度原则是这样规定的："行政当局的决定与私人权利或受法律保护的利益有冲突时，仅可在对拟达致的目标系属适当及适度的情况下，损害这些权利或利益。"西班牙1992年的《行政程序法》第96条规定："（强制执行的手段）（一）公共行政机关进行强制执行必须尊重比例原则，其手

---

① 陈新民：《行政法总论》，台湾三民书局1997年版，第3页。

段有：1.对财产的强制；2.附加执行；3.强制性罚款；4.对人的强制。（二）如有多种可以接受的执行手段，则应选择其中对个人自由限制较少的一种。（三）如需要进入人员的住宅，公共行政机关必须征得其同意，否则，则须征得司法部门的适当批准。"第131条规定："（比例原则）（一）不管行政处罚是否为金钱性质，在任何情况下均不得引起自由的直接或附加剥夺。（二）金钱处罚的建立必须预料到对于违法者来说，犯所确定的违法行为不得比履行所违反的原则更有利可图。（三）在制定处罚制度的规定以及公共行政机关在进行处罚时，所作处罚必须与构成违法事实的严重性相适应，并在确定处罚标准时特别注意以下情况：1.故意或重复的存在，2.造成损害的性质；3.屡犯，指所确定的裁决所宣布的一年内有一次以上同样性质的违法。"我国台湾地区1999年的"行政程序法"中还将比例原则作为基本原则之一予以明文规定。该"法"第8条规定："（比例原则）行政行为应依下列原则为之：（一）采取之方法应有助于目的之达成；（二）有多种同样能达成目的之方法时应选择对人民权益损害最少者；（三）采取之方法所造成之损害不得与欲达成目的之利益显失均衡。"这是有关比例原则最典型的规定。此外，在日本、法国、英国、美国等国家行政法中，比例原则已得到程度不同的运用，成为这些国家和地区行政法学研究的重要内容。

在我国目前的行政法学中，比例原则还未引起学者们的足够重视，理论上多是在翻译或介绍外国特别是德国行政法学时才论及比例原则，却未作更多深入研究。事实上，我国宪法第5条规定的社会主义法治国家原则属于现代法治国家原则，比例原则应是其必要内容之一。同时，比例原则的因素在我国现有的行政法规范中已有所体现。例如，《人民警察使用警械和武器条例》第4条规定："人民警察使用警械和武器，应当以制止违法犯罪行为，尽量减少人员伤亡、财产损失为原则。"《行政处罚法》第4条规定："设定和实施行政处罚必须以事实为根据，与违法行为的事实、性质、情节以及社会危害程度相当。"这里的"处罚相当"原则可以说是比例原则在行政处罚领域的具体运用。另外,我国《行政复议法》第 28 条规定,具体行政行为"明显不当"的,行政复议机关可以撤销或变更。《行政诉讼法》第 54 条将"滥用职权"作为法院撤销或者部分撤销具体行政行为的五种情形之一,同时规定"行政处罚显失公正的,可以判决变更"。但是,何为"明显不当"、"滥用职权",什么是"显失公正",这些空洞、抽象的概念如果不通过比例原则为其提供具体的标准,则也很难确定、很难操作。因此,笔者认为,在借鉴和吸收德国等经验的基础上,将比例原则转化为适合我国的法律原则,是很有必要的。

关于比例原则的具体内容,学者们有着不同的认识,其中影响较大的是"三阶理论"与"二阶理论"。按照"三阶理论",广义的比例原则包括三项内容,即妥当性原则、必要性原则和狭义的比例原则。其中,妥当性原则是指行政机关所采取的手段,"必须是能够达成行政目的的手段";必要性原则是指"行政机关有多种同样能达成目的之方法时,应选择对人民权益损害最少者";狭义的比例原则是指"行政机关采取的行政手段所造成的损害,不得与欲达成行政目的之利益显失均衡"。[①] 按照"二阶理论",则只包括必要性原则和合比例性原则两个部分。德国著名学者乐雪(P. Lerche)在 1961 年发表的《逾越过度及宪法——以比例原则及必要性原则对立法者之拘束》一书中,即阐扬了二分法之见解。他认为,手段的妥当性是手段必要性的前

[①] 苏嘉宏、洪荣彬:《行政法概要》,台湾永然文化出版有限公司 1999 年版,第 87 页以下。另见城仲模主编:《行政法之一般法律原则》(一),台湾三民书局 1994 年版,第 122 页;陈新民:《行政法学总论》,台湾三民书局 1997 年版,第 60 页;陈新民:《德国公法学基础理论》,山东人民出版社 2001 年版,第 369 页。

提,"任何已进入必要性问题讨论的手段,已断无妥当性的问题了",因此,在该原则中只有二个构成原则——必要性原则及比例原则。① 德国另一位学者希尔希贝格也认为,"所谓的必要性原则,就是选择最妥当之手段的过程","比起必要性原则来,妥当性原则是显得肤浅及无足轻重",② 因此,他也主张"二阶理论"。正因如此,同时也是为了避免比例原则有广狭义之分,产生概念上的困扰起见,乐雪等人还主张应"将广义的比例原则定名为过度禁止原则"。③ 我国台湾学者陈新民教授认为,"原广义的比例原则就是讨论手段与目的的限度及过度的问题,所以,比例原则的主要作用即在于制止过度的侵犯人权,乐雪正名'过度禁止',令人耳目一新",并主张该原则"还宜二阶理论为妥"。④ 台湾另一位学者吴庚教授则主张直接将行政法中的"比例原则"改称为"禁止过度原则"。⑤ 我们认为,原广义的比例原则中的"妥当性原则"实质是要求行政权力的行使必须符合法定目的。换言之,行政行为的作出应符合其目的的达成,而不得与目的相背离,否则便丧失了其合法性。这表明,它最为明显体现的是行政法定原则的基本内涵。同时,该原则作为一个"法定性"原则,也不涉及利益的衡量问题,所以也不能成为一个"均衡性"原则。因此,我们赞成上述"二阶理论",并主张在用语上采用"禁止过度"或"行政适度"来表述更能直接反映该原则的核心

---

① 转引自陈新民:《德国公法学基础理论》,山东人民出版社2001年版,第374页。

② 转引自陈新民:《德国公法学基础理论》,山东人民出版社2001年版,第374页。

③ 转引自陈新民:《德国公法学基础理论》,山东人民出版社2001年版,第374页。

④ 陈新民:《德国公法学基础理论》,山东人民出版社2001年版,第375页。

⑤ 参见吴庚:《行政法之理论与实用》,台湾1996年版,第57页。

观念。而将"比例原则"仅限于用做宪法位阶的原则,"禁止过度"原则为其在行政法中的具体化。①

第一,必要性原则。又称最少侵害原则、不可替代性原则或最温和方式原则,是指行政权的行使应尽可能使相对人的损害保持在最小的范围内。也就是说,行政机关在面对多种适合达成行政目的的手段可供选择时,应选择对相对人利益限制或损害最少的手段。该原则的基本要求在于使用"最温和手段",即对相对人利益限制或损害最少的手段。而对相对人权益限制或损害最少,从另一方面来看也就意味着采取的手段是为实现公共利益所绝对必要的,所以可以认为,必要性原则所指的必要性是指"绝对必要性"(absolutely necessary),即对目的的实现来说,所采取的手段是绝对必要的,除此之外,别无它法。② 如对于某违法的企业,行政机关可依法给予罚款、吊销执照或者责令停产停业的处罚,如果只需对企业处以罚款即可达到制裁和防止其违法的效果时,行政机关即不得施以其他影响更大的行政处罚措施。该原则意在防止行政机关在作出决定时"小题大作",正如一个德国学者弗莱纳(F.Fleiner)所比喻的一样"不可用大炮打麻雀"(只用鸟枪即可)——若换成中国俗语类似"杀鸡焉用牛刀",表明了最严厉的手段惟有是在已成为最后手段时,方可行之。③

必要性原则适用的前提,是存在若干适合于实现行政目的的手段可供选择,即行政机关具有选择判断的裁量权。如果不存在这种选择余地或者说只有惟一的手段方可达到目的时,则不可能

---

① "比例原则"在刑法中还可具体化为"罪刑相当"或"罪行均衡"原则。

② 参见马怀德主编:《行政法与行政诉讼法》,中国法制出版社 2000 年版,第 79 页。

③ 参见陈新民:《德国公法学基础理论》,山东人民出版社 2001 年版,第 370 页。

产生适用一种"最温和"的手段问题。如房屋年久失修，虽有倒塌的危险，如有修缮的可能，且其所有人也准备修缮，则不必要坚持非拆除不可。但如果当此危房已无法维修时，拆除就为惟一之手段，这时采取拆除方法是符合必要性原则的。所以，本原则考虑的焦点集中在各种手段间的取舍之上。依本原则，手段与目的存在一个相对关系，并且从客观的角度来考虑及评估两个方面的因素：一是诸些手段可否同样程度地达成目的？二是诸些手段间，哪个手段对个人利益损害最小？所以该原则要求行政主体既要在限制个人利益的手段与实现公共利益的目的之间进行权衡，又要在限制个人利益的手段之间进行衡量，以选择一种既为实现公共利益所绝对必要，也对相对人利益限制或损害最少的手段。

综上所述，必要性原则要求行政主体在依法限制相对人的合法权益、设定相对人的义务时，应当全面考虑各种因素，对各种利益进行权衡，尽量使相对人所受的损失保持在最小范围和最低程度。在汇丰实业发展有限公司诉哈尔滨市规划局案中，汇丰公司在尚未全部取得建设工程规划许可证的情况下，在哈尔滨市中央大街建成一栋九层的建筑物，受到哈尔滨市规划局的处罚，从而产生行政争讼。最高法院在该案的上诉审判决中指出，

> 诉讼中，上诉人（指哈尔滨市规划局）提出汇丰公司建筑物遮挡中央大街保护建筑新华书店（原外文书店）顶部，影响了中央大街的整体景观，按国务院批准的"哈尔滨市总体规划"中关于中央大街规划的原则规定和中央大街建筑风貌的实际情况，本案可以是否遮挡新华书店顶部为影响中央大街景观的参照标准。规划局所作的处罚决定应针对影响的程度，责令汇丰公司采取相应的改正措施，既要保证行政管理目标的实现，又要兼顾保护相对人的权益，应以达到行政执法目的和目标为限，尽可能使相对人的权益遭受最小的侵害。而上诉人所作的处罚决定中，拆除的面积明显大于遮挡

的面积，不必要地增加了被上诉人的损失，给被上诉人造成了过度的不利影响。原审判决认定该处罚决定显失公正是正确的。原审判决将上诉人所作的处罚决定予以变更，虽然减少了拆除的面积和变更了罚款数额，但同样达到了不遮挡新华书店顶部和制裁汇丰公司违法建设行为的目的，使汇丰公司所建商服楼符合哈尔滨市总体规划中对中央大街的规划要求，达到了执法的目的，原审所作变更处罚并无不当。原审判决认定事实基本清楚，适用法律、法规正确。上诉人的上诉理由不能成立，本院不予支持。①

在这份判决书中，最高法院所指出的处罚决定"应以达到行政执法目的和目标为限，尽可能使相对人的权益遭受最小的侵害"，实际上已明确表述了必要性原则的核心涵义，对于该原则在我国行政法领域的确立具有重大的意义。

第二，比例性原则（即狭义的比例原则）。又称为相称性原则，是指行政主体对相对人合法权益的干预不得超过所追求的行政目的的价值，② 两者之间必须合比例或相称。具体地说是指一项行政措施虽然为达到行政目的所必要，但如果其实施的结果会给人民带来超过行政目的价值的侵害，那么，该项行政权力的行使就违反了比例性原则。也就是说，行政主体在行使某项行政权力前，必须将其对行政相对人可能造成的损害与达成行政目的可能获得的利益之间进行权衡，只有在后者重于前者时才能采取；反之，则不能采取。陈新民先生认为，若以中国俗语，可比喻成"杀鸡取卵"，形容一个行为（杀鸡，剥夺鸡的生命）和所追求的

---

① 最高人民法院行政判决书（1999）行终字第 20 号，http://www.court.gov.cn/study/political/200303050081.html.

② 参见于安：《德国行政法》，清华大学出版社 1999 年版，第 29 页；陈新民：《行政法学总论》，台湾三民书局 1997 年版，第 60 页。

代价（一个鸡卵）之间，不成比例失去均衡的关系。① 德国学者迈耶·柯普（Mayer Kopp）对该原则也曾作过形象的比喻："警察为了驱逐樱桃树上的小鸟，虽无鸟枪，但也不可用大炮打小鸟。"另一位德国学者希尔希贝格还曾以弗莱纳"以炮击雀"之名言，比喻必要性原则和合比例性原则之间的差异：用大炮击麻雀，是违反必要性原则，因为只需使用鸟枪即可；而用大炮击麻雀，不论击中鸟与否，炮声会惊吓邻居（即造成了不堪设想的后果），则是违反了合比例性原则。②

可见，合比例性原则要求行政主体即使依法可以限制相对人的合法权益，设定相对人的义务，也不应当使相对人所受的损失超过所追求的公共利益。如在王甲诉某县东乡人民政府案中，原告与周乙调换了居住地，被告决定原告只能在周乙的宅基地上建房，但原告嫌其面积小，不愿在那里建房。原告为了在乡政府规划的居民点上建房，与王丙互换了承包地，并商定共同在王丙的承包地上申请建房。但后来，县土地管理局把该地批给了王丙和张丁建房。原告便擅自在该地上建起了砖木结构房4间和车库2间，占地0.48亩。于是，被告对原告作出了拆除违法建筑物的处罚决定，并决定原告可以在周乙的宅基地上建房。③ 本案中，原告未办理有关手续，擅自在批给他人使用的土地上建房显属非法行为，故被告依法作出限期其拆除该违法建筑的处罚决定是合法的。但是，本案中原告符合建房条件，主管部门也愿意批给宅基地，所建房屋亦在乡政府规划的居民点上，符合规划要求，并

---

① 参见陈新民：《德国公法学基础理论》，山东人民出版社2001年版，第370页。

② 参见陈新民：《德国公法学基础理论》，山东人民出版社2001年版，第397页。

③ 案情详见姜明安主编：《行政案例精析》，中国人民公安大学出版社1991年版，第28页以下。

不妨碍行政目的所要追求的保护有限土地资源的公共利益。因此，在房屋已经建成的情况下，仅仅是为了加强管理（即要求原告履行申请手续）这一行政目的，拆除决定给原告造成的损失就要大于该行政目的所追求的公共利益，不符合比例原则的要求。

四、信赖保护原则

信赖保护原则是诚信原则在行政法中的运用。诚信原则即诚实信用原则，其基本涵义在于行使权利、履行义务，应依诚实及信用之方法。① 这一原则本为民法的基本原则之一，被称为私法的"帝王条款"，"贯穿了整个私法的实体法和程序法的全部"，② 它"不但于私法上债之关系有其适用，有关一切权利之行使与义务之履行均应遵守此一原则"。③ 诚信原则的宗旨在于实现当事人之间及当事人与社会之间利益关系的平衡，目的在于保持社会稳定与和谐的发展。④ 因此，诚信原则属于一种利益均衡原则的范畴，是对行为主体在实施某种行为时必须具备诚实、善意的一种"内心状态的要求"。⑤

诚信原则被援用于行政法领域，是在战后德国发展起来的。在这一过程中，理论上曾就诚信原则能否运用于行政法领域，发生过较大的争论。一种观点是否定说，认为行政法为公法，与私法不同，私法多为任意规定，公法多为强行规定，私法实行意思自治原则，公法则遵循依法行政原则，法规所规定者必须严格遵

---

① 参见杨解君等：《行政法学》，法律出版社2000年版，第65页。
② 傅静坤：《二十世纪契约法》，法律出版社1997年版，第38页。
③ 谢孟瑶：《行政法学上之诚实信用原则》，载城仲模主编：《行政法之一般法律原则》（二），台湾三民书局1997年版，第193页。
④ 参见徐国栋：《民法基本原则解释——成文法局限性之克服》，中国政法大学出版社1997年版，第79页。
⑤ 徐国栋：《民法基本原则解释——成文法局限性之克服》，中国政法大学出版社1997年版，第79页。

守，诚信原则的主要作用在于补充法规的不完备，如果适用于公法势必将破坏法规的严格性，故否定诚信原则适用于行政法上。① 另一种观点是肯定说，即肯定诚信原则在行政法中的适用性。如有学者认为诚信原则是一自然含有道德规范色彩的基本原则，共通于所有法领域之间，其属于超越成文法之上位法理，付诸于各种法领域，故诚实信用并非私法所特有，同样为行政法所适用。只不过诚信原则在不同法领域会因为各法领域的特殊性而有所调整。② 还有学者认为，诚信不仅是私法的要求，也是公法的精神，"苟无诚信原则，则民主宪政将无法实行，故诚信为一切行政权之准则，亦为其限界"。③ 从目前的情况看，不仅德国、日本等大陆法系国家已明确确立了诚信原则在行政法中的地位，而且英美法系国家也具有相关规定或观念。如英国的"保护合理期待原则"，即具有诚信原则的实质意义。在美国，诚信原则主要通过充分忠实和信任原则、一事不再理原则、禁止翻供原则、遵守先例原则、限制法规或规章的生效日期及其溯及力等途径表现出来。

在我国行政法与行政法学中，诚信原则未获得应有的重视。事实上，我国宪法第27条明确规定："一切国家机关和国家工作人员必须依靠人民的支持，经常保持同人民的密切联系，倾听人民的意见和建议，接受人民的监督，努力为人民服务。"而只有政府诚信待民，真正地取信于民，人民对政府具有了信任感，政府才能在行动上获得人民的支持；同时，政府也应当信任自己的

---

① 参见林纪东：《行政法与诚实信用原则》，《法令月刊》第41卷第10期。转引自城仲模主编：《行政法之一般法律原则》（二），台湾三民书局1997年版，第205页。

② 参见谢孟瑶：《行政法学上之诚实信用原则》，载城仲模主编：《行政法之一般法律原则》（二），台湾三民书局1997年版，第205页。

③ 罗传贤：《行政程序法基础理论》，台湾五南图书出版公司1993年版，第65页。

人民,只有对人民表示信任,政府才能在行动上经常保持同人民的密切联系,倾听人民的意见和建议,接受人民的监督,努力为人民服务。政府与人民间这种宪政上的相互信任,是"宪政民主的重要标志和评价标准",也为"行政主体与相对人之间在行政法上的相互信任提供了宪政基础"。① 也就是说,我国宪法第27条所体现出的这种宪政上的信任关系,为诚信原则在我国行政法中的运用奠定了宪政基础。同时,按照现代公共服务的观念,现代行政已不再是一种单纯的管理行政而应当是一种服务行政,政府与公众间关系已不再是一种纯粹的命令与服从的对抗关系,而应当是一种服务与合作的相互信任关系。只有政府信任公众,才能发展民主,为公众提供优良服务;也只有政府取得公众信任,才能获得公众的长久支持和积极合作。而政府要取信于公众,就必须遵循诚信原则。可见,诚信原则在行政法中的运用也是建立在现代公共服务的观念基础之上的。从现实情况来看,"在我国目前某些法律权威不足、人们对某些法律和政府部门缺乏足够的信心和信赖的情况下,在行政法中确立诚信原则就至为必要和迫切"。② 所以,笔者认为,借鉴世界各国经验,考虑我国的实际情况,应当肯定诚信原则在我国行政法中的适用性,明确确立诚信原则在我国行政法中的地位。对此,我国《行政许可法》③ 首次将该原则适用于行政许可领域,并在第8条和第69条作出了明确规定,要求行政机关实施行政许可必须诚实信用,不得擅自改变已经生效的行政许可。

实际上,诚信原则作为一种利益均衡原则,作为对行为主体

---

① 叶必丰:《行政法的人文精神》,湖北人民出版社1999年版,第220页。
② 杨解君等:《行政法学》,法律出版社2000年版,第65页。
③ 2003年8月27日第十届全国人民代表大会常务委员会第四次会议通过,自2004年7月1日起施行。

一种内心状态的要求,"乃行政裁量之最高法律原则",①构成"裁量的客观外部界限"。②任何法律行为,都是主体的一种意思表示,是沟通"主观权利"和"客观法"之间的桥梁。③主体的行为可以使客观主观化,也可以使主观客观化。而诚信首先体现的是人自身的一种价值观念,意味着一种基本的道德要求,"是一个以道德的存在为先决条件的概念"。"不论社会生活采取什么样的特殊方式,都存在某些为社会生活本身所必须的道德要素。由于文化和文明的传统必定延续在所有的社会生活方式之中,这些道德要素就成了每种传统的一部分。诚实的美德就是一个这样的要素。共同生活的人们至少绝大部分要能相互信赖。"④诚实信用作为人自身发展和完善的必然结果,已成为现代文明社会里人们所应奉行的一种基本道德准则。这种道德准则适用于法律领域,就"不仅是一种抽象的道德说教,而且是具体的法律义务"。⑤在民法中,"诚实信用主要对当事人提出具备善意、诚实的内心状态的要求,以此实现当事人之间外部利益关系上的平衡"。⑥而在行政法中,行政主体的行政行为也是行政主体实施

---

① 翁岳生:《行政法与现代法治国家》,台湾祥新印刷有限公司1989年版,第53页。

② 谢孟瑶:《行政法学上之诚实信用原则》,载城仲模主编:《行政法之一般法律原则》(二),台湾三民书局1997年版,第205页。

③ 参见[法]狄骥:《宪法论》,钱克新译,商务印书馆1962年版,第128、255页;韩忠谟等:《法律之演进与适用》,台湾汉林出版社1977年版,第69页。

④ [英]米尔恩:《人的权利与人的多样性——人权哲学》,夏勇等译,中国大百科全书出版社1995年版,第16、44页。

⑤ 叶必丰:《行政法的人文精神》,湖北人民出版社1999年版,第222页。

⑥ 徐国栋:《民法基本原则解释——成文法局限性之克服》,中国政法大学出版社1997年版,第90页。

的旨在发生一定法律效果的意思表示,是沟通主观意志与客观存在的桥梁。尤其对于行政裁量而言,"裁量乃裁度推量之意,是人类对事物考虑之内部心理意识的过程"。① 因此,诚实信用同样是对行政主体在实施行政行为时必须信守承诺的一种内心状态的要求,对行政主体进行行政裁量活动起着指导作用,并具有适用性和拘束力。通过这种内在的要求和限制,诚信原则也同样发挥着平衡行政裁量中各种利益关系的功能。从这个角度来看,行政法中的诚信原则与行政均衡原则相当,需要通过平等对待原则、禁止过度原则和信赖保护原则才能全面体现出来。如果从更广义上看,切实履行告知义务、公正地举行听证、将行政决定坦诚布公等行政正当原则的内容也是诚信原则的具体体现。"实际上,自然公正原则防止行政机关的专横行为,可以维持公民对行政机关的信任和良好关系。"② 当然,这些原则之间存在着一定的分工:行政均衡原则侧重于诚信原则的实体方面,行政正当则侧重于诚信原则的程序方面;平等对待原则主要实现各种个人利益之间的平衡,信赖保护则主要实现的是公共利益与个人利益之间的平衡;禁止过度原则主要调整涉及负担行政行为方面的公共利益与个人利益之间的关系;信赖保护原则主要调整的是涉及授益性行政行为方面的公共利益与个人利益之间的关系。

可见,诚信原则在行政法中的运用十分广泛,但最能够直接体现诚信原则的是信赖保护原则,以至于有学者将两者相等同。③ 德国等大陆法系国家的信赖保护原则也往往涵盖了诚信原

---

① 翁岳生:《行政法与现代法治国家》,台湾祥新印刷有限公司1989年版,第40页。

② 王名扬:《英国行政法》,中国政法大学出版社1987年版,第152页。

③ 参见马怀德主编:《行政法与行政诉讼法》,中国法制出版社2000年版,第58页以下。

则的大部分内容。由于诚信原则的许多内容已为其他原则所包含，所以此处所称的信赖保护原则仅限于授益性行政行为的撤销及废止方面的信赖保护。据此，所谓信赖保护原则，是指当行政相对人对授益性行政行为形成值得保护的信赖时，行政主体不得随意撤销或者废止该行为，否则必须合理补偿行政相对人信赖该行为有效存续而获得的利益。

信赖保护原则的实质是为了保护行政相对人对授益性行政行为的信赖利益，必须对该行为的撤销或者废止予以限制。也即行政主体的撤销权与废止权将受到相对人信赖利益保护的限制。然而，依形式意义的"依法行政"原则，若不撤销已作出的事实结论及已生效的违法行政行为，则意味着对公共利益的损害；即使行政行为合法，随着作为其存在前提的法律事实的变化或作为其存在根据的行政法律规范的变化，也必须予以变更或者废止。显然，信赖保护原则与依法行政原则（行政法定原则）之间存在着一定程度的冲突。美国学者迈达尔·D·贝勒斯认为，法律原则是有"分量"的，就是说，"相互冲突的原则必须互相衡量或平衡，有些原则比另一些原则有较大的分量"。① 这就意味着在权衡信赖保护原则与依法行政原则之间的冲突过程中，必须舍弃其一。而任何一项法律原则所体现的法律价值的缺失，对整个法律秩序都有不良影响。因此，信赖保护原则的适用是有条件的，并且因信赖对象的差异而存在操作上的差别。概而言之，信赖保护原则的适用必须具备如下三个条件：

第一，存在信赖基础。"要构成信赖保护之大前提为：人民信赖什么？信赖的客体为何？亦即先要有一有效表示国家意思的

---

① ［美］迈克尔·D·贝勒斯：《法律的原则》，张文显等译，中国大百科全书出版社1996年版，第13页。

'法的外貌'。"① 行政行为只有在生效之后，才能对行政相对人产生拘束力，其内容也才能获得相对人的信赖。因此，授益性行政行为生效且此生效事实被相对人获知是适用信赖保护原则的前提。"受益人如不知有该行政处分之存在，即无信赖之可言"，②若无信赖感，也就无从适用信赖保护原则。对此，我国《行政许可法》第8条明确规定，行政机关不得擅自改变的就是"已经生效的行政许可"。如果行政许可正在审查过程中，还尚未生效，那么也不存在是否要改变行政许可问题，而只存在是否准予许可的问题。值得注意的是，这里"已经生效的行政许可"既包括合法的行政许可，也包括违法的行政许可。无论对合法行政许可的变更或者撤回，还是对违法行政许可的撤销，都要受信赖保护原则的限制。

第二，具备信赖行为。信赖行为亦称信赖表现，是指相对人基于对授益性行政行为的信赖而采取的具体行为。信赖保护原则的适用，必须是相对人已采取了信赖行为，且信赖行为具有不可逆转性。其主要表现为：授益性行政行为赋予行政相对人的是某种物质利益，而行政相对人已对该物质利益进行了处分，如对作为物质利益载体的特定物、不可分物等进行了处分；或授益性行政行为赋予行政相对人的是某种资格，而行政相对人依此资格从事了某种行为。③ 如某边远地区的两个法盲去婚姻登记机关领取了结婚证和准生证，次年，该夫妻得一子。在户籍管理机关为该婴儿登记户口时发现夫妻一方或双方尚未达到法定结婚年龄。对于这件事，夫妻双方均无过错，不应该承担不利的法律后果。此

---

① 城仲模主编：《行政法之一般法律原则》（二），台湾三民书局1997年版，第239页。

② 陈敏：《行政法总论》，台湾1999年版，第419页。

③ 参见李春燕：《行政信赖保护原则研究》，《行政法学研究》2001年第3期。

时，有权的行政主体不能撤销原来的结婚证和准生证。

第三，信赖值得保护。即值得保护的信赖须是"正当的信赖"。所谓"正当的信赖"，是指"人民对国家之行为或法律状态深信不疑，且对信赖基础之成立为善意并无过失；若信赖之成立系可归责于人民之事由所致，信赖即非正常，而不值得保护"。①对违法的授益性行政行为而言，行政相对人的实际信赖是否值得保护，关键是考察该受益人对行政行为的违法性有无可归责性及其有无利用该违法性的不良企图。根据有关国家和地区行政程序法的规定，排除信赖的情况主要包括：通过恶意之欺诈、胁迫或贿赂而促成行政行为的；对重要事项不提供正确资料或为不完全陈述而促成行政行为的；明知或因重大过失而不知行政行为违法的。②对此，我国《行政许可法》第69条第2款也规定："被许可人以欺骗、贿赂等不正当手段取得行政许可的，应当予以撤销。"也就是说，在这种情况下，被许可人获得的利益不是基于对行政机关的信任而来的，因而不受法律的保护。对合法的授益性行政行为而言，行政相对人的信赖是否值得保护，关键是考查废止行为是否具有可预测性；若具有可预测性，则该信赖不值得保护。从立法及行政、司法实践看，行政行为被废止的原因一般包括：(1) 法规保留废止权；(2) 原行政主体保留废止权；(3) 行政相对人未履行授益性行政行为所附加的负担；(4) 行政行为所依据的法规或法律事实事后发生变更，若不废止之将危害公益；(5) 其他为防止或除去对公益的重大危害的情形。对于(1)、(2)、(3) 而言，行政相对人应知其权益处于不稳定状态，能够预测到该行为可能被废止，故对该行政行为的信赖不值得保护。至于(4)、(5)，由于它超出了行政相对人的预测能力，若

---

① 吴坤城：《公法上信赖保护原则初探》，载城仲模主编：《行政法之一般法律原则》（二），台湾三民书局1997年版，第241页。

② 参见德国1997年《联邦行政程序法》第48条第2款。

废止之,则应保护行政相对人的合理信赖。① 对此,《行政许可法》第8条第2款只规定了相对人不可预测的两种情形:一是行政许可所依据的法律、法规、规章修改或者废止;二是准予行政许可所依据的客观情况发生重大变化的。这两种情形都超出了行政相对人的预测能力,若变更或撤回之,则应保护行政相对人的合理信赖。

在具备上述条件的情况下,对信赖保护原则的适用,还必须在相对人的信赖利益与否定原行政行为所欲维护的公共利益之间进行一种客观的对比或权衡。由于信赖利益归属于个人利益的范畴,信赖利益与公共利益的关系在一定程度上可以说是个人利益与公共利益的关系,因此这种利益之间的权衡,实际上就是对个人利益与公共利益之间的权衡。通过对信赖利益与撤销或废止之公共利益间的权衡,在前者显然大于后者时,就不得撤销或者废止原行政行为,即维持原行政行为的效力;在相反的情形下,行政主体虽可撤销或者废止原行政行为,但必须给予相对人合理的信赖赔偿或补偿。可见,行政相对人的信赖都值得保护,只是公共利益与信赖利益相较量的结果不同。当信赖利益占上风时,授益性行政行为不得被撤销或废止;当公共利益占上风时,虽可撤销或废止授益性行政行为,但并不能因此而无视信赖利益受损害的事实——信赖赔偿或补偿,这是兼顾公共利益与信赖利益的一种策略。至于信赖赔偿或补偿的范围,应由信赖利益受损害的程度决定。

在我国,《行政许可法》第8条第2款和第69条的规定充分体现了上述这一利益权衡规则。根据《行政许可法》第8条第2款的规定,只有为了公共利益的需要,才可以依法变更或撤回已经生效的行政许可,但"由此给公民、法人或者其他组织造成财

---

① 参见李春燕:《行政信赖保护原则研究》,《行政法学研究》2001年第3期。

产损失的，行政机关应当依法给予补偿"。这是针对合法行政许可的变更或者撤回而言的。就违法行政许可的撤销而言，《行政许可法》第69条规定："有下列情形之一的，作出行政许可决定的行政机关或者其上级行政机关，根据利害关系人的请求或者依据职权，可以撤销行政许可：（一）行政机关工作人员滥用职权、玩忽职守作出准予行政许可决定的；（二）超越法定职权作出准予行政许可决定的；（三）违反法定程序作出准予行政许可决定的；（四）对不具备申请资格或者不符合法定条件的申请人准予行政许可的；（五）依法可以撤销行政许可的其他情形。"这里，《行政许可法》使用的是"可以撤销"而非"应当撤销"。这就意味着，对于具备上述情形的违法行政许可并非一律撤销，行政机关是否撤销违法的行政许可也要受到信赖保护原则的限制。即必须在撤销行政许可所要维护的公共利益与维持行政许可所要保护的被许可人的信赖利益之间进行权衡。当前者明显大于后者时才能撤销行政许可，且由此给"被许可人的合法权益造成损害的，行政机关应当依法给予赔偿"。

可见，利益权衡是适用信赖保护原则的核心与关键。这里需要进一步关注的问题是，究竟如何进行利益权衡？一般认为，行政主体在对信赖利益与公共利益进行权衡时，应当考虑如下因素：撤销对受益人的影响；不撤销对公众和第三人的影响；行政行为的种类及成立方式（经由较正式行政程序所为的行政行为，受益人对其信赖的程度更大）；行政行为违法性的严重程度；行政行为作出后存在的时间长短。行政机关知道具体行政行为违法性之日起2年后或者具体行政行为作出之日起5年后，行政机关不得撤销。① 但具体行政行为的作出出于胁迫、欺骗或者贿赂的，行政机关在上述期限过后仍然可以撤销。② 在我国，《行政

---

① 参见我国台湾地区1999年"行政程序法"第121条。
② 参见德国1997年《联邦行政程序法》第48条第4款。

许可法》对此并没有作出明确规定,但也可以参照上述因素进行利益衡量。比如可以考虑行政许可违法的严重程度,对程序违法不影响行政许可决定正确性,而经补正能够纠正的行政许可违法,其程度较轻,显然就没有必要撤销行政许可。关于行政行为作出后存在的时间长短这一因素也很重要,以保持社会关系的稳定。虽然《行政许可法》并未对此作出规定,但根据《行政许可法》第69条的立法原意,行政机关应当考虑违法行为存续时间长短这一因素,并作出决定是否撤销行政许可。

第三节 行政法基本原则之三:行政正当原则

一、行政程序与行政正当

我们已经看到,在现代法治国家,承认行政裁量的必要与法律对它的限制是一致的。而这种限制,除了外部界限上要符合行政法定原则外,还应当从内部界限上加以限制。在内部限制上,除了行政实体方面要符合行政均衡原则的要求,还应当把行政程序作为限制的方式,这就产生了行政裁量的"正当程序原则"问题。行政正当原则正是从各国行政法所普遍奉行的"正当程序原则"及相关原则中概括提炼而成的又一项行政法基本原则,它要求行政裁量在行政程序方面必须符合现代法治国家所要求的"程序正义"观念。

行政程序乃法律程序之一种。一般意义上,程序是指"事情进行的先后次序"① 或"按时间先后或依次安排的工作步骤"。②而在法律学上,程序是与"实体"相对应的一个专门的法律概念,指法律主体按照一定方式和步骤形成实体法律决定的过程,

---

① 《现代汉语词典》,商务印书馆1996年版,第163页。
② 《辞海》,上海辞书出版社1980年版,第1752页。

其普遍形态是：按照某种标准和条件整理争论点，公平地听取各方意见，在使当事人可以了解或认可的情况下作出决定。① 现代意义上的法律程序，应当包括宪法程序、行政程序和诉讼程序这几种主要类型。然而，长期以来，人们对法律程序的研究往往只集中于诉讼程序，甚至将程序法等同于"诉讼法"。② 这种观念在现代社会显然已很不合时宜。在行政权力日益渗透到人们生活的每一个角落的当今社会，正当的行政程序已成为规范行政权力的正当行使所必不可少的重要法律规则。从立法上看，自从西班牙于1889年制定世界上第一部行政程序法之后，尤其是20世纪以来，世界上许多国家都纷纷制定了行政程序法典或行政程序性法律规范，普遍注重起行政程序的作用，"行政程序作为法律程序的一种，日益成为人们关注的焦点"。③

行政程序具有技术和价值双重层面的意义。在技术层面上，行政程序即行政主体实施行政行为所应当遵循的方式和步骤。行为方式构成了行为过程的空间表现形式；行为步骤构成了行为过程的时间表现形式。行为的各个方式按照一定的步骤串联起来，就形成了行为的全过程。行政程序实质上就是行政行为空间和时间表现形式的有机结合，是作为过程的行政行为。而"任何行政

---

① 季卫东：《法治秩序的建构》，中国政法大学出版社1999年版，第12页。

② 参见《法学词典》（增订版），上海辞书出版社1984年版，第914页；《中国大百科全书·法学》，中国大百科全书出版社1984年版，第80页；《牛津法律大辞典》，光明日报出版社1988年版，第725页；张贵成等主编：《法学基础理论》，中国政法大学出版社1989年版，第245页；沈宗灵主编：《法理学》，高等教育出版社1984年版，第320页。

③ 王万华：《行政程序法研究》，中国法制出版社2000年版，第2页。

行为的实施在客观上都有其一定的空间和时间表现形式"。① 从这一角度讲,只要有行政行为的存在,就有行政程序的存在。同时,任何行政行为都是两方面的统一:一方面是其实体内容,另一方面是其程序形式。② 正如任何事物的内容都离不开形式一样,任何行政行为也都离不开行政程序,行政实体必须通过一定的行政程序才能得以实现。

在价值层面上,行政程序则不仅仅是实现行政实体或结果的技术性工具,它还有着独立于实体而存在的内在价值。这种内在价值即程序自身的正当性,它在一定程度上主要取决于程序本身是否符合正义的要求,而并不取决于通过该程序所产生的实体结果如何,相反,程序的正义甚至决定着实体结果的正当性。程序自身所具有的这种独立价值,表明存在着一种程序本身的正义,而这种"程序的正义,意味着程序不是权力的附庸,而是制约专横权力的屏障"。③ 程序自身的正当性对行政权力的正当行使施加了最基本的程序性要求。随着行政权力尤其是行政裁量权在现代社会的不断扩张,肯定价值层面上的行政程序,即要求行政程序是一种正当性程序,对于规范行政权力的正当行使、保护公民权利无疑具有十分重大的现实意义。因此,我们不能仅仅从技术的角度来理解行政程序的意义,正当的行政程序实质上是对个人自由提供的一种重要保障,是现代行政法治的核心要求。正如美国大法官 W·道格拉斯(William Douglas)所言:

权利法案的大多数规定都与程序条款有关,这一事实并

---

① 杨海坤、黄学贤:《中国行政程序法典化——从比较法角度研究》,法律出版社 1999 年版,第 7 页。

② 参见罗豪才主编:《行政法学》,中国政法大学出版社 1989 年版,第 241 页。

③ 蒋秋明:《程序正义与法治》,《学海》1998 年第 6 期。

不是无意义的。正是程序决定了法治与恣意的人治之间的基本差异。坚定地遵守严格的法律程序,是我们赖以实现人人在法律面前平等享有正义的主要保证。①

对法律程序作价值层面上的分析,即对法律程序的价值分析问题,在法理学上已有了较为深入的研究,并由此形成了两种对立的理论:程序工具主义和程序本位主义。因此,这里有必要对这两种程序理论作些介绍,以便为行政程序的价值分析提供理论依据。

程序工具主义认为,程序不是作为自主和独立的实体而存在,它只是实现实体法的"功利"手段,评价一种法律程序的好坏就是看它实现良好结果的有效性(good result efficacy)。英国功利主义哲学的创始人边沁是这一派的鼻祖。他认为,程序只是工具,程序法只是"附属的法"(adjective law),它本身不具有任何独立的内在价值;程序法的惟一正当目的是"最大限度地实现实体法","程序法的最终有效性要取决于实体法的有效性"。②边沁的功利主义程序理论在一定程度上揭示了法律程序在保障实体法目标得以实现方面的工具性价值。但是,这种理论又错误地将程序作为"手段"的属性强调到了一个极端,认为法律程序的惟一价值就是其作为实体法的"工具价值",法律程序自身并不具有价值,其价值只能通过它对结果的有效性来衡量。显然,这种"为了结果可以不择手段"的"绝对程序工具主义"态度与法

---

① 转引自 Christopher Osakwe, *The Bill of Rights for the Criminal Defendant in American Law*, in Human Rights in Criminal Procedure (edited by J.A.Andrews), Martinus Nijhoff Publishers, 1982, pp.260-264.

② See Cerald J.Postema, *The Principle of Utility and the Law of Procedure: BentHam's Theory of Adjudication*, in Georgia Law Review, Vol.11, 1393, 1977.

治的基本理念是根本冲突的。例如,刑讯逼供可能取得证据,并对查明案件事实有"结果有效性",但这种非人道的程序却违背了法治的基本要求。尽管在现代法治社会中,直接持这一态度的人已经不多,但并不意味着其影响的消失。比如庞德的社会工程、法律程序与社会控制理论把法律程序看做只是限制恣意妄为、形成社会秩序、达到社会控制的手段;波斯纳的经济分析法学把法律程序看做只是保证法律运作过程"经济效益最大化"的工具。① 庞氏和波氏的理论实际上就是程序工具主义的体现。

程序本位主义则认为,程序并不仅仅只是实现某种实体目的的手段或者工具,结果有效性亦并非法律程序的惟一价值,评价法律程序的价值标准应当立足于程序本身是否具有某些独立于结果的"内在品质",即过程价值有效性(process value efficacy)。换言之,法律程序的价值在于程序本身的正义,而不是结果的有效性。程序本位主义事实上就是一种程序正义或程序公正理论。程序公正根植于古罗马时代的"自然正义"论,其理论基础是传统的自然法理论,早在古罗马时代和中世纪时期,自然正义作为一项程序公正标准,已成为自然法、万民法和神判法的主要内容。近现代程序正义观念产生和完善于英国法中的"自然正义",并为美国法所继承的"正当程序"思想而形成和展开,其思想体系可追溯到1215年制定的英国大宪章。到了20世纪,以程序公

---

① 波斯纳认为,法律程序必须有助于减少法律制度运作过程的成本,从而相应地使法律运作过程的经济效益最大化。法律程序的成本主要有两种:一种是通过程序获得错误结果而发生的成本(Error Cost),另一种是在程序的进行过程中直接投入的资源所产生的成本(Direct Cost),法律程序的目的就在于最大限度地使程序的"错误成本"与"直接成本"之和最小化。See Richard A. Posner, *An Economic Approach to Legal Procedure and Judicial Administration*, in the Journal of Legal Studies 2 (1973), pp.399-400. 转引自应松年主编:《行政程序立法研究》,中国法制出版社2001年版,第64页。

正为主要内容的程序本位主义原则逐步扩展为世界多数国家所公认的基本人权保障标准,并为越来越多的国际文件所承认和接受。① 与此同时,从20世纪60年代开始,关于程序正义的理论也开始大规模兴起,一些英美学者从揭示传统意义上的"自然正义"和"正当法律程序"理念的思想基础出发,对法律程序本身的公正性和正当性进行了较充分的探讨,提出了一系列的程序正义理论,其中尤以美国的罗尔斯、萨默斯、贝勒斯等为典型代表。

罗尔斯在其《正义论》一书中,把程序正义作为独立的范畴加以类型分析,并根据程序正义与实体正义的关系将程序正义分为三种,即纯粹的、完善的、不完善的程序正义。② 其中完善的

---

① 如《世界人权宣言》第9~11条、《公民权利及政治权利国际公约》第14条第3项、《欧洲人权宣言》第6条第3项及《美洲人权宣言》第8条都分别规定了"最低限度程序保障",它们体现了最低限度程序公正观念和标准。

② [美]罗尔斯:《正义论》,何怀宏等译,中国社会科学出版社1988年版,第80页以下。在罗尔斯看来,纯粹的程序正义(pure procedural justice),指的是一切取决于程序要件的满足,不存在关于结果正当与否的任何标准。其典型事例是赌博,只要游戏规则不偏向某一赌客且被严格遵守,那么无论结果如何都认为是公正的。所谓完善的程序正义(perfect procedural justice),是指在程序之外存在着决定结果是否合乎正义的某种标准,且同时也存在着使满足这个标准的结果得以实现的程序这样的情况。其典型事例是蛋糕等分问题,只要设定了切蛋糕的人最后领取自己应得的一份这样的程序,就能够保证均分结果的实现。所谓不完善的程序正义(imperfect procedural justice),是指虽然在程序之外存在着衡量什么是正义的客观标准,但是百分之百地使满足这个标准的结果得以实现的程序却不存在。在不完善的程序公正的场合,程序未必一定能导致正当的结果,程序之外的评价标准便具有重要的意义。其典型例子为刑事审判,在刑事诉讼中,即便法律被仔细地遵循,过程被公正、恰当地引导,程序要件规定得非常完备,也还是不能完全避免错误结果的发生。

和不完善的程序正义只是为了提出纯粹的程序正义而作为一种说明上的对照才提出来的,他着重论述和强调的只是纯粹的程序正义。这种纯粹程序正义的特征是:不存在对正当结果的独立标准,但是存在着有关形成结果的过程或者程序正当性和合理性的独立标准,因此只要这种正当的程序得到人们恰当的遵守和实际的执行,由它所产生的结果就应被视为是正确和正当的,无论它们可能会是什么样的结果。美国另一位法学家罗伯特·萨默斯(Robert S. Summers)也是较早对法律程序中的正义问题进行理论思考的西方学者。1974 年,他发表了一篇题为《对法律程序的评价与改进——关于"程序价值"的陈辩》的长篇论文,首次提出了法律程序的独立价值标准问题,并对这种与程序的工具性相对的价值标准,即所谓的"程序价值",在理念、标准及其对法律程序的作用等方面的独立性问题进行了较为系统的分析和论证。① 他认为,对法律程序的价值评价除了有"好结果效能"的标准以外,还存在一种独立的价值标准——"程序价值"(process value)。"程序价值"正是我们据以将一项法律程序判断为好程序的价值标准,而这种价值标准要独立于程序可能具有的任何"好结果效能"之外。② 还有一位美国法学家贝勒斯所强调的"内在的程序价值",也是指通过法律程序本身体现出来、独立于裁判结果正确性的价值。③

罗尔斯等学者的"程序本位主义"理论对人们的深刻启示在

---

① 参见陈瑞华:《通过法律实现程序正义——萨默斯"程序价值"理论评析》,《北大法律评论》(第 1 卷第 1 辑),法律出版社 1998 年版,第 181 页以下;应松年主编:《行政程序立法研究》,中国法制出版社 2001 年版,第 68 页。

② See Robert S. Summers, *Evaluating and Improving Legal Procedure—A Plea For "Process Values"*, in cornell Law Review Vol. 60 (1974).

③ 参见陈瑞华:《走向综合性程序价值理论——贝勒斯程序正义理论述评》,《中国社会科学》1999 年第 6 期。

于,"在对一种至少会使一部分人的权益受到有利或者不利影响的活动或决定作出评价时,不能仅仅关注其结果的正当性,而且要看这种结果的形成过程或者结果据以形成的程序本身是否符合一些客观的正当性、合理性标准"。① 当然,另一方面,程序公正是结果公正的一项必要条件而非充分条件,过分强调程序正义,就使形式离开了内容,必然会走向形式主义从而湮没程序正义中包含的可贵的"合理内核"。② 尽管如此,但是程序本位主义理论将法律程序本身的正当性、合理性视为与实体结果的公正性具有同等重要意义的价值;强调法律实施过程要符合正义的基本要求,就会在原有的实体正义或实质正义的基础上发展程序正义的观念。尤其是在"重实体,轻程序"乃至"程序虚无主义"观念极为盛行的中国,引进和推广程序正义的观念,强调法律程序的独立内在价值和意义,更具有极为重要的意义。③

那么,程序正义在法律程序中究竟有哪些具体要求呢?对此,西方许多学者都作过有益的探讨,但存在较大的分歧。如美国学者泰勒认为评价某一法律程序是否公正有"六项"价值标准,即程序和决定的参与性;结果与过程的一致性;执法者的中立性;决定和努力的质量;纠错性;伦理性。④ 戈尔丁认为程序公正包含"九项"内容,即任何人不能作为有关自己案件的法官;结果中不应包含纠纷解决者个人的利益;纠纷解决者不应有支持或反对某一方的偏见;对各方当事人的意见均给予公平的关

---

① 陈瑞华:《程序正义论——从刑事审判角度的分析》,《中外法学》1997年第2期。

② 徐亚文:《正当法律程序简论》,载李龙主编:《珞珈法学论坛》(第1卷),武汉大学出版社2000年版,第273页。

③ 参见陈瑞华:《程序正义论——从刑事审判角度的分析》,《中外法学》1997年第2期。

④ See Tom R.Tyler, *What is procedural Justice*, in Law and Society Review Vol. 22 (1988).

注;纠纷解决者应听取双方的辩论和证据;纠纷解决者只应在另一方当事人在场的情况下听取对方的意见;各方当事人应得到公平机会来对另一方提出的辩论和证据作出反应;解决的诸项内容需应以理性推演为依据;分析推理应建立在当事人作出的辩论和提出的证据之上。① 萨默斯认为"程序价值"有"十项"基本内容,即参与性统治(participatory governance),程序正统性(process legitimacy),程序和平性(process peacefulness),人道性及尊重个人的尊严(humaneness and respect for individual dignity),个人隐私(personal privacy),协议性(consensualism),程序公平性(procedural fairness),程序法治(the procedural rule of law),程序理性(procedural rationality),及时性和终结性(timeliness and finality)。② 贝勒斯则将"程序价值"总结为"七项"原则,即和平原则、自愿原则、参与原则、公平原则、可理解原则、及时原则、止争原则。③ 我国学者在此方面也进行了极富开拓精神的研究。如孙笑侠的"程序公正的六大要义",即程序的民主性、程序的控权性(从人权角度看)、程序的平等性、程序的公开性、程序的科学性和程序的文明性;④ 季卫东的"现代程序的四项基本原则",即正当过程、中立性、条件优势、合理化;⑤ 陈佳明的"诉讼程序的六大要素",即程序规则的科学

---

① 参见[美]马丁·P·戈尔丁:《法律哲学》,齐海滨译,三联书店1987年版,第240页以下。

② See Robert S. Summers, *Evaluating and Improving Legal Procedure—A Plea For "Process Values"*, in cornell Law Review Vol. 60 (1974).

③ 参见[美]迈克尔·D·贝勒斯:《法律的原则》,张文显等译,中国大百科全书出版社1996年版,第34页以下。

④ 参见孙笑侠:《两种程序法类型的纵向比较——兼论程序公正的要义》,《法学》1992年第8期。

⑤ 参见季卫东:《程序比较论》,《比较法研究》1993年第1期;季卫东:《法治秩序的建构》,中国政法大学出版社1999年版,第23页。

性、法官的中立性、当事人双方的平等性、诉讼程序的透明性、制约与监督性;① 陈瑞华的"最低限度程序正义的六项要求",即程序的参与性、裁判者的中立性、程序的对等性、程序的合理性、程序的自治性、程序的及时终结性;② 肖建国的"最低诉讼程序公正的五项标准",即法官中立原则、当事人平等原则、程序参与原则、程序公开原则和程序维持原则等。③ 以上观点反映了不同的学者对程序公正的内容、标准和要素的不同理解。事实上,要提出一种普遍适用于一切社会的最高的、绝对的程序正义要求是不可能的。但是,我们可以根据人类的共同心理需求,提出一种可适用于所有现代文明社会的最低限度程序正义要求。④ 英国人将这些最低限度的程序正义要求贴上了"自然公正"的标签,美国人则称之为"正当程序"。

参照英美国家的标准,结合上述学者的分析,笔者认为,现代法律程序所要实现的最低限度的程序正义要求至少应当包括三项:程序中立性、程序参与性和程序公开性。程序中立性就是要求决定程序法律结果的法律主体应当处于中立地位,对参与程序的任何一方不得存有偏见和歧视。这是法律程序对决定程序法律结果的法律主体的"正当"要求。程序参与性就是那些利益或权利可能会受到程序法律结果直接影响的法律主体应当有充分的机会富有意义地参与法律程序的过程,并对法律结果的形成发挥其有效的影响和作用。这是接受程序法律结果的法律主体对法律程

---

① 参见陈佳明:《诉讼公正与程序保障》,《政法论坛》1995年第5期。
② 参见陈瑞华:《程序正义论——从刑事审判角度的分析》,《中外法学》1997年第2期。
③ 参见肖建国:《程序公正的理念及其实现》,《法学研究》1999年第3期。
④ 参见陈瑞华:《程序正义论——从刑事审判角度的分析》,《中外法学》1997年第2期。

序的"正当"要求。程序公开性,即法律程序的每一阶段和步骤都应当以当事人和社会公众看得见的方式进行。这是对法律程序整个过程本身的最低限度要求。行政程序作为一种重要的现代法律程序,同样要达到上述三项最低限度的程序正义要求。它们反映在现代行政程序中,可分别概括为避免偏私、行政参与和行政公开这三项原则。行政正当原则正是对这三项原则所作的进一步的高度概括。

可见,行政正当原则即行政权力的运行必须符合最低限度的程序公正标准,其所包含的避免偏私、行政参与和行政公开这三项要求,直接体现了现代法治国家对行政权力公正行使的最低限度、也是最基本的要求,从根本上承载了现代行政程序的基本价值追求——程序正义,是确保程序正义观念在行政行为中得以实现的重要保障。这说明行政正当原则在内容上具有"根本"属性,构成了行政法的基本原则。

这里需要进一步说明和强调的是,行政正当原则应当也有必要作为我国行政法的基本原则。在我国,传统的法学理论和实践只重视法律实体结果的公正,认为法律程序只是一种附属于实体的工具,其目的在于保证实体正义的实现。这种程序工具主义观追求实体的正义,固然避免了程序本位主义那种只重形式不重实体的弊端,对实现依法治国具有积极的意义;但另一方面,工具主义的程序价值观对程序内在独立价值的漠视,必然会导致"重实体轻程序"乃至"程序虚无主义",实体正确被奉为绝对优先的目标,而法律程序则沦为一种可有可无的"形式"或"手段"。针对司法实践中"重实体轻程序"的现象,"近些年来,在我国刑事司法领域,以《中华人民共和国刑事诉讼法》的修改为标志,以我国政府签署《公民权利和政治权利国际公约》为契机,发生了一场观念上的革命",其中一个突出的特点就是"对国际标准予以自觉地参照",从而使我国在刑事审判程序公正的道路上逐步接近了国际标准。① 20世纪90年代以来，我国对于行政的程序化也有了进一步的强调。1989年颁布的《行政诉讼法》第54条明确将具体行政行为是否符合法定程序作为衡量其是否合法的标准之一，违反法定程序将予以撤销。这不仅大大提高了人们对行政程序的认识，同时，为了与《行政诉讼法》的规定相衔接，近些年来，各级国家机关纷纷制定了大量有关行政程序方面的法律、法规和规章，从而极大地推动了我国行政程序立法。尤其值得一提的是，1996年通过的《行政处罚法》可以说是我国行政程序立法方面一块重要的里程碑。这部法律从形式上第一次系统完整地规定了某一类行政行为的程序，使行政程序立法一改过去分散立法、重复立法的状况，在某种程度上走向统一。更具有历史意义的是，《行政处罚法》在我国法律制度中首次引入了作为现代行政程序核心内容的听证程序，明确规定行政机关在作出责令停产停业、吊销许可证或者执照、较大数额罚款等行政处罚决定之前，应举行听证会，听取相对人意见，给相对人申辩的机会。从内容上来看，"虽然听证程序的适用有一定限制，具体制度也不够明确，给操作带来一定困难，但这项制度的引进，给人们的观念带来了巨大的冲击，对我国的民主和法制建设起到了极大的促进作用"。② 目前，《价格法》、《立法法》和《行政许可法》也规定了相关的听证制度。这表明听证作为一项来自西方国家的保护公民权利的重要的现代行政程序制度，在中国已开始扎根发展。此外，《行政处罚法》和《行政许可法》还相应地规定了有关行政处罚和行政许可的公开制度、告知制度、说明理由制度、回避制度等体现行政程序正当的制度，规定了行政相对人

---

① 熊秋红：《解读公正审判权——从刑事司法角度的考察》，《法学研究》2001年第5期。

② 参见王万华：《行政程序法研究》，中国法制出版社2000年版，第84页。

的得到通知权、陈述意见权和申辩权等程序权利。这与过去的立法相比较,显然是一个质的飞跃。尽管如此,但毕竟我国行政程序至今尚未制定统一的法典,现代行政程序制度在全国行政程序立法中还未系统、全面、普遍地确立起来;在内容上,现有行政程序的设计还远未体现出现代行政程序对抗行政权的独立性,与现代行政法治的价值目标及程序正义的要求也还相距甚远。因此,借鉴英美国家的经验,将行政正当原则确立为我国行政法的基本原则,以高度重视程序正义及其在行政程序设计中的适用问题,具有十分重大的现实意义。

二、避免偏私原则

避免偏私原则,即要求行政主体在行政程序进行过程中应当在参与者各方之间保持一种超然和不偏不倚的态度和地位,不得受各种利益或偏私的影响。这一要求的意义在于确保行政程序中各方参与者受到行政主体平等的对待,因此,与前述"平等对待原则"具有相同意义。但两者又是不同的。平等对待原则是行政相对人在行政实体上受到平等对待,要求行政主体已经作出的实体决定要体现各方利益关系的均衡和平等,以实现实体正义;避免偏私原则则是行政相对人在行政程序上受到平等对待,要求行政主体作出决定的过程本身就应当确保各方参与者受到平等对待,以实现程序正义。

避免偏私原则是程序中立性这一最低限度的程序正义要求在行政程序中的具体体现。中立性原则是现代程序的基本原则,是"程序的基础"。[①] 程序的中立,本意是要求纠纷的裁判者应当在对抗的双方当事人之间保持一种超然和不偏不倚的态度和地位,使当事人受到同样的对待,因而最初只是司法程序的一项基本原

[①] 季卫东:《程序比较论》,《比较法研究》1993年第1期;季卫东:《法治秩序的建构》,中国政法大学出版社1999年版,第24页。

则。几个世纪以来英国司法程序中的"自然公正"原则，原来就是个"司法程序中的规则"，后来才移用到行政程序中来。①"自然公正"原则一直将公正、独立的裁判者作为其一项基本要求，即"任何人不能成为审理自己案件的法官"。这一要求的实质就是为了保障司法程序的主持者和裁判者的中立性。它要求裁判者对于裁判结果不得有某种利益；在程序进行过程中不得存在偏见，不能既是控诉者又是法官，不得有偏私。司法程序中的程序中立被美国所继承，并发展为宪法上"正当法律程序"原则的一个重要内容。20世纪中叶以来，该原则开始进入众多的国际文件之中，逐步趋于国际化。如联合国1966年通过的《公民权利及政治权利国际公约》第14条明确规定，在刑事诉讼和大多数民事诉讼中，当事人应当享有接受一个由"合格的（competent）、独立的（independent）、不偏不倚的（impartial）"裁判主体进行裁判的权利。美洲国家于1969年通过的《美洲人权公约》第8条对此也作了明确规定，要求主持司法性程序的主体必须是独立公正的。1950年制定的《欧洲保障人权和基本自由公约》也要求，操作法律程序的主体应当是独立的和公正的，只是对于其是否必须"合格"没有作出规定。当然，宪法和国际文件中的程序中立标准只是原则性的规定，它的具体化还需要民事、刑事、行政诉讼法的支持。目前，司法程序中的程序中立已经被世界各国诉讼程序法所规定。在我国，民事、刑事及行政诉讼法也都毫无例外地确立了裁判者必须中立的原则。

那么，在行政程序中，是否也要求程序中立呢？在英国，法院最初认为，只有行政程序中带有司法性质的行为，即行政机关的司法行为或准司法行为，才适用该原则。但是，英国高等法院1966年在一个判决中提出了公平行政的观念，认为"不论行政

---

① 参见王名扬：《英国行政法》，中国政法大学出版社1987年版，第155页。

机关的行为属于什么性质,一个良好的行政需要没有偏私,而且行为公平。行政机关一切对公民可能产生不利影响的权力都要公平行使"。① 自此后,防止偏私原则普遍适用于行政机关一切权力的行使。"不管司法性的还是行政性的,这样该原则也就轻而易举地适用于行政活动。"② 在美国,《联邦行政程序法》对主持行政程序的行政法官的独立性(independence)和中立性(impartiality)也作了明确规定,其中尤其强调避免行政法官受行政机关的影响,产生不利于当事人的结果。比如,为了保障行政法官的独立性和公正性,美国行政程序法规定,禁止行政机关要求行政法官承担"与其责任和义务不相符的义务",行政法官由文官功绩保护委员会(Merit Systems Protection Board)管理而不是由行政机关管理。③

可见,非司法性程序并不妨碍像司法性程序那样适用程序中立。程序中立的实质是要求行政主体排除利益的干扰,居于客观的立场,从而作出符合法律规定的公正决定。可以说,其核心要求是"避免偏私"。这样的要求,无论对于司法性程序还是对于非司法性程序都是适用的。具体而言,行政程序中的"避免偏私"原则具有如下要求:

第一,没有利益牵连。它要求行政主体及其行政人员和行政人员的亲属,与所作的行政行为没有个人利益上的联系。这里的个人利益,通常是指财产利益或金钱利益,但也不仅限于此,还包括"其他足以影响行政决定的非财产因素,例如感情利益和精

---

① 王名扬:《英国行政法》,中国政法大学出版社1987年版,第156页。

② [英]威廉·韦德:《行政法》,徐炳等译,中国大百科全书出版社1997年版,第105页。

③ 参见应松年主编:《行政程序立法研究》,中国法制出版社2001年版,第133页。

神利益在内"。① 据报载，某派出所长与某公司绿园家居博览中心签下一份治安协议书，并担任对方的"名誉副总经理"，同时据称这个"副总"一不参与业务管理，二不在企业领报酬，只是负责治安工作。② 但是，警察兼职不管有没有沾钱，显然已经与所管辖的实务存在着个人利益上的牵连，这无疑是对行政程序中立性的伤害。

第二，没有个人偏见。个人偏见不同于个人利益。个人偏见主要指个人情感受到某种预设的观点或偏好的支配，"构成个人偏见的要件是不正当地偏向一方或对另一方怀有敌意"。③ 没有个人偏见规则要求行政主体应给予当事人同等的机会，不偏袒任何一方当事人，不带任何偏见。

在行政程序中贯彻"避免偏私"原则，不仅要求行政主体在实施行政行为时实际上没有偏私的存在，而且在外观上也不能让人们有理由怀疑为可能有偏私存在，这就需要一系列制度来加以保证。这些制度主要包括回避制度、禁止单方面接触制度、职能分离制度等。为了防止上述利益和个人偏见引起不公正的现象发生，一个直接的解决办法通常是要求行政官员回避。但是，在许多情况下，行政活动开始之前不存在利益牵连和个人偏见问题，而是在行政活动过程中可能发生这种问题。防止这种情况的主要解决办法则是避免行政人员与当事人单方面接触。"如果行政官员与一方当事人单方面接触，很难排除行政官员与当事人之间产生利益关系或造成偏私的疑虑；而且，单方面接触涉及与行政活

---

① 王名扬：《英国行政法》，中国政法大学出版社1987年版，第154页。

② 参见《"警长兼职"是对权力正当性的伤害》，《南方周末》2003年4月10日。

③ [美]伯纳德·施瓦茨：《行政法》，徐炳译，群众出版社1986年版，第283页。

动有关的信息,其他不在场的当事人实际上被剥夺了为自己利益辩护的机会,这是不公平的。"① 因此,许多国家的法律明确禁止在正式的听证程序中单方面的接触。例如,美国《联邦行政程序法》规定,如果在正式听证程序中出现了单方面接触,这种接触的内容必须被制做为听证记录的一部分,并且行政官员可能因此受到制裁。美国《各州标准行政程序法》对此也作了类似的规定,并规定主持听证的行政官员可能因此而丧失主持听证的资格,单方面接触所获取的信息无效等。

在行政程序过程中,除了因为单方面接触而有可能使行政官员受利益或偏私的影响外,还可能由于"职能的集合"即两种以上的职权由同一个行政主体行使而造成利益和偏私的情况。因为行政机关和法院不一样,法院只是一个裁决机构,以第三者的身份处理争议案件,而行政机关则不然,它往往同时具有调查权、追诉权、听证权和裁决权,因此它在行政过程中,既是裁决者,又可能是当事人一方。这种功能的混合实际上导致行政主体"成为自己案件的法官",因而会影响程序的公正性。比如,事先调查案件事实的人参与决定,必然着重以他自己调查所认定的证据为基础来判断,而忽视当事人提出的证据和反驳,他们因自己已参与案件而很难以一种超然的客观心理状态来进行裁决,而该种心理状态又是公正的裁决所必须具备的重要条件。因此,当调查与裁决权集于一人时,相对人很难得到公正的待遇;即使裁决的人员并无偏见存在,因其程序形式上的不公正也很难使当事人相信自己能得到公平的裁决。所以,在行政程序中实行职能分离制度是必要的。当然,完全的职能分离又是不现实的。完全的职能分离是指把各种行政职能完全分开,由互相独立的不同行政机关分别行使。这种完全的分离必然会降低行政决定的质量和效率,

---

① 应松年主编:《行政程序立法研究》,中国法制出版社 2001 年版,第 136 页。

也必然会引起行政机构、人员数额的膨胀及财政开支的增加。因此，通行的做法是实行一种折中的内部职能分离制度，即对整个行政机关来说，同时拥有调查权、追诉权、听证权和裁决权，但这几种职能必须由不同的工作人员来行使。当然，这种职能分离只适用于实际工作人员，对于最高行政首长而言则可以同时行使这几种职能，这是行政管理工作的特殊性所决定的。

目前，许多国家的法律已经规定了职能分离制度。美国联邦行政程序法与各州标准行政程序法都规定调查职能与裁决职能予以分离，参与或负责调查和追诉的官员不得参与或负责裁决或听证。我国近年来的立法，也在逐步实行行政活动的职能分离。例如，《行政处罚法》规定了一系列的处罚分离制度。首先是行政处罚总体上的分离规则，即行政处罚的设定与实施相分离。行政处罚的设定是指有关国家机关依照职权和实际需要，在相关法律、法规或者规章中，自行创新设定行政处罚的行为；而行政处罚的实施则是特定行政机关对违反行政法律规范的个人、组织依法具体给予相应行政处罚的行为。两者相分离实质上是在国家机关中重新配置行政处罚设定权，避免处罚权过于集中，其价值在于防止有些行政机关自己立规矩，自己去执法，搞"一条龙"，以从根源上解决"乱处罚"的问题。其次是行政处罚决定中的分离规则，包括对违法行为的调查与行政处罚的决定相分离和听证程序中的调查人员与听证主持人相分离两种。其分离的目的是建立行政处罚机关的内部制约与监督制度，价值在于促进行政处罚的公正性、权威性和民主性，保护公民、法人和其他组织的合法权益。再次是行政罚款执行中的罚缴分离规则，即罚款决定与罚款收缴相分离，具体是指行政罚款决定由法定享有行政处罚权的机关作出，而罚款的缴纳则由法定的专门机构（银行）统一收缴的一种制度。这种分离规则主要是鉴于罚款是我国行政处罚中立法频率最多、使用最广，但也是运用得最乱的一种处罚而专门设置的。它对于解决实践中普遍存在的"乱罚款"问题，对于防止执法人员营私舞弊、滥用职权侵犯相对人合法权益，侵吞国家收入等都具有极其重大的价值。

值得注意的是，我国正在草拟的《中华人民共和国行政程序法（试拟稿）》除第7条和第22条明确规定了行政机关工作人员的回避制度外，没有任何条款来专门设立"避免偏私"原则和规定相关的禁止单方面接触制度、职能分离制度等。这不能说不是一个很大的立法漏洞，应当引起我们足够的重视。

三、行政参与原则

参与原则是指受行政权力运行结果影响的利害关系人有权参与行政权力的运行过程，表达自己的意见，并对行政权力运行结果的形成发挥有效作用。目前，世界上许多国家和地区的行政程序法都明确确定了参与原则。葡萄牙《行政程序法》第8条明确规定："公共行政当局的机关，在形成与私人有关的决定时，尤其应借本法典所规定的有关听证，确保私人以及以维护自身利益为宗旨团体的参与。"澳门地区行政程序法第8条也明确规定："公共行政当局之机关，在形成与私人有关之决定时，应确保有私人之参与，尤应透过本法典所规定的有关听证确保之。"美国《联邦行政程序法》则更是从行政法规的制定到行政裁决的作出均赋予相对人以广泛的参与权。在我国，尽管目前尚未制定统一的行政程序法典，还缺乏行政参与的统一的法律根据，但在某些单行法中已作了规定。如我国《行政处罚法》关于听证程序的规定已经开了我国行政程序立法中相对人参与的先河。《价格法》、《立法法》和《行政许可法》中关于举行听证会的规定，则使参与原则的范围和内容进一步扩大了。①

---

① 正在草拟的《中华人民共和国行政程序法（试拟稿）》第6条和第8条也专门设立了行政参与原则，并在第三章第五节专节规定了听证程序。但笔者以为，其中的第6条和第8条应当合并为一条而分设两款，以统一对行政参与原则的规定。

参与原则是现代社会中民主参与理论发达的产物。长期以来，议会制度及其与此相关联的选举、罢免等制度是民主的标志，是公民参与管理国家事务的基本形式。然而，这种代议民主制毕竟是一种间接民主制，是对民主妥协的结果，在其实际运行实践中也存在着诸多弊端，为了弥补这一不足，直接民主制无疑成了民主制发展的重要内容。① 而行政参与即公民直接参与行政权的运作过程，正是直接民主制的重要体现。同时，随着20世纪后行政权力的急剧扩张，现代资本主义国家的权力结构已经发生变化，行政而非议会成为国家权力的中心，政府的行政权力控制每个公民"从摇篮到坟墓"的全过程。因而，从法律上保证公民积极地参与行政过程，也是公民保护自己合法权益，监督政府依法行政的重要手段。

参与原则强调的是参与行政权的运行过程，而不是简单的"出席"、"到场"或"参加"。而参与过程实际上又是行政主体行使行政权与相对人参与行政形成的互动过程。这种互动过程意味着行政相对人不再是行政活动中被动的受体，而成为积极主动的主体一方。在这种互动过程中，相对人的意志必然影响着行政主体意志的形成，从而使行政意志不仅仅是行政主体的意志，还体现着相对人的意志，并使行政主体与相对人的意志得以沟通和交流。"这种反复沟通和交流，可以将行政意志融化为相对人意志，也可以将相对人意志吸收到行政意志中，从而使行政法关系真正具有双方性，使相对人真正成为行政法关系的主体。"② 因此，参与原则的意义不仅在于它可以为行政主体意志的形成即行政结

---

① 当然，在目前和今后相当一段时期，直接民主制还无法完全取代代议制民主。参见周叶中：《代议制度比较研究》，武汉大学出版社1995年版，第339页以下。

② 叶必丰：《行政法的人文精神》，湖北人民出版社1999年版，第212页。

果带来正当性,它还有独立的内在价值,"因为各方一旦能够参与到程序过程中来,就更易于接受裁判结果;尽管他们有可能不赞成判断的内容,但他们却更有可能服从它们"。① 总之,通过参与,行政主体与相对人之间可以相互了解对方的内心活动和意志形成过程,并沟通双方的内心活动,达成意思表示的一致和相互信任,消除可能发生的摩擦和冲突,从而使最终结果具有可接受性、公正性、准确性和效率性。

参与原则还意味着对一种公民参与权的尊重。参与权的宪法基础是公民的参政权。我国《宪法》第 2 条第 3 款规定:"人民依照法律规定,通过各种途径和形式,管理国家事务,管理经济和文化事业,管理社会事务。"可见,公民的参政权包括参与管理国家事务、经济和文化事业的管理及社会事务的管理等诸多领域,当然也包括参与行政管理的权利。从广义上看,行政参与权是指行政相对人可以依照法律规定,通过各种途径参与国家行政管理活动的权利,具体包括:直接参与管理权、了解权、听证权、行政监督权、行政协助权等。② 但这里强调的只是以听证为核心的行政程序参与权。

在性质上,参与权乃"公权"的一种。德国学者杰列内克(G. Jellinek)认为,公权的实质是"能为个人利益变动法规范之能力",③ 是基于个人在与国家间法律关系中的主体地位而具有的对国家的一种请求权,包括自由权、受益权和参政权。所谓参政权"系指人民参与国家意思之形成,并由此而取得对国家之

---

① Michael D. Bayles, *Principles of Law*, by Reidel Publishing Company, 1987, p.32.

② 参见周佑勇:《行政法原论》,中国方正出版社 2002 年修订版,第 22 页。

③ 转引自王和雄:《论行政不作为之权利保护》,台湾三民书局 1994 年版,第 47 页。

请求权，此种请求权与积极之身份或地位即自由权不同，并非请求国家权力之不行使或排除国家权力之侵害，而是'请求国家承认能为国家活动'之权利"。① 第二次世界大战后，学者们又从宪政上公民的基本权利重新推导出公权及参政权，并扩及第三人。在战前，理论上并不存在"第三人"及其参政权。相对人以外的个人，对国家只具有"反射利益"。日本学者认为，所谓"反射利益"是指国家实施法律，维护公共利益，从而产生的对个人有利的结果；个人对这种利益的享受完全取决于实定法规范的规定，并且对国家不具有请求权即不受法律保护。② 我国有学者认为，行政法上的参与权是"相对人基于行政法主体的地位，在行政主体为其设定权利义务时参与意思表示，从而形成、变更和消灭行政法律关系的权利，是一种个人参与权、直接参与权和法律上的参与权"。③ 据此，笔者认为，行政相对人之外的其他公民、法人和其他组织在与行政行为有法律上的利害关系时构成行政第三人，与行政相对人一样具有参与权。

　　行政参与权的核心是听证权，即"被听取意见的权利"。这种权利意味着行政主体负有听取当事人意见的义务。行政主体在作出对当事人的不利决定时，必须听取当事人的意见，不能片面认定事实，剥夺对方辩护的权利。这是行政参与原则的核心要求，也是保证相对人有效参与行政程序的前提条件。如果相对人在行政程序中始终保持沉默，没有机会阐明自己的观点，那么这种参与就是无意义的。所以，英国自然公正原则和美国正当法律

---

　　① 王和雄：《论行政不作为之权利保护》，台湾三民书局1994年版，第47页。

　　② 参见王和雄：《论行政不作为之权利保护》，台湾三民书局1994年版，第124页。

　　③ 叶必丰：《行政法的人文精神》，湖北人民出版社1999年版，第212页。

程序,都将"公平听证"作为其主要内容。根据各国的做法,听证活动一般应当包括如下具体要求:(1)听证要公开进行;(2)听证前要给利害关系人及时而有效的通知;(3)听证要及时举行;(4)当事人在听证中有权自己或通过律师发表意见和反驳对自己不利的事实和观点;(5)听证应当制做记录;(6)通过听证而制做的决定必须以听证记录为依据;(7)当事人对听证决定不服有权申诉。①

听证的形式有正式和非正式两种。正式的听证,即以举行专门听证会的形式听取当事人的意见。听证会的举行一般按如下步骤进行:(1)由听证主持人宣布听证会开始,包括宣布听证事项、查明当事人身份、告知当事人有申请回避的权利等。(2)由案件调查人员宣读指控书,提出当事人违法的事实、证据和处理建议。(3)由听证主持人询问当事人、证人和其他有关人员并出示有关证据材料,以查清这些证据的真实性。(4)由当事人针对所指控的事实和相关问题进行申辩和质证。(5)由调查人员和当事人就本案有关的事实和法律问题进行相互辩论。辩论结束后,当事人还有最后陈述的权利。整个听证会的举行,应有专门的书记员制做听证笔录,这也是用做定案的重要证据之一。②

在一个正当的行政程序中,无论是行政相对人还是行政行为的利害关系人即行政第三人都享有同样的听证权利,它们都构成了听证程序的参加人。尽管在我国1996年颁布的《行政处罚法》中,并没有明确规定这种利害关系人可以参与行政处罚听证,但随后的有关立法改变了这种做法。如《深圳经济特区行政处罚听

---

① 参见应松年主编:《行政程序立法研究》,中国法制出版社2001年版,第140页。

② 参见周佑勇:《行政法原论》,中国方正出版社2002年修订版,第303页。

证程序试行规定》①第 18 条规定："与所听证的案件有利害关系的其他公民、法人或者其他组织，作为第三人，可以向首席听证员或独任听证员申请参加听证；或者由首席听证员或独任听证员通知其参加听证。"《行政许可法》第 47 条更加明确地规定："行政许可直接涉及申请人与他人之间重大利益关系的，行政机关在作出行政许可决定前，应当告知申请人、利害关系人享有要求听证的权利"。同时，在行政立法听证与行政决策听证中，由于不存在行政行为的直接相对人，因而所有认为该行政行为可能侵害其合法权益并申请（或被邀请）参加听证的人都是听证利害关系人。在这两种较为特殊的听证形式中，听证组织机关具有一定的裁量权，即为了保证行政行为的效率，听证组织机关对所有具备听证参加人资格或提出参与听证申请的利害关系人具有一定的选择权。

在行政听证程序中，听证参加人应当享有如下程序权利：(1) 咨询与被通知权。听证参加人在可以或者需要举行听证的行政行为作出之前，有权要求行政主体通过通知或者公告的方式告知其享有申请或者参加听证的权利，并就听证的具体程序等细节性问题进行咨询。(2) 要求参加听证和放弃听证的权利。"违反自然正义的抗辩是可以放弃的。"② 行政相对人对于违反自然正义原则的行为可以通过听证等方式进行抗辩，但这种抗辩权是可以放弃的，如果当事人没有放弃这种抗辩但却被侵害其自然正义权利的话，这种行政行为便会因为无效而被撤销。(3) 要求回避的权利。在听证程序中，听证参加人有权要求与听证有利害关系的听证主持人、案件调查人员、书记员、鉴定人员、勘验人员、

---

① 深圳市人民政府令（第 60 号），1997 年 3 月 25 日发布。
② [英] 威廉·韦德：《行政法》，徐炳等译，中国大百科全书出版社 1997 年版，第 180 页。

官方翻译及专家等人员进行回避。(4)阅览卷宗的权利。听证参加人有权向行政主体要求了解与本人有关的档案材料以及与听证有关的其他信息,且有权要求获得与听证案件相关的案卷副本。(5)陈述与申辩的权利。听证参加人在行政听证程序中可以发表自己对案件事实的看法,说明与案件有关的事实及理由,并对于案件调查人员所提出的引起争议的问题,表明自己的观点与立场。(6)举证与质证的权利。听证参加人可以在听证程序进行过程中提出自己收集和掌握的证据,并对案件调查人员提出的证据进行反驳从而佐证自己的观点。(7)委托代理人或者律师来代表其参与听证的权利。(8)笔录审查和补充权。在听证程序各环节基本完成之后,听证参加人可以核实听证笔录,并要求听证组织机关对其中不尽详实或错误的地方进行补正。行政机关应当充分保证听证参加人上述权利的行使,以有效地实现其对行政程序的参与权,维护行政程序的公正性。

四、行政公开原则

公开原则长期以来就一直被视为是程序公正的基本标准和要求。英国有句古老的法律格言:"正义不但要伸张,而且必须眼见着被伸张。"(Justice must not only bed one, but must be seen to bed one)这就是说,"没有公开则无所谓正义"。[①] 公开原则的主旨就在于让民众亲眼见到正义的实现过程。行政公开即行政的公开化,是指行政权力运行的每一阶段和步骤都应当以相对人和社会公众看得见的方式进行。具体而言,行政公开是指行政主体在行使行政权力的过程中,应当依法将行政权力运行的依据、过程和结果向行政相对人和社会公众公开,以使其知悉并有效参与和

---

① [美]哈罗德·J·伯尔曼:《法律与宗教》,梁治平译,三联书店1991年版,第48页。

监督行政权力的运行。如果说参与原则是让相对人实现"为"的权利的话,公开原则则是满足相对人"知"的权利。"知"是"为"的前提,"为"是"知"的目的,两者具有紧密联系。

行政公开是现代民主政治的题中应有之义,其目的在于满足公民的知情权,实现公民对行政的参与和监督,以达到强化民主政治、防止行政腐败之功效。现代社会是民主社会,现代政治是民意政治,它要求"国是决于民意,政策归本于民心"。① 在民主社会中,人民是国家和社会的主人(即主权在民),享有充分的知情权(the Right of Know),有权利了解行政机关的所作所为,以此作为参政议政的前提。列宁曾指出,广泛民主原则,要包括两个必要条件:第一,完全的公开性……没有公开来谈民主是很可笑的。② 所谓知情权,也称信息权,是指人民有权了解国家事务、社会事务和其他事务,政府负有向公民、社会公开自己活动的义务。③ 日本山口大学平松教授认为:"知的权利应该认为是国民个人可以直接向国家要求的基本民权。"④ 行政公开意味着政府最大限度地为公众提供除了必要保密以外的一切信息,公民可以通过查询、阅览、复制、下载、摘录、收听等方式获得所需的信息,从而直接满足公民"知"的权利。不仅如此,行政公开还是公民实现其他政治权利,真正参政议政的前提条件。因为公民只有在充分、确实了解政府活动的基础上才能有的放矢,有效参与国家事务和社会事务的管理,真正实现参政议政。正如

---

① 吴大英、任允正、李林:《比较立法制度》,群众出版社1992年版,第363页。

② 《列宁全集》(第5卷),人民出版社1959年版,第48页。

③ 参见张庆福、李忠:《宪法与宪法学的回顾与展望》,载《宪政论丛》(第1卷),法律出版社1998年版,第32页。

④ 转引自罗传贤:《行政程序法基础理论》,台湾五南图书出版公司1993年版,第110页。

美国政治学者阿尔蒙德等所言，公民"如果对领导人的行动缺乏确切的了解，对这些行动和公众目标之间的关系缺乏认识，那么，要想有意义地表达利益和施加政治影响是不可能的"。① 无论是知情权还是参政权，它们首先都是作为政治上的一种民主权利而存在的。强调公开性，目的就是使人民能够了解和参与，强化民主政治。正如美国前总统约翰逊在签署《情报自由法》时宣称的那样："这个法律发源于我们所信仰的一个重要原则：在国家安全许可的范围内，人民能够得到全部信息时，民主政治才能最好地运行。"② 美国司法部长克拉克在1967年《情报自由法》即将实施所作的一份声明的序言中则更加明确地指出了行政公开与民主政治之间的关系：

> 如果一个政府真正的是民有、民治、民享政府的话，人民必须能够详细知道政府的活动。没有任何东西比秘密更能损害民主，公众没有了解情况，所谓自治，所谓公民最大限度参与国家事务只是一句空话。如果我们不知道我们怎样受管理，我们怎么能够管理自己呢？在当前群众时代的社会中，当政府在很多方面影响每个人的时候，保障人民了解政府活动的权利，比任何其他时代更为重要。③

民主政治还当然包括民主监督。通过行政公开，社会民众可以有效监督行政主体依法行使行政权力，从而实现民主监督、防

---

① [美]加布里埃尔·A·阿尔蒙德等：《比较政治学》，曹沛霖等译，上海译文出版社1987年版，第184页。
② 王名扬：《美国行政法》，中国法制出版社1995年版，第959页。
③ 王名扬：《美国行政法》，中国法制出版社1995年版，第959页以下。

止行政腐败。"阳光是最好的防腐剂,一切见不得人的事情都是在阴暗角落里干出来的。行政机关为公共利益而活动,光明磊落,欢迎公众检查……历史经验证明,保密的政府行政腐蚀也多,受到公众监督的政府为公共服务的精神也较好。"① 在我国,由于行政法治仍不健全,政府机关往往可以通过罚款、收费、许可等权力牟取部门利益,而信息往往被作为寻租的筹码,成为一些官员谋取私利的工具,信息封锁和垄断便利了一些部门和个人搞暗箱操作,使权钱交易、幕后交易有机可乘,加之舆论监督的有限性,使腐败问题日盛一日。可以说,行政机关行使权力缺乏公开性和透明度,是腐败产生的一个重要原因。② 如果将政府的法规规章、行政计划、决策说明向大众公开,让公众进行评述,置于公众的监督之下,则可以有效防止专断和腐败。正如美国行政法学者戴维斯教授所说的那样:"公开是专横独断的自然敌人,也是对抗不公正的自然盟友。"③ 我国学者王名扬先生也指出:"公开原则是制止自由裁量权专横行使最有效的武器。"④ 在具体的行政程序中,当事人有权查阅行政机关卷宗,了解行政机关据以作出影响其权利义务决定所认定的事实、适用的法律,可以使当事人有效提出自己的主张,对行政机关滥用权力的,可以提起行政救济或司法救济。所以,"行政公开在现代社会有着加强行

---

① 王名扬:《美国行政法》,中国法制出版社1995年版,第960页。

② 近年来,我国频频曝光的九江防洪"豆腐渣"工程、投资3.8亿元通车仅18天就断行的"昆禄公路"以及长江三峡水库安置移民款项被挪用2亿多人民币的事件,其中一个很重要的原因就是招标过程以及运作过程的不公开。

③ 转引自罗传贤:《行政程序法基础理论》,台湾五南图书出版社1993年版,第111页。

④ 王名扬:《美国行政法》,中国法制出版社1995年版,第975页。

政监督,防止行政腐败,建设开放政府、廉洁政府的功效。"①

行政公开的另一个目的和功能在于建立行政沟通,增进政府与公众间的相互信任与合作。在19世纪,基于对专制统治和封建复辟的恐惧,政府与公众间的关系通常被解释为一种命令与服从的对抗关系。但是,在现代社会,随着政府职能由政治统治职能向社会管理和社会服务职能的转变,权力不再是强制,而是履行职责和为公众提供服务的实力或影响力。② 同时,权力的对立面也不是服从而是"合作"。尽管对错误的强制服从只是屈从,但公众对正当的权力则具有合作的义务。"我有义务同政权合作",是因为"我有义务屈从于正义和真理"。③ 这就是说,现代行政已不再是一种单纯的管理行政而应当是一种服务行政,政府与公众间的关系已不再是一种纯粹的命令与服从的对抗关系,而应当是一种服务与合作的相互信任关系。这里,"相互信任是服务与合作的观念基础"。④ 只有政府信任公众,才能发展民主、为公众提供优良服务;也只有政府取得公众信任,才能获得公众的长久支持和积极合作。而"合作是一个过程",⑤ 信任有赖于沟通。政府与公众间必须通过各种形式的沟通机制,才能取得协调一致、彼此信任,从而增进相互间的尊重与合作,避免相互间

---

① 王万华:《行政程序法研究》,中国法制出版社2000年版,第174页。
② 参见[法]狄骥:《宪法论》,钱克新译,商务印书馆1962年版,第482页。
③ [英]威廉·葛德文:《政治正义论》,何慕李译,商务印书馆1982年版,第710~711页。
④ 叶必丰:《行政法的人文精神》,湖北人民出版社1999年版,第220页。
⑤ [美]庞德:《通过法律的社会控制·法律的任务》,沈宗灵等译,商务印书馆1984年版,第67页。

的误会和摩擦。所谓沟通，即联系，是主体间彼此依存的联系，但是，沟通又"不仅是指一般的联系，而是指持久的开放和积极的交流"。① 行政公开正是这样一种沟通机制，它通过政府的坦诚布公与行政的持久开放、公众对政府信息的了解与对行政活动的参与以及双方积极的协商、交流与对话，使双方对事实与法律的认识得以交融，使相对人能够更加有效地表达自己的愿望和要求，使行政机关有可能采纳和吸收相对人的意志，从而有利于实现相互间的信任，并增进相互间的合作。可以说，行政的公开化就是在政府与公众或相对人之间架起了一座相互沟通的桥梁。这既是民主的象征，也是法治的途径。

按照现代民主与法治的基本要求，行政公开化的内容应当是全方位的，不仅行政权力的整个运行过程要公开（行政行为公开），而且行政权力行使主体自身的有关情况也要公开（行政主体公开）。行政主体的公开内容包括：行政主体的基本情况（法定名称和法定代表人姓名、办公地点、联系方法）、机构设置、人员编制、职责权限和财政收支状况，以及公职人员的录用、考核、奖惩、任免及其财产和品德状况、廉洁自律情况等。就行政权力的整个运行过程而言，要公开的内容包括事先公开职权依据、事中公开决定过程和事后公开决定结论。② 事先公开职权依据，是指行政主体应当将作为行使行政权的依据如法律、法规、规章、规范性文件等，在没有实施行政权或者作出最终行政决定之前，向社会或相对人公开，使之知晓。事中公开决定过程，是指行政主体应当将行政决定形成过程的有关事项向相对人和社会

---

① 叶必丰：《行政法的人文精神》，湖北人民出版社 1999 年版，第 234 页。
② 参见章剑生：《论行政程序法上的行政公开原则》，《浙江大学学报（人文社会科学版）》2000 年第 6 期。

公开，包括公开举行听证、会议的公开等。事后公开决定结论，是指行政主体作出影响相对人合法权益的行政决定之后，应当及时将行政决定的内容以法定形式向相对人公开，在必要情况下，还可以将具有重大的、涉及社会公共利益内容的行政决定结论向社会公开。尽管行政公开的内容十分广泛，但涉及国家秘密或个人隐私、商业秘密的内容，不得任意公开。

行政主体必须采用相应的方式公开。根据公开的对象不同，一般采取不同的方式。对社会公众的公开主要有：第一，会议旁听，是指允许公民或组织听取行政机关的各种会议。第二，媒体报道，是指报纸、杂志、电视、电台或其他方式的媒体可依照各自的视角，在遵守法律的前提下报道、介绍、评说行政机关的各项活动，并且可以将各级行政机关的会议现场予以实况转播。第三，刊载，是指将行政机关决策、决定的事项、文件、资料、信息情报等内容刊载于正式出版的报纸、杂志及其他适宜登载的形式，如行政机关内部的简报、通讯、摘要等。第四，查阅，其对象主要是指"那些尚未刊载的各级行政机关的资料、信息，包括会议记录（载）、纪要、简况以及内部管理、运作等资料、信息"。① 这些资料不一定像法律文件一样在政府的公报上登载，但可以在任何公民或组织提出要求时，很方便地取得或复制，政府不得为此种服务收取任何成本以外的费用。第五，公榜，是指设立固定的便于群众观看的行政公开栏或者电子屏幕、电子触摸屏等，及时将行政机关应公开的行政活动内容张榜公布。第六，电子政务。21世纪是信息的时代，而电子网络在传输信息方面的作用远非传统的信息传递方式可比，许多国家的行政机关都已经利用"英特网"发布各种信息。有的国家还通过立法对其予以规范和完善，如美国在2002年12月7日通过的《电子政府法》，

---

① 吴建依：《论行政公开原则》，《中国法学》2000年第3期。

对电子政务的主管部门、信息安全保障、经费保障等内容作出了规定。在我国，1998年11月，国家信息管理部门决定启动"政府上网工程"，1999年即成为中国"政府上网年"。我国《行政许可法》第33条规定："行政机关应当建立和完善有关制度，推行电子政务，在行政机关的网站上公布行政许可事项，方便申请人采取数据电文等方式提出行政许可申请；应当与其他行政机关共享有关行政许可信息，提高办事效率。"这无疑对在我国发展电子政务问题提出了制度性的要求。可以预见，电子网络在传输信息方面将发挥越来越重要的作用，必将成为行政公开的重要形式。第七，新闻发布会。目前，我国许多地方还将召开新闻发布会作为政府信息公开的一种重要形式，并建立专门的新闻发言人制度，代表政府向社会发布政府信息。①

对特定相对人公开的方式主要有：第一，阅览卷宗，是指允许当事人在具体行政程序中抄写、阅览或复印与其有直接关系的程序进行情况的资料。阅览卷宗权是实现当事人参与行政程序、实际影响行政决定形成的前提条件。第二，表明身份，是指行政主体的执法人员在实施可能影响行政相对人合法权益的行政行为之前，应当通过行政相对人可以理解的方式，向其表明执法身

---

① 参见《广州市政府信息公开规定》（广州市人民政府第108次常务会议审议通过，2002年11月6日广州市人民政府令第8号公布，自2003年1月1日起施行）第15条；《上海市政府信息公开规定》（2004年1月19日上海市政府第29次常务会议通过，自2004年5月1日起施行）第21、25条；《杭州市政府信息公开规定》（2004年4月15日杭州市人民政府第39次常务会议审议通过，自2004年10月1日起施行）第16、27条；《武汉市政府信息公开暂行规定》（2004年5月17日武汉市人民政府第19次常务会议审议通过，自2004年7月1日起施行）第14、24条；《湖北省政府信息公开规定》（2004年5月8日湖北省人民政府常务会议审议通过，自2004年7月1日起施行）第9、13条。

份。第三，告知或送达。告知主要指行政主体作出影响行政相对人权益的行为时，应事先告知该行为的时间、地点、主要过程及相对人在程序上享有何种权利；送达即将处理结果告知或交付当事人的程序。送达的方式包括直接送达、邮寄送达、留置送达、公告送达等。第四，说明理由。对于有些行政行为，行政主体不但要把结论告知当事人，而且应当说明作出该行为的事实根据、法律依据和裁量依据或其他理由，相对人对此也可以提出咨询。

行政公开是"二战"以后行政发展的一个新趋势。在西方，较早在行政公开化方面进行立法的是美国。美国于1946年制定了《联邦行政程序法》，1967年制定了《情报自由法》，又于1974年制定了《隐私权法》以及1976年制定了《阳光下的联邦政府法》，从而建立了比较完备的、颇具代表性的行政公开制度。目前，世界上许多国家都制定了专门的行政公开法或在行政程序法中都将行政公开作为一个基本原则进行了明确规定。譬如，法国于1978年制定了《行政文书公开法》，澳大利亚于1982年制定了《情报自由法》，加拿大于1982年制定了《情报自由法》，英国于1999年通过了《情报公开法》，德国在欧共体的压力下还于1994年制定了《环境情报法》，规定环境情报公开。在亚洲，韩国于1996年制定了《公共机关情报公开法》，日本于1999年5月制定了《关于行政机关保有的情报公开的法律》（简称"情报公开法"），等等。可以说，行政的公开化及行政公开的制度化在当今社会已成为一个世界性的发展潮流。同时，当代世界各国行政公开立法的发展趋势表明，保障公众知情权已成为政府的基本义务。综观各国的立法，从立法目的上讲，主要有三：一是确保公众得以接近取得评价政府官员行为所必须的咨讯；二是确保公众得以取得有关公共政策的咨讯；三是防止政府秘密制定法律、法规或进行决策。①

在我国，行政公开化或政务公开化的要求也以这样或那样的形式被提了出来，并随着政治体制改革的深入对此作了许多有益的探索。②同时，我国有关行政公开内容已散见于一些具体的法律规定中，如《行政处罚法》和《行政许可法》均规定了行政公开原则。但是我国至今尚未制定统一的行政程序法典，更无有关行政公开方面的专门立法。特别是，随着我国加入 WTO 组织，透明度原则对我国的行政活动提出了现实的要求，中国更加面临着加大政务公开力度，增强政府政策透明度的强大外部压力，因此应当尽快加强我国行政公开制度建设。尽管正在草拟的《中华人民共和国行政程序法（试拟稿）》第 5 条专门设立了行政公开原则，并在第三章第六节专节规定了信息公开制度，但是其中所设立的行政公开只限于对特定相对人的公开，这显然是不全面的。此外，加强我国行政公开制度建设，还应当在我国宪法中明确规定公民的知情权，以将其纳入公民基本人权保护的范围，满足公民日益增长的信息需要，并制定专门的情报自由法、会议公开法、隐私权法等，以使公民的知情权进一步制度化、具体化。

---

① 程洁：《宪政精义：法治下的开放政府》，中国政法大学出版社 2002 年版，第 157 页。

② 据报道，广东出入境管理部门于 1988 年就决定"公开出境办证条件和手续"，参见 1988 年 10 月 18 日《羊城晚报》；山东省昌乐县于 1989 年实行"政务公开"，促进了廉政建设，参见 1989 年 1 月 21 日《法制日报》；广州市于 1988 年在全市推行"公开办事"制度，参见 1988 年 10 月 11 日《羊城晚报》；陕西省西安市未央区 1988 年即已实行了"村务公开"，参见 1998 年 4 月 20 日《法制日报》；我国政府信息公开领域的第一部立法——《广州市政府信息公开规定》已正式通过发布，并于 2003 年 1 月 1 日起正式生效实施，参见 2003 年 1 月 9 日《中山大学校报》（新）第 31 期，等等。

第五章 行政法基本原则的适用
——作为司法审查之基本准则

我们已经知道,行政法的基本原则是行政行为所应当遵循的基本准则,尤其是当具体行政法规范对有关问题缺乏规定时,行政主体即应自觉以作为行政法规范本源的基本原则为自己的行为准则。这里,需要进一步解决的问题是,当某一行政行为被诉诸法院后,法院得对行政行为的合法性进行审查。那么,行政法基本原则能否成为法院对行政行为进行司法审查的基本准则呢?本章的主要旨趣在于探讨法院在进行司法审查时能否适用行政法基本原则以及法官如何适用行政法基本原则进行创造性的司法活动。①

第一节 行政法基本原则适用的效力根据

法院在进行司法审查时能否适用行政法基本原则,或者说行政法基本原则能否作为司法审查的适用根据,首先取决于行政法

---

① 在法理学中关于法的适用包括两层意思:一是"指国家机关及其公职人员、社会团体和公民实现法律规范的活动";二是"指国家机关及其公职人员依照其职权范围把法律规范应用于具体事项的活动,特指拥有司法权的机关及司法人员依照法定方式把法律规范应用于具体案件的活动"(《中国大百科全书·法学》,中国大百科全书出版社1984年版,第82页)。在这里,关于行政法基本原则适用的研究侧重点在司法性的法的适用方面。

基本原则是否具有法律效力。在第三章中笔者曾简要指出，行政法基本原则作为一种"法律"原则，首先必须是一种法律准则，当然具有普遍性法律效力，必须得到贯彻执行。同时，就"法律效力"本身而言，所谓法律效力，即法律的强制力和拘束力。①而其中的"法律"，一般认为，"是作为整体的法律，即作为法律规范、法律原则和法律概念等法律要素成分有机结合的一个个具体的法律"。② 这就是说，法律原则是法律不可缺少的构成要素之一，它同法律规则一样具有法律效力。但是，法律原则为什么具有法律效力，即法律原则的效力根据问题，仍然有待进一步论证。

一、从规则中心主义到原则中心主义

从"规则中心主义"到"原则中心主义"是法的模式理论不断演进的结果。按照系统论的观点，法律可以被看做一个系统，是由若干相互联系、相互作用的要素所构成的统一整体。"法的模式（model of law）"，就是在解释法律由何种要素组成时使用的概念。把复杂的法律现象归结为哪种或哪些简单的要素，用何种"模式"来加以说明或解释，是法理学的一个"传统问题"。③在法学史上，最先对法律进行要素分析并概括出较系统的法的模式理论的法学家，是19世纪英国分析法学派的创始人约翰·奥斯丁（John Austin, 1790～1859）。奥斯丁用"命令模式论"来解释法律，他认为，法就是无限主权者的命令，"严格意义的法律"就是主权者发出的以制裁为后盾的各种各样的命令之总和。命令模式这种简单而又片面地把法所包含的众多要素全部归结为以制

---

① 参见李龙主编：《法理学》，武汉大学出版社1996年版，第358页；张文显：《法理学》，法律出版社1997年版，第90页。
② 姚建宗：《法律效力论纲》，《法商研究》1996年第4期。
③ 参见张文显：《二十世纪西方法哲学思潮研究》，法律出版社1996年版，第369页。

裁为后盾的命令的做法，受到了包括新分析法学派在内的许多法学派的批判。到了20世纪，西方法理学界又提出了一些新的法的模式理论，其中影响最大的有"规则模式论"、"律令-技术-理想模式论"和"规则-原则-政策模式论"。①

"规则模式论"是由英国的新分析法学派代表人物哈特提出的。哈特把法律视为由第一性规则和第二性规则两类要素结合而形成的规则体系。其中，第一性规则是设定义务的规则；第二性规则是授予权利或权力的规则，包括确认规则、改变规则和审判规则三种成分。哈特说，"法理学科学的关键"，就在于"这二类规则的结合中"。②"律令-技术-理想模式论"是由美国的社会法学派代表人物庞德提出的。庞德认为，如果把法律理解为一批据以作出司法或行政决定的权威性资料、根据和指示，那么，法律就是由律令、技术和理想三种要素或成分所组成的。其中"律令成分"本身又是"由各种规则、原则、说明概念的法令和规定标准的法令组成的"。③"规则-原则-政策模式论"是由美国的新自然法学派代表人物德沃金提出的。德沃金认为，法律除了规则成分之外，还包括原则和政策的成分，而且，在疑难案件的处理过程中，后两种成分往往起着更重要的作用。

审视上述西方各种法的模式理论，我们不难发现，它们之间最主要的区别在于对待"规则"以外的"原则"等法律要素的态度不同。哈特的"规则模式论"把法律看做是规则的一个集合体，把法的要素全部归结为各种"规则"，而将"原则"等要素

---

① 参见张文显：《二十世纪西方法哲学思潮研究》，法律出版社1996年版，第370页以下；张文显：《法理学》，法律出版社1997年版，第60页以下。

② [英]哈特：《法律的概念》，张文显等译，中国大百科全书出版社1996年版，第83页。

③ [美]庞德：《通过法律的社会控制、法律的任务》，沈宗灵等译，商务印书馆1984年版，第24页。

排除在外,这是一种典型的"规则中心主义"。而持"律令-技术-理想模式论"和"规则-原则-政策模式论"者,则对哈特把法的要素归结为规则的观点持批判态度,认为法的要素除规则外,还包括"原则"等其他法律要素。尤其在持后一种理论的德沃金教授看来,原则是比规则来得更重要的一种法律要素,因为"法律原则允许我们把法律思想和道德联系起来,它们允许我们保证我们的法律发展和道德发展携手并进"。① 他甚至激进地倡言要建立"一种原则的联合体",认为"整体性的判决原则高于法律","承认整体性是一种明智的政治理想"。② 对此,我们可以称之为是一种"原则中心主义"。

从"规则中心主义"到"原则中心主义",经历了一个长期发展变化的过程。追溯历史,哈特的"规则中心主义"实际上源于19世纪"绝对的规则中心主义",而后者则针对"绝对的自由裁量主义"而言。在古代,无论西方还是东方,都曾实行过"绝对的自由裁量主义"。这种绝对的自由裁量主义"就是无法司法,就是人治",③ 它必然会导致司法专横,使人民失去安全,并破坏法制统一。"绝对的规则中心主义"正是为了克服这种绝对自由裁量主义的弊端而产生的,它在19世纪欧洲大陆盛极一时。然而,"绝对的规则中心主义"却又走到另外一个极端。它奉规则为法律的惟一构成要素,试图建立一个包罗万象、严密周详的规则体系,力图完全从司法过程中排除法官的自由裁量权,彻底否定法官的自主创造性,从而又使法律陷于僵化而不能满足社会

---

① [美]罗纳德·德沃金:《认真对待权利》,信春鹰、吴玉章译,中国大百科全书出版社1998年版,"中文版序言"第20页。

② [美]罗纳德·德沃金:《法律帝国》,李常青译,中国大百科全书出版社1996年版,第359页。

③ 徐国栋:《民法基本原则解释——成文法局限性之克服》,中国政法大学出版社1992年版,第145页。

生活的需要,并"牺牲了个别正义"。①

哈特是19世纪规则中心主义在当代的继承人。在认为"一个法律体系就是一个规则体系"这点上,哈特与其前辈并无不同。所不同的是,哈特承认在相信规则权威性的同时,也要正视司法活动的创造性,②他认为"在无规则可用的疑难案件中,法官有而且必须有自由裁量权"。③可以说,哈特的"规则中心主义"只是一种"相对规则中心主义"。这种"相对规则中心主义"在一定程度上摆脱了19世纪"规则中心主义"那种坚信规则的机械、极端和形式主义的做法,试图在"形式主义"(坚信规则的机械法学)和"规则怀疑主义"(拒绝规则的现实主义法学)之间架起一座沟通的桥梁。④他说:"形式主义和规则怀疑主义是审判理论中的斯库拉和卡里布狄斯;它们极为夸张,但在相互校正方面不无益处,真理就在两者之间。"⑤但是另一方面,他则坚决捍卫其"规则中心主义"的基本立场,认为在这里,法律的"真理"只能通过他的"承认规则"予以解释。他认为,"法律或判例的空缺结构"实际上起源于承认规则的不确定性,"而不是具体法律规则的不确定性,以及法院在认定法律规则效力时使用的终极标准的不确定性"。⑥从这个意义上讲,哈特的法律

---

① 徐国栋:《民法基本原则解释——成文法局限性之克服》,中国政法大学出版社1992年版,第178页。

② 吕世伦主编:《现代西方法学流派》(上),中国大百科全书出版社2000年版,第218页。

③ 李可:《原则和规则的若干问题》,《法学研究》2001年第5期。

④ 参见[美]E·博登海默:《法理学:法律哲学与法律方法》,邓正来译,中国政法大学出版社1999年版,第126页。

⑤ [英]哈特:《法律的概念》,张文显等译,中国大百科全书出版社1996年版,第146页。

⑥ [英]哈特:《法律的概念》,张文显等译,中国大百科全书出版社1996年版,第146页。

理论仍然是一种十足的规则理论。

德沃金的"原则中心主义"是在对哈特的法律实证主义或"规则中心主义"的基本思想的批判中提出的。他指出,"实证主义是一种规则模式,而且是为了一种规则体系的模式,它所主张的关于法律是单一的基本检验标准的这一中心思想,迫使我们忽视那些非规则的各种准则的重要作用。"① 德沃金认为,实际上,当法律工作者就法律上的权利和义务进行辩论和推理时,特别是在那些疑难案件中,往往要借用规则以外的其他标准,这些标准主要就是原则和政策。在司法中,如果排除原则的话,必然产生"棘手案件出恶法"的结果,反之,则会出现"棘手案件出伟大法官"的结果。② 原则作为一种应予遵守的法律准则,"并不是因为它将促进或者保证被认为合乎需要的经济、政治或者社会形势,而是因为它是公平、正义的要求,或者是其他道德层面的要求"。③ 因此,在形式上,原则不是立法创造的,它有时出现在法规序言中,有时表现在司法判决中,往往没有明确的陈述方式而是从宪法精神、法规、判例及道德或政治理论中推导出来的。④ 总之,德沃金坚持法律原则是不同于法律规则的独立的各种准则,是法的重要组成部分,并认为原则是比规则来得更重要的一种法律要素。

"原则中心主义"将原则引入法律体系之中,"使法律体系从一个在逻辑上和正当性上自立自足的体系转换到一个流动的、开

---

① [美]罗纳德·德沃金:《认真对待权利》,信春鹰、吴玉章译,中国大百科全书出版社1998年版,第40页。

② 参见申善情:《棘手案件出伟大的法官——当代新自然法学派人物德沃金评价》,《法学》1989年第1期。

③ [美]罗纳德·德沃金:《认真对待权利》,信春鹰、吴玉章译,中国大百科全书出版社1998年版,第41页。

④ 参见信春鹰:《罗纳德·德沃金与美国当代法理学》,《法学研究》1988年第6期。

放的体系。"① 毫无疑问,从"规则中心主义"到"原则中心主义",是人类法治进程中的一个光辉的里程碑。但是,我们同时也要看到,由于原则中心主义给了法官更多的自由裁量权,"这就给现代司法注入了不确定性因素,而不确定性则是从法治主义走向人治主义的一个危险信号"。② 因此,我们也不能过分强调原则的绝对权威和绝对至上,而忽视规则在法律体系中的作用,否则有可能重蹈"绝对自由裁量主义"之覆辙。我们应当正视的是,原则在法理学中的产生和引入,只是人们为了摆脱"绝对自由裁量主义"和"绝对严格规则主义"这两种极端的主张而"寻求严格规则与自由裁量相结合之路"。③ 一方面,原则是为补成文规则之不足的需要。"成文规则在内容上的具体性和特定性以及在结构上的相对封闭性决定了其在事项上的狭窄性和在适用上的僵硬性,而原则在内容上的模糊性和在结构上的相对开放性以及在事项上的广延性恰恰可以弥补规则的以上不足"。④ 当规则无法应对社会生活的挑战时,"隐居幕后的法律原则便走到了前台",⑤ 它为司法活动的创造性与能动性提供了依据。但另一方面,这种司法能动性又应当是以法律原则作支撑的,而非完全凭借主观意志断案,更不是司法专横。也就是说,法律原则既意味着承认司法活动的创造性与能动性,意味着承认法官的自由裁量权,从而克服法律规则僵化性的缺陷,同时它也为法官合理行使自由裁量权提供了标准,"可以帮助法院得出一个合理的判决而

---

① 李可:《原则和规则的若干问题》,《法学研究》2001年第5期。
② 李可:《原则和规则的若干问题》,《法学研究》2001年第5期。
③ 徐国栋:《民法基本原则解释——成文法局限性之克服》,中国政法大学出版社1992年版,第178页。
④ 李可:《原则和规则的若干问题》,《法学研究》2001年第5期。
⑤ 董灵:《公序良俗原则与法制现代化》,《法律科学》1994年第5期。

不至于走向个人专断"。① 总之，将原则引入法律体系中，既是为补成文规则之不足的需要，也是为限缩自由裁量权之需要；它既为司法能动性提供了依据，也为司法能动性界定了合理的范围。

二、价值、形式与事实的结合

如果承认法律原则是法律的一部分，则意味着法律原则和法律规则一样具有法律效力。反之，如果法律原则的有效性能够得以证成，则也就肯定了法律原则是法律的一部分。这是不言而喻的。问题的关键是法律原则为什么是法律的一部分，为什么会有法律效力。接下来，我们的任务就是从"法律效力"概念本身入手，来试图对这一问题作出回答。

在当代西方法哲学中，不同的法学流派有着不同的法律效力观。分析实证主义法学派坚持法律的"逻辑效力观"，认为法律效力就是国家的强制力与约束力，故凡是出自有立法权的机关的规则就是有效力的法律；自然法学派捍卫其基本传统，持法律的"伦理效力观"，认为从终极意义上看，法律的效力就是法律的道德约束力，因而有效力的法律必定是符合正义原则和道德要求的法律；社会法学派认为，法律的效力本质上乃是法律的实际效果，即法律对社会成员在事实上的实际约束力，这是一种法律的"事实效力观"；现实主义法学派则干脆将法律效力归结为人们的心理因素，持法律的"心理效力观"，认为人们对法的态度是法律效力的标准，有效的法律也就是被社会成员认同与肯定并作为其行为指南的法律。②

---

① 周汉华：《现实主义法律运动与中国法制变革》，山东人民出版社2002年版，第223页。

② 参见姚建宗：《法律效力论纲》，《法商研究》1996年第4期；张文显：《二十世纪西方法哲学思潮研究》，法律出版社1996年版，第433页以下。

笔者认为，法律效力包括应然法律效力和实然法律效力两种形式。应然法律效力是指法律在可能的条件下所应当具有的国家强制力和拘束力。实然法律效力是指法律在实际生活中所产生的国家强制力和拘束力，通常被称为"法律的实效（efficacy）"。完整的法律效力应当是应然法律效力与实然法律效力的统一。"某一法律只有当其有应然法律效力时，才能付诸实施，才能被人们所适用，才能要求人们去遵守。进而，一部法律只有通过实施，才能显现出其国家强制作用力，体现为实然法律效力。"① 上述分析实证主义法学派的法律"逻辑效力观"与自然法学派的法律"伦理效力观"，其所谓的法律效力实际上仅仅指应然法律效力，而将实然法律效力排除在法律效力之外，认为两者虽有一定联系但又是完全不同的。如新实证主义法学派——纯粹法学的创始人和代表人凯尔森认为："法律效力意思是法律规范是有约束力的，人们应当像法律规范所规定的那样行为，应当服从和适用法律规范。法律实效意思是人们实际上就像根据法律规范规定的应当那样行为而行为，规范实际上被适用和服从……因而效力与实效是指完全不同的现象。"② 社会法学派的法律"事实效力观"和现实主义法学派的法律"心理效力观"，则把法律效力单纯地归结为实然法律效力，而将应然法律效力从法律效力的概念中分割开来。如斯堪的那维亚的法律现实主义学者阿尔夫·罗斯（Alf Ross）认为，通过他的理论建构，他已把法律效力问题"从规范性'应然'的领域中切割了出来，并将其牢固地扎根于人的态度和精神体验这个经验性'实然'的土壤之中了"。③ 可见，

---

① 张根大：《法律效力论》，法律出版社1999年版，第212页。
② [奥]凯尔森：《法与国家的一般理论》，沈宗灵译，中国大百科全书出版社1996年版，第42页。
③ [美]E·博登海默：《法理学：法律哲学与法律方法》，邓正来译，中国政法大学出版社1999年版，第334页。

上述西方各种法律效力观都只是在某个侧面揭示了部分真理，这是值得肯定的，但是他们对法律效力仍然没有一个清晰而全面的见解。从综合法学的观点看，法律效力应当既包括应然法律效力又包括实然法律效力。① 正如沈宗灵教授指出的那样，

> 现代西方法理学或法律哲学，自第二次世界大战后形成了自然法学、分析实证主义法学和法律社会学三派鼎立之势。20世纪50年代以来在美国首先出现了一个自称'综合法学'（integrative jurisprudence，亦译统一法学或整体法学）的学说。它主张，以上三派实质上分别强调了法律的三个不同因素，即价值、概念（或形式）和事实。但这三者是不可分割的，因此应建立一种将这三个因素结合起来研究的综合法学。②

这就是说，法律必须把价值、形式、事实结合起来。同样，对法律效力的认识也必须把价值、形式、事实结合起来。自然法学派从价值层面认为法律只有符合正义原则才有效力，分析法学派从形式层面认为法律只有符合法定程序才有效力。这两派的法律效力都是应然法律效力。社会法学派则进一步从事实层面认为法律只有在实际生活中起作用时才有效力。这是实然法律效力。笔者认为，这三派观点的综合才是正确而全面的法律效力观。即法律效力应当是应然法律效力和实然法律效力的有机统一，具体包括价值、形式和事实三个层面的标准或根据。质言之，法律效力的根据取决于：第一，是否符合正义原则；第二，是否符合法定程序；第三，能否在实际生活中起作用。

---

① 参见张根大：《法律效力论》，法律出版社1999年版，第213页。
② 沈宗灵：《现代西方法理学》，北京大学出版社1992年版，第452

如前所述，作为美国新自然法学派代表人物的德沃金和社会法学派代表人物的庞德都承认法律中的原则成分。相应地，他们也从价值层面和事实层面充分回答了法律原则的效力根据。从价值层面看，德沃金强调，我们之所以将原则作为一种准则予以遵守，"并不是因为它将促进或者保证被认为合乎需要的经济、政治或社会形势，而是因为它是公平、正义的要求，或者是其他道德层面的要求"。① 在我国台湾地区，多数学者也指出，原则"乃指法律之原理而言，即适应时代环境需要、合乎正义之道"。② 在行政法中，前文界定的行政法定原则、行政均衡原则和行政正当原则，正是分别根源于法的形式正义、实体正义和程序正义的要求。从事实层面讲，庞德指出，原则是法律工作者将司法经验组织起来用以进行法律推理的权威性出发点。③ 德沃金也指出，"原则就是法官处理疑难案件时所适用的标准"。④ 它对于处于裁判困境中的法官并不是一项可有可无的标准，而是一项有约束力的，对他们在法律上的权利义务所作的裁决具有实质性影响的标准。所以，"当我们说一个原则是我们法律的一个原则时，就是指在某种情况下，官员们当做某种方针来说所必须考虑到的内容"。⑤

可见，法律原则具有效力这一结论，在价值层面和事实层面

---

① [美] 罗纳德·德沃金：《认真对待权利》，信春鹰、吴玉章译，中国大百科全书出版社1998年版，第41页。
② 转引自徐国栋：《民法基本原则解释——成文法局限性之克服》，中国政法大学出版社1992年版，"自序"第11页。
③ 参见[美] 罗·庞德：《通过法律的社会控制·法律的任务》，沈宗灵、董世忠译，商务印书馆1984年版，第24页。
④ 信春鹰：《罗纳德·德沃金与美国当代法理学》，《法学研究》1988年第6期。
⑤ 沈宗灵：《现代西方法理学》，北京大学出版社1992年版，第130页。

上都能够得到充分证明。那么，从形式层面上是否也能证明法律原则是有效力的呢？这个问题的回答恐怕要麻烦得多。因为，法律效力的形式标准是以凯尔森、哈特为代表的实证主义法学家一贯坚持的观点。而他们是从根本上排斥法律中的原则成分的，同时他们在分析法的效力时也设定了这样一个前提：法是由规范或规则构成的。因此，他们的分析仅限于法律规范或法律规则的效力。一个法律规范或法律规则之所以有效力，是因为它是按照一定合法的立法程序制定的。这实际上意味着法律的效力是国家运用国家权力赋予的，而国家权力是法律效力的根本基础，法律效力离开了国家权力就成了无源之水、无本之木。所以，法律效力的形式标准从根本上讲是法律效力的内在根据，是必须要得以证成的。

那么，如何从形式层面来证明法律原则也是有效力的呢？笔者认为，国家运用国家权力使法律具有法律效力是国家以"法定程序"赋予的。这里的"法定程序"不能仅仅理解为国家机关的立法程序。因为从实质上讲，国家创制法律的程序包括"制定、认可、解释"三种方式。制定是指国家机关通过立法活动产生新规范。认可是国家对既存的行为规则予以承认，赋予法律效力。"认可"通常有三种情况：第一，赋予社会上早已存在的某些一般社会规则，如习惯、经验、道德、宗教、习俗、礼仪，使之具有法律效力；第二，通过加入国际组织、承认或签订国际条约等方式，认可国际法规范；第三，特定国家机关对具体案件的裁决作出概括产生规则或原则，并赋予这种规则或原则以法律效力。法律的创制不是仅仅通过认可和制定，法律被认可或被制定以后还有一个再度创造的过程，这就是解释。① 这种"解释"也是有国家强制力即有法律效力的。如司法解释就具有司法强制力，而司法强制力是国家强制力的最终体现，所以司法解释是有法律效

---

① 参见张文显：《法理学》，法律出版社1997年版，第56页。

力的,其"效力就是司法强制力"。① 总之,在形式上,只要是国家运用国家权力所创制出来的法律,无论是国家制定的成文法,还是国家认可的习惯法或判例法,抑或是它们所再生之解释,都是有法律效力的。也就是说,成文法、习惯法或判例法、法律解释等都是法律的效力渊源。而一项法律原则有时出现在成文法中,有时表现为习惯法或判例法,还有时存在于法律解释之中,从而使后者也都成为法律原则的效力渊源。关于这一点,正是下文所要专门研究的内容。

三、法律原则的效力渊源

渊源一词,在汉语中的本意是来源、本源。"法的渊源"或"法律渊源"这一概念在我国法理学中,一般限于法的效力渊源,且仅是就形式意义而言的。其涵义是指"一定的国家机关依照法定职权和程序制定或认可的具有不同法律效力和地位的法的不同表现形式"。② 按照这种理解,法的渊源主要限于制定法和习惯法。而事实上在法律实践中起到法律渊源作用的远不止这些,比如法理、惯例和判例等。所以,我们应当从更加广义的角度来理解法律渊源,它既包括通常意义上的制定或认可的法,也包括那些对行政与行政审判具有重大影响的法理、惯例和判例等。

美国法理学家 E·博登海默在其《法理学:法律哲学与法律方法》一书中,曾将法律渊源分为正式渊源与非正式渊源。前者是指"那些可以从体现为权威法律文件的明确文本形式中得到的渊源";后者是指"那些具有法律意义的资料和值得考虑的材料,而这些资料和值得考虑的材料尚未在正式法律文件中得到权威性

---

① 参见董皞:《司法解释论》,中国政法大学出版社1999年版,第21页。

② 参见李龙主编:《法理学》,武汉大学出版社1996年版,第314页。

的或至少是明文的阐述与体现"。他还针对非正式渊源列举了"正义标准"、"推理和思考事物本质的原则"、"衡平法"、"公共政策"、"道德信念"、"社会倾向"以及"习惯法"。关于非正式渊源的作用与意义,他认为"坚定的实证主义者不是倾向于认为非正式渊源与法律过程无关而对之不予考虑,就是倾向于将它们置于司法框架中明显次要的地位"。他倾向于后一种态度,即把非正式渊源作为次要的法律渊源,"当一种正式的权威性的法律渊源就某个法律问题提供了一个明确的答案时,那么在绝大多数情形下,就不需亦不应当再诉诸法律的非正式渊源"。但其例外情况是:"适用某种法律正式渊源会与正义及公平的基本要求、强制性要求以及占支配的要求发生冲突。"博氏非常明确地指出:"当一项正式法律文件表现出可能会产生两种解释的模棱两可性和不确定性——事实往往如此——的时候,就应当诉诸非正式渊源,以求得一种最利于实现理性与正义的解决方法。"另外,"当正式渊源完全不能为案件的解决提供审判规则时,依赖非正式渊源也就理所当然地成为一种强制性的途径"。① 可见,博氏明确肯定了非正式渊源的法律效力。

在我国,法理学界普遍认为,当代中国法的渊源主要由以宪法为核心的各种制定法所构成。② 受此影响,我国多数行政法学者也认为我国行政法的渊源一般只限于成文法。③ 但是,也有学

---

① [美]E·博登海默:《法理学:法律哲学与法律方法》,邓正来译,中国政法大学出版社1999年版,第414页以下。

② 参见沈宗灵主编:《法理学》,高等教育出版社1994年版,第306页;李龙主编:《法理学》,武汉大学出版社1996年版,第315页;张文显:《法理学》,法律出版社1997年版,第78页;孙国华、朱景文主编:《法理学》,中国人民大学出版社1999年版,第259页。

③ 参见张尚鷟主编:《走出低谷的中国行政法学——中国行政法学综述与评价》,中国政法大学出版社1991年版,第31页;姜明安主编:《行政法与行政诉讼法》,北京大学出版社、高等教育出版社1999年版,第31页。

者认为我国行政法的渊源不应仅限于正式渊源，还应当包括非正式渊源，并认为后者"在行政法律体系中的比重越来越大，对行政管理和行政权行使的指导意义亦越来越深刻"。① 还有学者主张将政策、法理及公理作为行政法的"推论渊源"。② 再有学者主张将行政法的渊源分为形式渊源与实质渊源，形式渊源包括成文法和不成文法，后者又包括法律解释、行政判例、行政习惯等；实质渊源包括行政工作经验、政策、专家意见、法的理论等。③

笔者认为，无论从行政法的自身特性来看还是从行政法渊源之演进与实际作用观察，我国行政法的渊源都不应当仅限于成文法，还应当包括法理、惯例和判例等。首先，行政法自身的特殊性决定行政法的渊源应当具有多样性。从形式上看，由于行政法在诸部门法中调整范围最为广泛、内容最为复杂且最富于变动性，因此行政法虽是一个独立的基本部门法，但却很难制定出一个如同刑法典、民法典那样的统一法典。行政法难以制定一部统一法典的结果之一，就是行政法的表现形式即法源多种多样。在西方国家，无论是大陆法系国家还是英美法系国家，行政法的法源除了制定法以外，还有判例和行政惯例。④ 从内容上讲，行政法是规范行政权的法。在现代社会，"我们生活在一个以行政为

---

① 关保英：《市场经济与行政法学新视野论丛》，法律出版社1996年版，第23页。

② 孙笑侠：《法律对行政的控制——现代行政法的法理解释》，山东人民出版社1999年版，第96页。

③ 杨海坤主编：《跨入21世纪的中国行政法学》，中国人事出版社2000年版，第137页。

④ 参见[美]伯纳德·施瓦茨：《行政法》，徐炳译，群众出版社1986年版，第612页；[日]盐野宏：《行政法》，杨建顺译，法律出版社1999年版，第44页；[德]哈特穆特·毛雷尔：《行政法学总论》，高家伟译，法律出版社2000年版，第62页以下；王名扬：《法国行政法》，中国政法大学出版社1989年版，第16页。

中心的时代"。① 这一格言为越来越多的国家和学者所接受，行政时代的社会特性必然是行政机构的权力日益庞大，行政的权威日益强化，行政管理的自主性日益强烈。这些都使行政权难以被几个简单的法条约束和规范，更难以用写在纸上的法律条文提高其效率。此时要对行政权提供规范和进行有效控制，非成文法之外的渊源不可。

其次，以行政法渊源及渊源理论的演化观察之，在法制尚不发达时，行政民主化还未被普遍接受，行政人员多以传统习俗而行，多以习惯法为主要法源。而在行政法进一步发展，行政的法律化和民主化提高以后，单一的习惯法已难以适应行政管理的态势，而不得不以制定法为主要的行政法渊源。在现代国家，国家的任务繁重，机械的制定法又不足以适应需要，而不得不辅以法理、惯例和判例等为补充。正如我国台湾著名行政法学家张载宇所言："就法治思想言，现代法律制度之法源，以制定法、习惯法与条理为主。其演进过程，系由习惯而制定法，由制定法而条理。"② 张氏所指的条理显然是成文法渊源之外的渊源范畴。就我国情况而言，随着经济体制的转轨和政府职能的转变，行政体制、行政管理和行政权力运用都需要新的观念指导。单一的制定法均不能完全承担约束、指导、监督行政权的任务，亦不得不辅之以法理、惯例和判例等行政法渊源。再从行政法源在法律适用中的意义来观察，"法律渊源涉及的并非普通公民的行为受什么样的规则管辖，而是法院在解决具体纠纷时应该适用哪些法律的问题"。③ 这就是说，法律渊源一词其实更重要的是对于法律适

---

① [美]詹姆斯·E·安德森：《公共政策》，华夏出版社1986年版，第47页。

② 张载宇：《行政法要论》，台湾汉林出版社1970年版，第39页。

③ [美]格伦顿等：《比较法律传统》，米健等译，中国政法大学出版社1993年版，第154页。

用的意义。其意义在于："第一，对法官理解、分析制定法并进行推论提供的参考依据和思维指引；第二，通过法律推论实现对制定法局限性的弥补作用；第三，通过推论为判决结论提供正当理由。"① 所以，法律渊源的"法律效力"问题不能离开法律推论而孤立地、单纯地予以说明。从这个角度来看，法理、惯例和判例等无疑也应当被列入行政法渊源之中。

以上对行政法渊源进行了不厌其烦的阐释，其实际意义在于：法律原则的效力渊源何在？就此，我国台湾学者陈敏先生指出，"一般行政法原则，系由各种不同之不成文法规范所构成，并非独立之新法源。习惯法、判例乃至制定法，皆可能为某一般行政法原则之来源"。② 这就是说，法律原则存在于各种法源之中，但并非独立之新法源。③ 就行政法基本原则而言，可以作为其效力根据的不同来源主要有：

第一，宪法的具体化。宪法是一国之根本法源，许多行政法原则都是从宪法的规定和原则中引申出来的，它们是"具体化了的宪法"，是宪法原则的结果和结论。例如，由我国宪法第33条规定的平等原则，可以直接导出行政法中的"平等对待原则"。

---

① 孙笑侠：《法律对行政的控制——现代行政法的法理解释》，山东人民出版社1999年版，第95页以下。
② 陈敏：《行政法总论》，台湾1999年版，第79页。
③ 严格说来，"法律"（包括法律原则）和"法源"是有区别的。美国法理学家约翰·奇普曼·格雷（John Chipman Gray）就曾经将其称之为的"法律（the law）"和"法律渊源"（the sources of the law）作了严格区分。他认为，法律是由法院以权威性方式在其判决中加以规定的规则组成的，而关于法律渊源则应当从法官们在制定那些构成法律的规则时所通常诉诸的某些法律资料与非法律资料中去寻找。See Gray, *The Nature and Sources of the Law*, 2d ed, 1921, pp.123~125. 转引自[美]E·博登海默：《法理学：法律哲学与法律方法》，邓正来译，中国政法大学出版社1999年版，第413页以下。

由宪法第 2 条第 3 款和第 27 条之规定,①可以导出"信赖保护原则"、"行政参与原则"、"行政公开原则"等。由宪法之"法治原则"则可依次推展出"行政法定原则"、"行政均衡原则"、"行政正当原则"。

第二,法律之抽象化。"行政法之法规中,常有许多具有普遍化能力之规定,可以经由体系化、抽象化及类型化之观察方法,获得一般原则,而转用于其他未经规定之事项。"② 例如,"行政正当原则"可以从我国《行政处罚法》规定的"公开、公正原则"、"处罚听证制度"及《价格法》规定的"价格听证制度"等而抽象化得之。"比例原则"或"禁止过度原则"亦可从我国《人民警察使用警械和武器条例》第 4 条、《行政处罚法》第 4 条、《行政复议法》第 28 条及《行政诉讼法》第 54 条的规定③ 等而抽象化得之。如此,经过法律规范的抽象化而形成的法律原则,则通过这些具体的法律规范发挥其拘束力。事实上,立法者在创设一系列法律规范时都是以某种法律原则为指导的,这些体现法律原则精义的法律规范的适用,其实就是法律原则发挥其拘束力的方式之一。

---

① 第 2 条第 3 款规定:"人民依照法律规定,通过各种途径和形式,管理国家事务,管理经济和文化事业,管理社会事务。"第 27 条规定:"一切国家机关和国家工作人员必须依靠人民的支持,经常保持同人民的密切联系,倾听人民的意见和建议,接受人民的监督,努力为人民服务。"

② 陈敏:《行政法总论》,台湾 1999 年版,第 80 页。

③ 《人民警察使用警械和武器条例》第 4 条规定:"人民警察使用警械和武器,应当以制止违法犯罪行为,尽量减少人员伤亡、财产损失为原则。"《行政处罚法》第 4 条规定:"设定和实施行政处罚必须以事实为根据,与违法行为的事实、性质、情节以及社会危害程度相当。"《行政复议法》第 28 条规定,具体行政行为"明显不当"的,行政复议机关可以撤销或变更;《行政诉讼法》第 54 条规定"行政处罚显失公正的,可以判决变更"。

第三，法理和惯例之引申。法理通常指"事物的当然之理"或"法之一般原理"，① 实际上就是我们所说的法的基本精神或基本理念，如正义标准、诚信原则等。经常为西方国家法院司法审查引用的自然公正原则、合理原则、比例原则、信赖保护原则等，均源于法理，并通过学说予以确定。如，信赖保护原则是"德国联邦行政法院根据法律安定性原则和民法的诚信原则推论而确立的"。② 当然，这些原则在为法院适用后，即转换成判例法规范。惯例或习惯经过有权的国家机关以一定方式认可后便可上升为法，也具有了法律效力。行政惯例或习惯在相对固定后，往往也以判例法或成文法取而代之。例如，法国在19世纪，公产不能转让曾为一行政惯例，后为判例取代。③ 法理和惯例在我国作为行政法的渊源，虽有一个逐步确立的过程，但是它们实际上"在推论中被运用来论证正当理由，在我国并不缺乏实例，只是被我们所疏忽罢了"。④ 人民法院在对行政行为进行司法审查时，也有从法理和惯例中引申出行政法基本原则的实例。关于这一点，有待后文作进一步的个案分析。

第四，基于判例的确认。判例是指"可作为先例据以决案的法院判决"。⑤ 由于判例对于法院以后审理类似案件具有普遍约束力，因而便成为法的一种渊源。笔者在第二章中已指出，在以

---

① 孙国华、朱景文主编：《法理学》，中国人民大学出版社1999年版，第259页。

② 朱林：《德国行政行为撤销的理论及其立法评价》，《法律科学》1993年第3期。

③ 参见王名扬：《法国行政法》，中国政法大学出版社1988年版，第322页。

④ 孙笑侠：《法律对行政的控制——现代行政法的法理解释》，山东人民出版社1999年版，第114页。

⑤ 《中国大百科全书·法学》，中国大百科全书出版社1984年版，第449页。

判例法为主要法源的英美法系国家,行政法的基本原则主要通过法官的判例来确立。在大陆法系国家,虽以成文法为主要法源,但在行政法中法院的判例却起着主要作用。尤其在法国,"行政法的重要原则,几乎全由行政法院的判例产生"。① 在我国,也应当充分发挥判例确认法律原则,从而形成行政法渊源之功效。对此,亦有待后文作进一步的个案分析。

以上所述行政法基本原则的各项效力渊源,系互相补充和交叉,而非相互排斥和矛盾。一项原则可能有多项渊源,除这些渊源之外,依我国行政法发展的现状而言,尚有一种重要的渊源即国际法值得我们重视。如WTO系列协议中所设定的"透明度原则"、"非歧视原则"将直接进入我国行政法领域之中,成为"行政均衡原则"、"行政正当原则"的效力渊源。

第二节 行政法基本原则适用的价值体现

既然行政法基本原则并非仅仅起宣示性作用,而是有效力的,则法院在司法活动中可以也应当予以适用之。接下来的问题是,行政法基本原则的适用对法院的司法活动究竟有何价值呢?所谓司法活动即法的适用活动,就是法官将普遍一般的法适用于具体案件以获得判决的专门活动。然而,"法条有尽,事情无穷",立法机关"为每一种详细的事态制定精确的法规是不可能的"。② 当司法者"适用法律"而制定法条文不明确、有漏洞或者拘泥制定法字面含义将导致不能容忍的明显不公时,"隐居幕

---

① 王名扬:《法国行政法》,中国政法大学出版社1988年版,第21页。

② [美]罗·庞德:《通过法律的社会控制·法律的任务》,沈宗灵、董世忠译,商务印书馆1984年版,第97页以下。

后的法律原则便走到了前台",① 为司法者进行创造性和能动性的司法活动提供依据。当法律规则含混不清或模棱两可时,法官可以根据原则作出适当解释;在可适用的规则之间发生冲突时,法官可以根据原则加以协调统一;即使是在没有现成规则可以适用的情况下,也"可以借助于原则,以便从中推导出判决的根据",②"这是现代法的一项重要技术"。③ 所有这些都充分地展示出了适用法律原则的巨大价值。

一、法律解释之一般原理

关于法的适用,法学方法论上所适用的基本概念为"归摄"或"涵摄"(Subsumtion),是指将待决案件事实置于法律规范构成要件之下,以获得特定结论的一种思维过程。④ 为了判决具体案件,法官必须探讨法律的意旨以获得作为裁判的大前提,规范地获得处理一个具体案件的裁判大前提(der Obersatz)的过程,即所谓的"找法"活动(Rechtsgewinnung),也就是通常所说的广义的法律解释。关于广义的法律解释究竟包含几种解释方法,则在法律解释学上有不同见解,主要区分为三分说与二分说。前者以我国台湾学者杨仁寿先生为代表,并在大陆得到民法学教授梁慧星先生的继承以及民法解释学上的运用;后者以德国法律诠释学大师、价值法学的代表人物 Karl Larenz 为旗帜,并在我国台湾得到著名民法学者黄茂荣先生的发扬以及于民法解释学上的

---

① 董灵:《公序良俗原则与法制现代化》,《法律科学》1994年第5期。

② [美]罗·庞德:《通过法律的社会控制·法律的任务》,沈宗灵、董世忠译,商务印书馆1984年版,第99页。

③ 张文显:《规则·原则·概念——论法的模式》,《现代法学》1989年第3期。

④ 参见梁慧星:《民法解释学》,中国政法大学出版社1997年版,第191页。

运用。

按照三分说，广义的法律解释又包括狭义的法律解释、价值补充以及法律漏洞补充三种方法。狭义的法律解释是对于不明确的法律规范，以文义、体系、法意、目的或合宪等方法确定规范意义的内容。价值补充是对不确定法律概念及概括性条款的一种解释方法。漏洞补充是指法律对于应规定未规定之事项，由于立法者之疏忽，未预见或情况变更，致就某一法律事实未设规定，造成"法律漏洞"，应由司法者予以补充而言。其中，法律规定不明确，系属法律解释的范围；而法律欠缺规定，则系补充问题。[①] 以上三种解释方法在梁彗星先生的《民法解释学》一书中被体现并运用。[②]

按照二分说，广义的法律解释分为狭义的法律解释与法律漏洞补充两种方法或两个阶段。狭义的法律解释（Gesetzesauslegung）是探求立法意旨并使之适用于具体案件事实。解释的方法有文义、历史、体系、目的、合宪等几种解释方法。[③] 法律漏洞补充（Rechtsforbildung）则是在法律可能的文义范围外适用法律的情形。[④]

显然，三分说和二分说都承认狭义的法律解释方法，并对狭义法律解释方法的见解大致相同。它们的区别在于：是否单独承认针对不确定法律概念和概括条款的价值补充方法。持二分说的学者认为有的不确定法律概念与一般条款属于法律漏洞者，有的

[①] 参见杨仁寿：《法学方法论》，中国政法大学出版社1999年版，第98页。

[②] 参见梁慧星：《民法解释学》，中国政法大学出版社1997年版，第192页。

[③] 参见［德］Karl Larenz：《法学方法论》，陈爱娥译，台湾五南图书出版公司1996年版，第225页以下。

[④] 参见黄茂荣：《法学方法与现代民法》，中国政法大学出版社2001年版，第353、354页。

则不属于之。如果属于法律漏洞，自不待言，按照漏洞补充方法适用之即可；如果不属于法律漏洞，则对它们的操作适用属于法律解释。① 笔者以为，二分说的见解更有道理。这样一种理论较之三分法单独将不确定法律概念与一般条款的适用独立为价值补充的做法而言，更为合理。三分法虽然将不确定概念与一般条款的补充适用单列为法律解释之一种，但并无理由说明之，此其一；其二，透视所谓的针对不确定概念与一般条款的"价值补充"法，其内涵极不明确，且与狭义的法律解释和漏洞补充并不能截然分开。易言之，这两种解释方法中并非不含价值补充的因素。可以说，任何解释都是一种解释者主观因素不同程度的介入，都具有价值补充的成分。再者，价值补充方法因其抽象性而并无自身的适用规则，其最终结局往往就是通过狭义的法律解释的方法来完成，所以即便持二分法的学者也指出，价值补充与狭义的法律解释方法关系"自属非浅"，② 而所谓"自属非浅"实际上就是对狭义法律解释方法的运用。既如此，将价值补充单列为一种独立的法律解释方法就失去了其独立性的意义。基于以上理由，笔者赞成二分法，反对将不确定法律概念与一般条款单独作为一种需要解释的法律文本形式，并将其适用方法——价值补充单列为一种法律解释方法的做法。也因此，本文以下所称之"法律解释"皆系狭义而言。

　　对以上法律解释学观点阐释的意义在于，确定行政法基本原则的适用对法院的司法活动究竟有何价值以及法官如何运用行政法基本原则进行能动性和创造性的司法活动。从总体上而言，行政法基本原则既是作为法官进行法律解释活动的依据及其所遵循

---

　　① 参见黄茂荣：《法学方法与现代民法》，中国政法大学出版社2001年版，第302页。

　　② 杨仁寿：《法学方法论》，中国政法大学出版社1999年版，第139页。

的基本标准,亦乃实现法律漏洞补充之工具。

二、法律原则:作为法律解释之基准

法律非解释不能适用。这是因为,立法者尽管是社会的精英和具有道德理性的人,但因受立法客体的制约以及本身的局限性等因素的影响,所以其制定的法律往往具有局限性。[①] 其局限性具体表现为不合目的性、不周延性、模糊性、滞后性。[②] 成文法的这些局限性是其先天不足,必须经过后天的矫正和弥补,其形式就是法律解释。所以,"法律是一种阐释性概念",[③] "法律如果没有法院来阐明和界定其真正涵义和实际操作,就是一纸空文"。[④] 法律解释具有很悠久的历史,可以追溯到古罗马,在当今西方国家仍然非常发达。在我国,法律解释既是一种理论,又是一种权力。[⑤] 我国关于成文法弊病或缺陷及其弥补的讨论,几乎都是在法的解释理论中提出来的。法学界对法律解释的界定亦各种各样。[⑥] 在此所称之法律解释,特指上述法学方法论中狭义的法律解释,其涵义是对于不明确的法律规范,以文义、体系、法意、目的或合宪等方法确定规范意义的内容。通过这种法律解

[①] 参见董嗥:《司法解释论》,中国政法大学出版社1999年版,第78页以下。

[②] 徐国栋:《民法基本原则解释——成文法局限性之克服》,中国政法大学出版社1992年版,第137页以下。

[③] [美]德沃金:《法律帝国》,李长青译,中国大百科全书出版社1996年版,第364页。

[④] [美]汉密尔顿、杰伊、麦迪逊:《联邦党人文集》,程逢如等译,商务印书馆1980年版,第111~112页。

[⑤] 参见梁治平编:《法律解释问题》,法律出版社1998年版,"前言"第4页。

[⑥] 参见张志铭:《当代中国的法律解释问题研究》,《中国社会科学》1996年第5期。

释，可以确定法律实施中所要实现的秩序目的，可以澄清法律疑义，使法律含义明确化、具体化，并适应社会的发展需要。因此，法律解释方法及其科学性显得特别重要。

在法律解释学中，法律解释的方法多达十几种，包括文义解释、法意解释、扩张解释、限缩解释、当然解释、目的解释、合宪解释、比较解释与社会学解释等。如此多的解释方法，究竟以其中的哪一种为准或为主，学者间的看法并不一致。如我国台湾学者黄茂荣先生认为，文义因素首先确定法律解释活动的范围，接着历史因素对此范围加以进一步确定，并对法律的内容，即其规定意旨作一些提示。紧接着体系因素与目的因素开始在这个范围内进行规范意旨的发现或确定工作。这个时候，合宪性因素也作了一些参与。最后，终于获得了解释的结果。于是再复核一下看它是否合乎宪法的要求。① 我国台湾学者王泽鉴先生的看法也有些与黄先生相似。他指出，文义解释是基石，是确定疑义性法律用语的工具；体系性解释则用以探究法律条文在体系上的规范意义以及维护体系及概念用语的统一性；比较解释对于重要问题的确定具有重要意义；目的解释在以上所有方法均不能得出准确结论时得以派上用场；合宪性解释则应居于优越地位，但应谨慎为之。不过，王泽鉴先生制定的解释规则也许不一定会得到每个人的遵守，但是，他所主张的关于各解释方法运用的规则极有道理。他指出，各种解释方法之间不一定具有不变的位阶关系，解释者也不能任意选择一种解释方法支持其论点。因为法律解释是一个以法律目的为主导的思维过程，每一种解释方法各具功能，但亦有限制，不可绝对化；每一种解释方法分量不同，但须互相补充，共同协力，始能获得合理的解释结果，于个案中妥当调和

---

① 黄茂荣：《法学方法与现代民法》，中国政法大学出版社 2001 年版，第 287 页以下。

当事人利益，贯彻正义之理念。① Larenz 先生认为，文字的解释始于文义，因此首先应就一般的语言用法获得文字的涵义，以此构成解释的出发点；在法律的语言用法包含不同意义可能的情况下，则探求某用语或某语句于某文字脉络中的意义为何，即进行意义脉络的解释；假使前两种解释方法使用之后，仍有作不同解释的空间，则优先采纳最能符合立法者规定意向及规范目的的目的解释；如若以上解释仍未有已足，则通过探寻立法者的规范想法进行解释，再进行客观的目的论解释，最后以合宪性解释来确定仍有的疑问。② 而我国学者梁慧星先生认为，对法条的解释，应先采文义解释法，如解释的可能为复数，继之以论理解释；作论理解释时，先运用体系解释和法意解释法，进而运用扩张解释或限缩解释或当然解释法。如仍不能确定法律语义的涵义，则进一步作目的解释以探求立法目的，或在依上述方法初步确定法律意义内容后，以目的解释进行核实，最后作合宪性解释看是否符合宪法的基本价值判断。经论理解释仍不能确定结论者，可进一步作比较法解释或社会学解释。论理解释、比较法解释与社会学解释的结果只有在不超出法条语义的范围时才能作准。经解释最终仍然感到存在相互抵触的结果时，则应当进行利益衡量或价值判断，从中选出具有社会妥当性的解释结果作为结论。不过，无论依何种解释方法，原则上不允许作出反于法条语义的解释结论。③

笔者认为，法律解释方法虽为数众多，但其中"目的解释"

---

① 参见梁慧星：《民法解释学》，中国政法大学出版社1997年版，第243页以下。

② [德] Karl Larenz：《法学方法论》，陈爱娥译，台湾五南图书出版公司1996年版，第245页以下。

③ 参见梁慧星：《民法解释学》，中国政法大学出版社1997年版，第243页以下。

居于决定性地位。德国学者欧特曼（Oertmann）谓"立法目的之探求是启开疑义之钥匙"。① 我国台湾学者陈敏也指出，各种解释方法皆在于探求法律目的，再由该法律目的推论法律之意义。"凡适于探求法律目的之方法，皆可适用"。② 这是因为，"目的是所有法律的创造者"。③ 虽然法律本质上为行为规范，但是人类并不是为规范而规范，而是利用法律规范去追求某些目的；虽然法律以文字为载体，但法律文字也只是为达成目的之手段。所以，适用法律者如果知道法律的目的，亦即明白法律文字的意义。作为阐明法律文字之意义的法律解释，实际上就是一个以探求法律目的或社会目的为主导的思维过程。而作为法律解释目标的法律目的或法律意旨，又是基于某些基本的价值判断所决定的。正如法国学者达姆（Dahm）所指出的："法律绝不仅是徒具语言的东西。它有标志，有所意味；它追求着实务的目的，它的眼中有它在生活中要贯彻的价值。"④ 这些目的及基本价值决定便是法律的意旨所在。因此，"法律解释应取向于价值乃自明的道理"。⑤ 在一个社会中，各种占主导地位的社会价值的总体构成"社会正义"，⑥ 社会价值通过法律的转化而成为法律价值，从而构成法律上的正义。法律的解释使法律与现实社会中的价值

---

① 转引自梁慧星：《民法解释学》，中国政法大学出版社1997年版，第244页。

② 陈敏：《行政法总论》，台湾1999年版，第127页。

③ 耶林语，转引自黄茂荣：《法学方法与现代民法》，中国政法大学出版社2001年版，第282页。

④ 转引自黄茂荣：《法学方法与现代民法》，中国政法大学出版社2001年版，第257页注释20。

⑤ 黄茂荣：《法学方法与现代民法》，中国政法大学出版社2001年版，第258页。

⑥ ［日］川岛武宜：《现代化与法》，王志安等译，中国政法大学出版社1994年版，第246页。

相吻合，使法律条文符合社会的发展，成为活的法律，克服法律的滞后性、非正义性。适用法律者在对具体问题的解释和进行法律价值判断时，应注意该具体的价值判断不应与基本的法律价值和社会价值相矛盾。

法律解释应取向于价值，而这些价值则以法律原则的方式表现出来。① 在实务上，解释者主要利用宪法上的基本价值决定（如法治原则、平等原则、公民的基本权利保障等）以及其他法律之一般法律原则。后者当然包括行政法基本原则在内。"一般法律原则在内涵上的开放性（或者模糊性），必然赋予运用者广泛的价值判断空间。"② 法律原则由于其使用的概念极具模糊抽象性，使得概念的内涵具有一定的中空结构，司法者可根据实际情况对它作不同的理解。"法官可以根据新的时代精神，把社会发展产生的对法律的新要求以解释的形式容纳到法律原则的中空结构中去，使法律得以保持比较长的寿命。法官的工作也因此具有了创造性和能动性。"③ 可见，法律原则的适用，为法官进行创造性和能动性的法律解释活动提供了依据。同时，法律原则也是解释者作出解释时所遵循的基本标准。因为，"法律原则直接承载着法律目的，凸显着法律本质，同时又涵盖着众多形色各异的法律规则"。④ 以法律原则为标准，有助于解释者正确认识法律的精神实质，准确理解法律的目的，从而大大降低解释结果不符合法律目的的可能性。如果没有法律原则的指导作用，不合理的法律解释就会以较高的频率出现，并使法律的实施受到消极影响。

---

① 黄茂荣：《法学方法与现代民法》，中国政法大学出版社 2001 年版，第 286 页。

② 陈爱娥：《"法律原则"作为行政法的法源》，载《宪法体制与法治行政》，台湾三民书局 1998 年版。

③ 董玉庭：《法律原则价值论》，《内蒙古民族师院学报（哲社版）》1999 年第 4 期。

④ 李可：《原则与规则的若干问题》，《法学研究》2001 年第 5 期。

可见，在法律解释诸方法中居于决定性地位的"目的解释"，实际上就是要求解释者作出符合法律原则的解释。"合目的性"解释就是"合原则性"解释。假使所涉及的法律原则是——具有宪法位阶的——宪法原则，则为法律解释论上的一种特殊解释形式："合宪性解释"。其意指：某一法律规定有多种解释可能性，且至少其中一种可以符合宪法原则的要求时，则应以符合宪法原则要求的方式，来解释该法律规定。① 当然，宪法原则往往需要具体化为部门法原则来作为解释的标准。行政法基本原则即为宪法原则的具体化，此时，解释者在为行政法的解释时，得以行政法基本原则来作抉择的标准。

三、法律原则：补充法律漏洞之工具

"法律作为一种基本的社会规范，它不可能、也不应该对有关的一切事物都作出详尽无遗的规定，因为客观事物是无限的、多态的，而法律规范是有限的、定型的。"② 也就是说，法律只是对典型社会现象的概括，而不可能穷尽所有社会现象，因而就不可避免地会有漏洞。例如，A省的计划生育条例规定，本省城镇居民夫妇只能生育一胎。B省计划生育条例规定，本省城镇居民夫妇双方均系独生子女，生育第一胎为女性的，可生育第二胎。问题是，如果A、B两省的独生子女结婚却仍分居两地，生育第一胎为女性的，则能否生育第二胎呢？上述两省的计划生育条例均未作规定。类似的现象在行政法规范中比比皆是。

然而，法律究竟是否有漏洞？这曾是一个在法学史上被争论过的问题。概念法学、纯粹法学者否认有法律漏洞，法律体系在

---

① 陈爱娥：《"法律原则"作为行政法的法源》，载《宪法体制与法治行政》，台湾三民书局1998年版。

② 吴大英、沈宗灵主编：《中国社会主义法律基本理论》，法律出版社1987年版，第255页。

他们看来是封闭的完备的，是一个具有自足性的逻辑体系。自由法学、利益法学及现实主义法学者等从"活法"论出发，认为成文法只是"活法"的文字形式，于此之外，现实生活中还存在许多未被文字化的"活法"，此即法律漏洞，它们有待于以科学的方法探求之。20世纪以来则一般均承认有法律漏洞之存在，"欧陆法系不论，即如美国亦均承认法律漏洞之存在，并进而肯定司法造法的功能"。① 总之，任何法律皆有漏洞，系今日各国判例与学说公认之事实。

何谓法律漏洞？按照 Karl Larenz 的观念，法律漏洞是指法律对其调整范围内的特定案件类型缺乏适当的规则，或者立法者有意保持沉默，对应该规定的规则不予规定，或者依规则的意义及目的，其不宜适用于某具体案例而导致的计划上的不圆满性。② 理解法律漏洞有几个要点：一是法律漏洞并非法律规定上的空白。Larenz 指出，法律的"漏洞"并非"未为任何规定"，而是欠缺特定——依法律规定计划或其整体脉络得以期待——的规则。基于这一点常被误认，因此 Larenz 指出，"此点如何强调均不为过"。③ 二是违反计划性。这是指违反立法计划或立法意图。只有在立法者无意的沉默，即立法者疏忽或未预见或者情况变更，导致法律就其调整范围内的事实缺乏适当规则时，才属于违反计划性。如果是立法者有意的沉默，则不是法律漏洞。"法外空间"系立法者有意的沉默，不具备"违反计划性"，④ 所以

---

① 转引自黄建辉：《法律阐释论》，台湾学林文化事业公司2000年版，第27页。

② [德] Karl Larenz：《法学方法论》，陈爱娥译，台湾五南图书出版公司1996年版，第281页。

③ [德] Karl Larenz：《法学方法论》，陈爱娥译，台湾五南图书出版公司1996年版，第285页。

④ [德] Karl Larenz：《法学方法论》，陈爱娥译，台湾五南图书出版公司1996年版，第282页。

不是法律漏洞。换言之,只有在已属法律调整范围之内的问题上,法律的规定不完全时,才属于违反了计划性。而法律调整范围之外的诸问题,系立法者未加理会,属"有意"的沉默,不违反计划性,因而不是法律漏洞。① 三是不圆满性。这是法律漏洞的要点,又称不完全性,是指在法律规定有欠缺或不完全的场合,应承认法律有不完全性。依此见解,以法律规定的可能文义作为解释的界限,凡超过此界限,即应属于漏洞补充。换言之,法律规定的可能语义范围,不能涵盖所要处理的事态,即存在法律漏洞。② Burckhardt 认为,假使不加入法律欠缺的规定,法律规范根本无法适用时,才构成法律漏洞。Larenz 认为,这属于规范本身的不圆满性,可称之为规范漏洞。③

制定法中的法律漏洞可以分为开放的与隐藏的法律漏洞。以制定法的规范意旨,对于某种案型本应加以规范,而立法者竟未规范,是为开放的法律漏洞或明显漏洞。如果法律已规定有适用某种案型的规范,但该规范涵盖过宽,"在评价上未及此类事项的特质",而将本应排除的案型包含在内,则属隐藏的法律漏洞或隐含漏洞。④ 在法学方法上,开放的法律漏洞,得以"类推适用"填补之;隐藏的法律漏洞,得以"目的论限缩"填补之。⑤ "类推适用"指对于法律未规定之事项,比附援引与其性质相类

---

① 黄茂荣:《法学方法与现代民法》,中国政法大学出版社 2001 年版,第 330 页。

② 黄茂荣:《法学方法与现代民法》,中国政法大学出版社 2001 年版,第 294 页。

③ [德] Karl Larenz:《法学方法论》,陈爱娥译,台湾五南图书出版公司 1996 年版,第 282 页。

④ [德] Karl Larenz:《法学方法论》,陈爱娥译,台湾五南图书出版公司 1996 年版,第 287 页。

⑤ 陈敏:《行政法总论》,台湾 1999 年版,第 132 页;杨仁寿:《法学方法论》,中国政法大学出版社 1999 年版,第 98 页。

似之规定,以为适用。① "目的论限缩"是将涵义过广之法律规定,依法律目的导回原应有之适用范围。② 明显漏洞又包括授权型漏洞、消极型漏洞、预想外型明显漏洞;隐含漏洞又包括白地规定型漏洞、预想外型隐含漏洞和冲突型漏洞等。③

  法律原则以其极为弹性的规定授予运用者广泛的价值判断空间,实际上等于承认法官在必要的情况下有补充立法的能力。法官的这种造法能力,一个很重要的价值就是法官运用法律原则对法律漏洞进行补充。但是,行政法为公法范畴,"公法之适用,以明文规定者为限,公法未设明文者,自不得以他法之规定而类推适用,此乃适用法律之原则"。④ 这表明,对行政法上漏洞的补充,尤其在干涉行政领域,应当受到"行政法定原则"的限制,不得修正法律规定而加重人民负担。也就是说,在行政法规范有漏洞时,如果漏洞为开放的漏洞,即法无明文规定时,表明已经超出行政法规范的适用范围,如果要适用则必须类推适用,而类推适用有损"行政法定原则",故为现代法治国家所禁止。当然,在非干涉行政领域中的授权型明显漏洞,可直接以法律原则作为依据予以补充。具体而言,利用行政法原则来补充的法律漏洞主要包括:

  第一,授权型明显漏洞补充。授权型明显漏洞,指立法者或准立法者关于某种事件任由解释者进行价值判断而不设任何规定的情形。有时是因为这一事件本身就不适应用细致的规定来规范,或者是尽管立法者对此事件有所认识,但是还没有达到认清

---

① 参见杨仁寿:《法学方法论》,中国政法大学出版社1999年版,第97页。
② 参见陈敏:《行政法总论》,台湾1999年版,第133页。
③ 参见梁慧星:《民法解释学》,中国政法大学出版社1995年版,第260页以下。
④ 转引自陈敏:《行政法总论》,台湾1999年版,第136页。

本质的地步,暂时无法作出规定。这种漏洞对于立法者来讲处于一种明知的心理状态。立法者利用法律原则的独特品格把这种漏洞包括在自己的射程之内,此时法律原则是法官处理此种案件的主要法律依据。①

第二,白地规定型隐含漏洞补充。这是立法者有意识地使用不确定的概念,这些概念的文意不足以约束其外延,在适用到具体案件时,必须由法官依据法律原则进行评价,对其内容予以补充,加以具体化,以法律原则作为决定其不确定用语意义内容的手段。

第三,预想外型隐含漏洞补充。这种漏洞是指依法律条文所使用的词语的意义,涵盖了本不应被涵盖的某种事件,这种事件也是超出立法的预见之外。在这种情况下,初看起来应适用法律已有的具体规定,但实质上这种适用恰好违背了法律的基本精神。② 因此,法律原则在此的补充作用表现为法官用法律原则排除初看起来应适用的法律规定。

第四,冲突型漏洞补充。冲突型漏洞,指关于某一事实有不同的法律规定,这些不同法律规定的立法者意图或准立法者意图相互矛盾,而不能依据"后法废止前法"或"特别法优于普通法"等法律原则处理的情形。此时亦得以行政法基本原则作为补充漏洞的手段,即排除其中某个法律规定的适用。

第三节 行政法基本原则适用之个案分析

行政法基本原则的适用效力与适用价值都有赖于法律适用中

---

① 董玉庭:《法律原则价值论》,《内蒙古民族师院学报(哲社版)》1999年第4期。

② 参见梁慧星:《民法解释学》,中国政法大学出版法1995年版,第261页。

的个案分析来加以证成。同时,通过个案的分析,亦能发现目前我国法院在法律原则适用中存在的不足,从而寻求可靠的应对措施。

一、法律原则的运用及其意义

大量的实例已经表明,我国法院在运用法律原则进行判案。下面以一个非常典型的个案——"田永诉北京科技大学案",试对人民法院运用行政法基本原则的情况作些详细分析。该案的案情梗概如下:

> 原告田永系被告北京科技大学学生。因原告于1996年考试作弊,被告遂依其《关于严格考试管理的紧急通知》(068号通知)决定对原告作退学处理,但未向原告宣布处理决定、送达变更学籍的通知,也未办理退学手续。原告继续以学生身份参加学习及学校组织的活动,在1998年6月向被告申请颁发毕业证和学位证时受拒绝,遂诉至法院。北京市海淀区法院经审理于1999年2月作出判决,责令被告颁发毕业证书,召集学位评定委员会进行学位审核。被告不服,提出上诉。北京市第一中级人民法院于1999年4月作出了驳回上诉、维持原判的终审判决。[①]

本案中,原告田永没有得到被告北京科技大学颁发的毕业证、学位证,起因是北京科技大学认为田永已被按退学处理,没有了学籍,因而,本案实体问题的关键是审查田永是否具有学籍问题。法院认为田永没有丧失学籍。对此,法院在判决书中提出了三条理由。第一条理由为:

---

① 案情详见《最高人民法院公报》1999年第4期。

田永在补考时虽然携带写有与考试有关内容的纸条,但是没有证据证明其偷看过纸条,其行为尚未达到考试作弊的程度,应属于违反考场纪律。北京科技大学可以根据本校的规定对田永违反考场纪律的行为进行处理,但是这种处理应当符合法律、法规、规章规定的精神,至少不得重于法律、法规、规章的规定。国家教育委员会1990年1月20日发布的《普通高等学校学生管理规定》第12条规定:"凡擅自缺考或考试作弊者,该课程成绩以零分计,不准正常补考,如确实有悔改表现的,经教务部门批准,在毕业前可给一次补考机会。考试作弊的,应予以纪律处分。"第29条规定应予退学的十种情形中,没有不遵守考场纪律或者考试作弊应予退学的规定。北京科技大学的"068号通知",不仅扩大了认定"考试作弊"的范围,而且对"考试作弊"的处理方法明显重于《普通高等学校学生管理规定》第12条的规定,也与第29条规定的退学条件相抵触,应属无效。①

在该条理由中,法院明确运用了"不抵触原则",但这既不是行政法规、规章不得与宪法、法律相抵触,也不是规章不得与行政法规相抵触,而是一般规范性文件不得与规章相抵触。同时在该条理由中,法院虽未明确但实际上还运用了行政均衡原则中的"禁止过度原则"或比例原则。根据行政均衡原则,行政主体在实施行政行为时必须综合衡量各种利益因素,充分协调各种利益关系,使之有机地统一起来,在尽可能的范围内保护各种合法利益。"禁止过度原则"是其中均衡公共利益与个人利益之间关系的准则之一,它要求行政主体在限制个人利益的手段与实现公共利益的目的之间进行权衡,以选择一种既为实现公共利益所绝对必要,也为对相对人利益限制或损害最少的手段。本案中法院

---

① 《最高人民法院公报》1999年第4期。

事实上在潜意识里认为，杜绝考试作弊、维护考试纪律是目的，涉及的是公共利益，而采取何种纪律处分是手段，涉及的是学生的个人利益；为了杜绝考试作弊、维护考试纪律这一公共目的而采取的纪律处分手段必须是必要的、适度的。但是，北京科技大学的"068号通知"中规定，对考试作弊者"一经查出，一律按退学处理"，这既与学生利益的损害程度不相称，也与其想要达到的杜绝考试作弊的目的不相称，显然违反了"禁止过度原则"。所以法院不适用北京科技大学的"068号通知"。

法院在判决书中提出的第二条理由为：

> 按退学处理，涉及被处理者的受教育权利，从充分保障当事人权益的原则出发，作出处理决定的单位应当将该处理决定直接向被处理者本人宣布、送达，允许被处理者本人提出申辩意见。北京科技大学没有照此原则办理，忽视当事人的申辩权利，这样的行政管理行为不具有合法性。①

在此，"应当将该处理决定直接向被处理者本人宣布、送达，允许被处理者本人提出申辩意见"表明，法院以一种十分坚定、清晰的语言明确地表达了"行政正当原则"的核心要求，即受行政权力运行结果影响的利害关系人有权参与行政权力的运行过程，表达自己的意见，或者说行政主体在作出对当事人不利的决定时，必须听取当事人的意见。

本案法院在判决书中还提出了第三条理由：

> 北京科技大学实际上从未给田永办理过注销学籍，迁移户籍、档案等手续。特别是田永丢失学生证以后，该校又在1996年9月为其补办了学生证并注册，这一事实应视为该

---

① 《最高人民法院公报》1999年第4期。

校自动撤销了原对田永作出的按退学处理的决定。此后发生的田永在该校修满四年学业,还参加了该校安排的考核、实习、毕业设计,其论文答辩也获得通过等事实,均证明按退学处理的决定在法律上从未发生过应有的效力,田永仍具有北京科技大学的学籍。北京科技大学辩称,田永能够继续在校学习,是校内某些部门及部分教师的行为,不能代表本校意志。鉴于这些部门及部分教师的行为,都是北京科技大学的职务行为,北京科技大学应当对该职务行为产生的后果承担法律责任。①

在该条理由中,法院虽未明确但实际上还运用了行政均衡原则中的"信赖保护原则"。按照信赖保护原则的要求,只要政府实施的行政行为对相对人产生了值得保护的信赖利益,不允许政府随意变更或者撤销该行政行为。这实质上也是均衡公共利益与个人利益之关系。在本案中,法院事实上认为,北京科技大学未执行原"退学处理决定"应当视为该负担行政行为已被撤回或其执行力已消灭,因而对田永产生了值得保护的信赖利益,所以就不得拒绝为其颁发毕业证、学位证,否则就会侵害田永合法的个人利益。

通过以上分析,法院在本案的司法推理过程中实际上运用了四项行政法基本原则。而这四项原则都没有明确的法律条文规定,如果法院仅仅靠制定法条文,显然是得不出判决结论的,至少本案的推理不能圆满完成。这足以表明法律原则在法律适用中发挥着重大的作用。同时,既然本案结论的推理并未依赖于法律条文,那么它就只能是基于对一般法理的运用,本案创立的原则也只能说是源于一般法理的引申了。这又说明,一般法理已在我国成为法院运用法律原则的法源之一,其意义将远远超越该案

---

① 《最高人民法院公报》1999 年第 4 期。

本身。

　　本案另一个重要的意义在于：《最高人民法院公报》1999年第4期公布了这起案例。而《最高人民法院公报》是最高人民法院的正式公开文件，公报上刊登的文件、司法解释、案例等，在公布前均经审判委员会再次审议订正，所以具有权威性的指导作用。有学者直接指出，我国《最高人民法院公报》公布之案例实质上具有先例约束力。①还有学者指出，"在《最高人民法院公报》上发布的判例，具有准法源的作用"。②果真如此，则《最高人民法院公报》公布的"田永诉北京科技大学案"将成为上述四项行政法基本原则之法源形式。

　　不过，至少能够引起我们注意的是，最高人民法院在公报中对原审法院的判词作了文字修改，尤其是对第二条判决理由——"行政正当原则"的表述作了精心修饰和强调。本案原审法院的判词为："退学处理的决定涉及原告的受教育权利，从充分保障当事人权益的原则出发，被告应当将该处理决定直接向本人宣布、送达，允许当事人提出申辩意见。而被告既未依此原则处理，尊重当事人的权利，也未实际给原告注销学籍、迁移户籍、档案等手续……"最高人民法院在公报中将原审法院的这段判词内容改成："按退学处理，涉及被处理者的受教育权利，从充分保障当事人权益的原则出发，作出处理决定的单位应当将该处理决定直接向被处理者本人宣布、送达，允许被处理者本人提出申辩意见。北京科技大学没有照此原则办理，忽视当事人的申辩权利，这样的行政管理行为不具有合法性。"这里，除了文字修改外，有两点改动值得我们注意：一是"原告"、"被告"的称呼分

---

① 参见陈光中、谢正权：《关于建立我国判例制度的思考》，《中国法学》1989年第2期。

② 姜明安主编：《行政法与行政诉讼法》，北京大学出版社、高等教育出版社1999年版，第31页注释1。

别被改成"被处理者本人"、"作出处理决定的单位",其明显的意图就是使个案中适用的原则能够成为一项普遍适用的要求;二是公报中明确地表达了违反该原则的法律后果——"这样的行政管理行为不具有合法性",这就进一步强调了该原则的重要性。无疑,经过最高人民法院如此精心修饰和强调,"本案作为运用正当程序原则判决的先声,对今后地方法院审理行政案件将产生示范作用"。①

二、法律原则适用之不足与克服

通过本案的分析,我们亦可发现目前我国法院对法律原则的适用还存在着不足。其中一个首要的不足表现在:本案法院除了明确适用并确立了"不抵触原则"和"行政正当原则"外,另外两个原则仅仅只是暗含于判词之中。这从另一方面告诉了我们这样一个事实:法官在公开而直白地运用法律原则判案上还有欠缺,这在一定程度上代表了中国行政法官适用法律上普遍固守制定法的现状。造成这种现象的原因,除了对行政法原则的理论阐述不足外,主要是现行法律解释体制上的某些禁锢。

当代中国法律解释体制的基本框架,是按照全国人大常委会于1981年6月10日通过的《关于加强法律解释工作的决议》(以下简称《决议》)构建的。《决议》把法律解释的内容区分为两大类,即"法律条文本身"的问题和"法律具体运用"的问题。规定前者由全国人大常委会解释,后者由有关司法和行政机关分工解释。② 这一分工明确了中国法律解释体系下有权解释的主体包括:全国人大常委会、最高人民法院、最高人民检察院、

---

① 何海波:《通过判决发展法律——评田永案件中行政法原则的运用》,载罗豪才主编:《行政法论丛》(第3卷),法律出版社2000年版。

② 张志铭:《法律解释操作分析》,中国政法大学出版社1998年版,第221页以下。

国务院及国务院主管部门、省级和较大城市的人大常委会和政府或政府主管部门。根据解释主体、内容和权限的不同,法律解释可以分为立法解释、司法解释和行政解释。在这样的体制下,司法解释成了我国最高司法机关的专有权力,其中对审判工作有权进行司法解释的主体仅包括最高人民法院,并不包括法官在审理具体案件时所作出的法律解释,并且1987年最高人民法院《关于地方各级人民法院不宜制定司法解释性质文件的批复》也排除了地方各级人民法院所作的司法解释。这种由最高人民法院垄断审判领域的法律解释权的必然后果是,"最大限度地使法律实施成为机械适用法律的过程"。① 法院,至少是地方法院被认为只能"适用法律"而不能创造法律;法官被作为只是依法律条文办事的人,而不是有权对法律条文的内涵进行诠释的人。在此情况下,法律原则、司法判例不可能自动成为法律,除非它们通过官方的行为编织到立法中去。要想完善法律、发展法律,只有不断地制定和修改法律条文。法院永远是照章办事的机器。

目前我国法院对法律原则的适用存在的另一个不足之处是:《最高人民法院公报》中案例对法律原则的确立,无法真正发挥"判例解释"之功效。《最高人民法院公报》公布的案例在公布前均经审判委员会再次审议订正,实际上也是一种特殊形式的司法解释。但是在我国却将其人为地排除在司法解释的范畴之外,使其不能起到同司法解释相同的法律效力。尽管《最高人民法院公报》具有权威性指导作用,甚至也有学者指出,我国《最高人民法院公报》公布之案例实质上"具有先例约束力",② 或者说

---

① 张志铭:《法律解释操作分析》,中国政法大学出版社1998年版,第235页。

② 陈光中、谢正权:《关于建立我国判例制度的思考》,《中国法学》1989年第2期。

"具有准法源的作用",① 但其真正的作用却是很有限的,因为毕竟目前尚无明确规定在裁判文书中可以援引这类案例作为依据。因此,在人们的观念中,法仍然仅仅局限于宪法、法律、法规、规章等由国家机关制定的、形之于纸上的制定法条文。与之相应的是,我国法院判决书的写作格式要求每一份判决书都必须有"判决依据"(法律、法规、规章或者最高法院的司法解释)。判决书中的理由阐述基本上限于对制定法条文的释义。法院如果运用法律原则判案,则极有可能被指责为没有"法律依据"。② 其必然的后果就是无法真正发挥法律原则在法律适用中的价值。

要克服目前我国法院在法律原则适用中存在的上述不足,笔者以为相应的对策是:客观认识"法官解释"与"判例解释"在我国司法解释体制中的地位,并充分发挥其应有的功效。

司法解释本意应指法官解释,即各级法院法官在具体适用法律时所作的解释,或称法官释法。每一个法官在将抽象的规则运用于具体的案件时,都要对法律规则的内涵及适用的范围根据自身的理解作出判断,而此种判断实际上就是一种对法律的解释。③ 法官的责任是当法律运用到个别场合时,根据对法律的诚挚理解来理解法律。通过法官自己对法律的理解,并通过个案的结合,最终形成正确的判决。理解法律——结合个案——作出判决,这是法官行使裁判权的整个过程,是法院确保其审判权的前提,也是司法权正常运行的关键。在普通法系,美国的法官正是

---

① 姜明安主编:《行政法与行政诉讼法》,北京大学出版社、高等教育出版社 1999 年版,第 31 页注释 1。

② 参见何海波:《通过判决发展法律——评田永案件中行政法原则的运用》,载罗豪才主编:《行政法论丛》(第 3 卷),法律出版社 2000 年版。

③ 参见王利明:《司法改革研究》,法律出版社 2000 年版,第 237 页以下。

通过具体案件的审理形成判例的方式而对法律作出解释;在大陆法系,德国法官正是在判例中解释法律形成了许多著名的规则。因此两大法系的法官在司法过程中都需要通过具体而灵活的司法解释对法律规则的内容作出阐释,填补法律漏洞。① 然而在我国,现行法律却将具有拘束力的司法解释权专属于最高人民法院,排除了原本意义上的司法解释即法官解释,这显然是不科学的。为此,有学者建议,在我国应当根据不同效力范围的司法解释,将其区分为"最高司法解释"和"法律适用解释"(即法官解释),并在其权限、形式方面加以区分规范。② 还有学者认为,司法体系内的法律解释主体可以分为两个层次,即作出具有普遍效力的规范性解释的最高人民法院和在具体案件中对法律意义作出阐释的法官。两者可以从几个角度进行区分:"一是从解释的模式上,最高人民法院的司法解释可以选择法律阐释模式,即在法律精神和法律原则的更大范围内阐述法律,适应相对固定的法律调整变化的客观现实的需要;法官解释则以法律开示的模式进行,即尽力发现法律的真实涵义并将其准确适用于具体案件。二是从解释的形式上,最高人民法院的司法解释通过在《人民法院报》公开发布的方式,对各级法院普遍遇到的法律问题在抽象而一般意义上进行解释,具有普遍的拘束力;而法官解释则是针对个案并对个案产生强制效力,且是通过判决书进行解释。三是在解释的技术层面上,法官解释应主要采取语义解释、体系解释、法意解释、比较法解释等与法律文本比较贴近的解释方法;最高人民法院的司法解释除上述方法外还多采取想象重构解释法、目

---

① 参见刘晴辉:《试析中国法律解释体制下的司法解释制度》,《四川大学学报(哲学社会科学版)》2001年第3期。

② 参见董皞:《司法解释论》,中国政法大学出版社1999年版,第14页。

的解释、法律漏洞补充等方法。"①

笔者认为,实行司法解释主体的分层,科学设定司法解释与法官解释的空间,是完全必要的,也是可行的。这样,至少可以充分发挥法官运用法律原则对法律的解释功能。当然,也不能将最高人民法院的司法解释仅仅理解为一种规范性解释,它还当然地包括着一种适用性解释,即法官解释。法官解释事实上是一种个案解释,而不同于最高人民法院进行的条款化的规范性司法解释。

法官解释或个案解释的判例化,即为一种判例解释。判例是指法院的判决(指判决中的理由部分)构成先例,本法院和下级法院以后遇到相同的案件必须按照先例判决。无论在普通法系的英美还是在大陆法系的法、德,判例都是行政法的重要法源。我国是一个成文法国家,并不承认判例的拘束力。理论界对待判例制度也态度不一。② 笔者认为,结合行政法自身的特点和我国司法解释体制的现状,并借鉴西方大多数国家的经验,既不能完全否定在我国建立判例制度,也不能寄希望于判例制度的建立在我国能够一蹴而就,而立即废止我国现行司法解释。③ 就目前的情况来看,应当将判例与解释结合起来,在保留现行最高人民法院规范性司法解释的同时,承认最高人民法院判例解释的拘束力。也就是说,对于带有抽象性、普适性问题的解释仍然由最高人民法院作出规范性的司法解释;对于具体的、针对性强的问题则通过具体案件的审理而形成判例解释。判例解释的方式有两种:一

---

① 刘晴辉:《试析中国法律解释体制下的司法解释制度》,《四川大学学报(哲学社会科学版)》2001年第3期。

② 参见刘善春、刘德敏:《行政判例的理念、功能与制度分析》,《政法论坛》2001年第4期。

③ 关于废除司法解释的观点,参见汪世荣:《司法解释批复四题》,《法律科学》2000年第4期。

是由最高人民法院对典型案件的直接审理产生判决形成判例，不再采取对下级法院审理的案件进行批复的做法，避免因案件请示制度而使判、审脱节和两审终审制形同虚设的弊端；二是由最高人民法院审查认可各级法院审理形成的判例。① 当然，这两种判例必须阐明详细、严谨和充足的判决理由，由最高人民法院以规范的形式统一编撰后向全社会公开发布，并明确规定在裁判文书中可以援引其中已经抽象出的一般性法律原则。尽管我国现行《最高人民法院公报》公布的案例在公布前均经审判委员会再次审议订正，但其实际上还只是一般的判例梗概，多数还起不到从判例中获取一般性原则的作用，仍然有待改进。笔者认为，可以作这样的努力：在原有基础上，由最高人民法院对它们进行更为详细的评析，尤其要详尽阐述其中所包含的理论原理和案例精髓，并最后总结抽象出具有普遍适用性的法律原则。由此逐步过渡到行政判例制度的完全建立。②

三、中国法律原则的适用：任重而道远

"法院是法律帝国的首都，法官是法律帝国的王侯。"③ 离开法院的执行，法律只不过是一张废纸；离开法官的运用，法院不可能执行法律。"法律是一种阐释性的概念"，④ 它必须要求法官

---

① 刘晴辉：《试析中国法律解释体制下的司法解释制度》，《四川大学学报（哲学社会科学版）》2001年第3期。

② 据悉，最高人民法院正出台一套《中国案例指导》的丛书，目的在于建立一种"案例指导制度"，通过发挥案例的实然效力，逐步过渡到判例法。参见《最高院"案例指导制度"欲渡判例法》，《中国法律人》2004年第2期。

③ [美]德沃金：《法律帝国》，李长青译，中国大百科全书出版社1996年版，第361页。

④ [美]德沃金：《法律帝国》，李长青译，中国大百科全书出版社1996年版，第364页。

在适用过程中的解释,而不是来自于立法者或其授权的有权机构的有权解释。任何权力机构的解释都只是剥夺法律帝国的王侯——法官的权力,将法官理应享有的自由裁量权通过有权解释加以控制,而控制或有意缩小法官权力的后果就是司法的弱体化、教条化。"司法的前提条件是对主观性的承认,所以严格的解释技术难以发达。"① 而在当代中国的现状中,刚好相反。至少从现行法律解释体制还看不到对法官主观性的承认和鼓励,看到的只是培养法官机械操作的法律制度的运行。

"一般法律原则在内涵上的开放性(或者模糊性),必然赋予运用者广泛的价值判断空间",② 为法官进行创造性和能动性的司法活动提供依据。然而,在我国现有体制下,法官在个案中对法律的解释并不具有普遍约束力,这就极大地制约了法官在个案中对行政法原则的创造性运用。同时,由于受到法官素质和传统等的影响,我国的法官也较为喜欢具体的条文规定而不是法律原则。尤其是对于像行政法这样新的法律部门,从上到下都希望有明确具体的答案而不是充满开放性的原则指导。尽管对可操作性法律规定的渴望是对立法空乏化的一种批判和矫正,但过于依赖具体的法律规定而不能灵活地应用法律原则所造成的后果是:"当法律规定稍有不周时,司法工作人员即无所适从并养成了一种坐等红头文件的习惯",③ 结果,法治越发展,司法人员的依赖性越大。正如有学者指出的那样,目前中国法官往往处在畸形的权力机制之中,"一方面,法官的权力很大,仿佛具有不受节

---

① 季卫东:《法治秩序的建构》,中国政法大学出版社1999年版,第120页。
② 陈爱娥:《"法律原则"作为行政法的法源》,载《宪法体制与法治行政》,台湾三民书局1998年版。
③ 周汉华:《现实主义法律运动与中国法制变革》,山东人民出版社2002年版,第227页。

制的自由裁量权;另一方面,法官的权力又很小,不可能超越法规甚至行政规章作出裁判,即使在行政规章发生矛盾的时候也没有自由选择的权力"。①

要克服目前我国法院在法律原则适用中存在的不足,就必须客观认识"法官解释"与"判例解释"在我国司法解释体制中的地位,并充分发挥其应有的功效。而无论是法官解释作用的发挥,还是判例解释地位的确立,又都有赖于高素质的法官群体和独立的司法空间。其中,法官素质的提高又是法院审判得以独立的前提。因为司法独立的核心"是裁判者的独立,而不是所谓法院的独立。法院的独立是审判权的最浅层次,最高的境界应是谁审判谁独立"。② 同时,"司法并不是每个人都能胜任的轻松活,由普通人直接来执法或直接操纵审判过程就像由普通人直接行医或控制治疗过程,由普通人指挥军队、控制军事专门技术一样,都是不大可能的"。③ 然而,目前我国法官素质普遍不高已成为一个不争的事实。但是我们也不能因此而对法官在个案中对行政法原则的创造性运用感到过度的怀疑。因为,毕竟法官的素质问题完全可以通过改革法官任用体制和培训制度来解决,这只是个时间问题而已。并且,法官在个案中如何创造性地运用行政法原则,其本身就是对法官能力的挑战,优胜劣汰势必激励其自我奋发。这就好比一个婴儿,出生之初当然是不会行走的,但是,没有人会因为婴儿不会行走就永远不让他走路,相反,放手让婴儿自己去走路,并经历必要的跌打碰撞,最后必然从不会行走达到

---

① 《加入 WTO 与中国的司法改革——访北京大学法学院强世功博士》,《人民法院报》2001 年 3 月 16 日。

② 邓科:《司法改革:现实与可能》,《南方周末》2001 年 10 月 25 日,第 7 版。

③ [美] 罗斯科·庞德:《普通法的精神》,唐前宏等译,法律出版社 2001 年版,第 57 页。

行走自如。不经历这样的阵痛和碰撞,永远将法官视为低能者,永远不赋予其锻炼的机会,那么,法官的素质永远不会得到提高。我们不可能在一日之内将所有低素质的法官全部更换为高素质的法官。法官素质的培养必将是一个漫长的过程。但承认法官在个案中对行政法原则的创造性运用,应该说是为法官素质的培养展开的一个良好开端和实验。这样不仅可以吸收有法律学术素养的人进入法院,而且现有的法官也会在知识上出现分化,从而逐步改变目前法官素质低下的局面。法官素质的提高与法律原则的适用之间,可以也应当形成这样一种良性的互动。

主要参考文献

(一)

《马克思恩格斯全集》(第1卷),人民出版社1957年版。
《列宁全集》(第5卷),人民出版社1959年版。
《毛泽东选集》(第1、2卷),人民出版社1991年第2版。
[苏]普列汉诺夫:《马克思主义的基本问题》,张仲实译,人民出版社1957年版。
李秀林等主编:《辩证唯物主义和历史唯物主义原理》,中国人民大学出版社1990年版。

(二)

[德]康德:《历史理性批判文集》,何兆武译,商务印书馆1997年版。
[古希腊]亚里士多德:《政治学》,吴寿彭译,商务印书馆1965年版。
[美]加布里埃尔·A·阿尔蒙德等:《比较政治学》,曹沛霖等译,上海译文出版社1987年版。
[英]威廉·葛德文:《政治正义论》,何慕李译,商务印书馆1982年版。
[美]F·J·古德诺:《政治与行政》,王元译,华夏出版社1987年版。
[英]米勒、波格丹诺编:《布莱克维尔政治学百科全书》,

中国问题研究所等译,中国政法大学出版社 1992 年版。

[法] 卢梭:《社会契约论》,何兆武译,商务印书馆 1980 年版。

[英] 洛克:《政府论》(下篇),叶启芳等译,商务印书馆 1964 年版。

[法] 孟德斯鸠:《论法的精神》,张雁深译,商务印书馆 1987 年版。

[美] 汉密尔顿、杰伊、麦迪逊:《联邦党人文集》,程逢如等译,商务印书馆 1980 年版。

[奥] 凯尔森:《法与国家的一般理论》,沈宗灵译,中国大百科全书出版社 1996 年版。

[英] 哈特:《法律的概念》,张文显等译,中国大百科全书出版社 1996 年版。

[美] 罗纳德·德沃金:《认真对待权利》,信春鹰、吴玉章译,中国大百科全书出版社 1998 年版。

[美] 罗纳德·德沃金:《法律帝国》,李常青译,中国大百科全书出版社 1996 年版。

[美] 罗尔斯:《正义论》,何怀宏等译,中国社会科学出版社 1988 年版。

[英] 米尔恩:《人的权利与人的多样性——人权哲学》,夏勇等译,中国大百科全书出版社 1995 年版。

[美] 罗斯科·庞德:《通过法律的社会控制·法律的任务》,沈宗灵等译,商务印书馆 1984 年版。

[美] 罗斯科·庞德:《普通法的精神》,唐前宏等译,法律出版社 2001 年版。

[美] 哈罗德·J·伯尔曼:《法律与宗教》,梁治平译,三联书店 1991 年版。

[美] 哈罗德·J·伯尔曼:《法律与革命——西方法律传统的形成》,贺卫方等译,中国大百科全书出版社 1993 年版。

［美］马丁·P·戈尔丁：《法律哲学》，齐海滨译，三联书店1987年版。

［美］迈克尔·D·贝勒斯：《法律的原则》，张文显等译，中国大百科全书出版社1996年版。

［美］E·博登海默：《法理学：法律哲学与法律方法》，邓正来译，中国政法大学出版社1999年版。

［美］格伦顿等：《比较法律传统》，米健等译，中国政法大学出版社1993年版。

［英］丹宁：《法律的训诫》，杨百揆等译，法律出版社1999年版。

［英］丹宁：《法律的正当程序》，李克强译，法律出版社1999年版。

［日］川岛武宜：《现代化与法》，王志安等译，中国政法大学出版社1994年版。

［法］狄骥：《宪法论》，钱克新译，商务印书馆1962年版。

［英］W·Ivor·詹宁斯：《法与宪法》，龚祥瑞等译，三联书店1997年版。

［苏］彼·斯·罗马什金等：《国家和法的理论》，法律出版社1963年版。

［日］谷口安平：《程序的正义与诉讼》中国政法大学出版社1996年版。

［美］伯纳德·施瓦茨：《美国法律史》，王军等译，中国政法大学出版社1990年版。

［意］朱塞佩·格罗索：《罗马法史》，黄风泽，中国政法大学出版社1994年版。

［德］罗伯特·霍恩等：《德国民商法导论》，楚建译，中国大百科全书出版社1996年版。

［德］Karl Larenz：《法学方法论》，陈爱娥译，台湾五南图书出版公司1996年版。

[法] 勒内·达维德:《当代主要法律体系》,漆竹生译,上海译文出版社 1984 年版。

[法] 勒内·达维德:《英国法和法国法:一种实质性比较》,潘华仿等译,清华大学出版社 2002 年版。

[法] 莱昂·狄骥:《宪法学教程》,王文利等译,辽海出版社、春风文艺出版社 1999 年版。

[法] 托克维尔:《旧制度与大革命》,冯棠译,商务印书馆 1992 年版。

[法] 莱昂·狄骥:《公法的变迁·法律与国家》,冷静译,辽海出版社、春风文艺出版社 1999 年版。

[美] 保罗·布莱斯特等:《宪法决策的过程:案例与教材(上册)》,张千帆等译,中国政法大学出版社 2002 年版。

[美] 杰罗姆·巴伦等:《美国宪法概论》,刘瑞详等译,中国社会科学出版社 1995 年版。

[日] 早川武夫等:《外国法》,张光博等译,吉林人民出版社 1984 年版。

(三)

[德] 奥托·迈耶:《德国行政法》,刘飞译,商务印书馆 2002 年版。

[德] 哈特穆特·毛雷尔:《行政法学总论》,高家伟译,法律出版社 2000 年版。

[印] M·P·赛夫:《德国行政法——普通法的分析》,周伟译,台湾五南图书出版公司 1991 年版。

[法] 古斯塔夫·佩泽尔:《法国行政法》,廖坤明等译,国家行政学院出版社 2002 年版。

[法] 莫里斯·奥里乌:《行政法与公法精要》,龚觅等译,辽海出版社、春风文艺出版社 1999 年版。

[英] 威廉·韦德:《行政法》,徐炳等译,中国大百科全书出

版社 1997 年版。

［美］欧内斯特·盖尔霍恩等：《行政法和行政程序法》，黄列译，中国社会科学出版社 1996 年版。

［美］伯纳德·施瓦茨：《行政法》，徐炳译，群众出版社 1986 年版。

［美］理查德·B·斯徒尔特：《美国行政法的重构》，沈岿译，商务印书馆 2002 年版。

［美］威廉·F·芬克、理查德·H·西蒙：《行政法案例与解析》（影印本），中信出版社 2003 年版。

［日］南傅方：《日本行政法》，杨建顺等译，中国人民大学出版社 1988 年版。

［日］和田英夫：《现代行政法》，倪健民等译，中国广播电视出版社 1993 年版。

［日］室井力主编：《日本现代行政法》，吴微译，中国政法大学出版社 1995 年版。

［日］盐野宏：《行政法》，杨建顺译，法律出版社 1999 年版。

［苏］B·M·马诺辛等：《苏维埃行政法》，黄道秀译，群众出版社 1983 年版。

［苏］瓦西林科夫主编：《苏维埃行政法总论》，姜明安等译，北京大学出版社 1985 年版。

(四)

翁岳生：《法治国家之行政法与司法》，台湾月旦出版社股份有限公司 1991 年版。

翁岳生：《行政法与现代法治国家》，台湾祥新印刷有限公司 1989 年版。

翁岳生：《行政法》，台湾翰庐图书出版有限公司 1998 年版。

翁岳生：《行政法》，中国法制出版社 2002 年版。

韩仲谟等:《法律之演进与适用》,台湾汉林出版社 1977 年版。

城仲模:《行政法之基础理论》,台湾三民书局 1994 年版。

城仲模主编:《行政法之一般法律原则》,台湾三民书局 1994 年版。

城仲模主编:《行政法之一般法律原则》(二),台湾三民书局 1997 年版。

张剑寒等:《现代行政法基本论》,台湾汉林出版社 1985 年版。

林纪东:《行政法》,台湾三民书局 1988 年版。

张载宇:《行政法要论》,台湾汉林出版社 1977 年版。

管欧:《中国行政法总论》,台湾蓝星打字排版有限公司 1981 年版。

罗传贤:《行政程序法基础理论》,台湾五南图书出版公司 1993 年版。

陈新民:《行政法学总论》,台湾三民书局 1997 年版。

陈新民:《公法学札记》,中国政法大学出版社 2001 年版。

陈新民:《德国公法学基础理论》,山东人民出版社 2001 年版。

陈新民:《中国行政法学原理》,中国政法大学出版社 2002 年版。

陈敏:《行政法总论》,台湾 1999 年版。

吴庚:《行政法之理论与实用》,台湾 1996 年版。

王和雄:《论行政不作为之权利保护》,台湾三民书局 1994 年版。

董保城:《行政法讲义》,台湾 1993 年版。

许宗力:《法与国家权力》,台湾月旦出版公司 1993 年版。

林腾鹞:《行政法总论》,台湾三民书局 1999 年版。

李震山:《行政法新论》,台湾三民书局 1999 年版。

苏嘉宏、洪荣彬：《行政法概要》，台湾永然文化出版有限公司 1999 年版。

王泽鉴：《民法学说与判例研究》（第 1 册），中国政法大学出版社 1998 年版。

史尚宽：《宪法论丛》，台湾荣泰印书馆 1973 年版。

黄建辉：《法律阐释论》，台湾学林文化事业公司 2000 年版。

杨仁寿：《法学方法论》，中国政法大学出版社 1999 年版。

刁荣华主编：《现代民法基本问题》，台湾汉林出版社 1981 年版。

黄茂荣：《法学方法与现代民法》，中国政法大学出版社 2001 年版。

（五）

沈宗灵：《比较宪法——对八国宪法的比较研究》，北京大学出版社 2002 年版。

沈宗灵主编：《法理学》，高等教育出版社 1994 年版。

沈宗灵：《现代西方法理学》，北京大学出版社 1992 年版。

何华辉：《比较宪法学》，武汉大学出版社 1988 年版。

许崇德主编：《中国宪法》，中国人民大学出版社 1996 年版。

许崇德主编：《宪法学》（外国部分），高等教育出版社 1996 年版。

李龙主编：《法理学》，武汉大学出版社 1996 年版。

李龙：《宪法基础理论》，武汉大学出版社 1999 年版。

周叶中主编：《宪法》，高等教育出版社、北京大学出版社 2000 年版。

周叶中：《代议制度比较研究》，武汉大学出版社 1995 年版。

徐秀义、韩大元主编：《现代宪法学基本原理》，中国人民公安大学出版社 2001 年版。

张庆福：《宪法学基本理论》，社会科学文献出版社 1999

年版。

张友渔：《宪政论丛》（上册），群众出版社 1986 年版。

赵宝云：《西方五国宪法通论》，中国人民公安大学出版社 1994 年版。

吴大英、任允正、李林：《比较立法制度》，群众出版社 1992 年版。

孙国华、朱景文主编：《法理学》，中国人民大学出版社 1999 年版。

吴大英、沈宗灵主编：《中国社会主义法律基本理论》，法律出版社 1987 年版。

吕世伦主编：《现代西方法学流派》，中国大百科全书出版社 2000 年版。

郭道晖：《法的时代精神》，湖南出版社 1997 年版。

张文显：《法理学》，法律出版社 1997 年版。

张文显：《二十世纪西方法哲学思潮研究》，法律出版社 1996 年版。

张文显：《法学基本范畴研究》，中国政法大学出版社 1993 年版。

葛洪义：《法理学导论》，法律出版社 1996 年版。

何勤华：《西方法学史》，中国政法大学出版社 1996 年版。

何勤华主编：《英国法律发达史》，法律出版社 1999 年版。

季卫东：《法治秩序的建构》，中国政法大学出版社 1999 年版。

严存生：《论法与正义》，陕西人民出版社 1997 年版。

张贵成等主编：《法学基础理论》，中国政法大学出版社 1989 年版。

张根大：《法律效力论》，法律出版社 1999 年版。

张千帆：《西方宪政体系》（下册·欧洲宪法），中国政法大学出版社 2001 年版。

张彩凤：《英国法治研究》，中国人民公安大学出版社 2001 年版。

周伟：《宪法基本权利司法救济研究》，中国人民公安大学出版社 2003 年版。

程洁：《宪政精义：法治下的开放政府》，中国政法大学出版社 2002 年版。

梁慧星：《民法解释学》，中国政法大学出版社 1997 年版。

梁治平编：《法律解释问题》，法律出版社 1998 年版。

张志铭：《法律解释操作分析》，中国政法大学出版社 1998 年版。

徐国栋：《民法基本原则解释——成文法局限性之克服》，中国政法大学出版社 1997 年版。

董嗥：《司法解释论》，中国政法大学出版社 1999 年版。

陈兴良：《本体刑法学》，商务印书馆 2001 年版。

王利明：《司法改革研究》，法律出版社 2000 年版。

傅静坤：《二十世纪契约法》，法律出版社 1997 年版。

熊进元、彭国元主编：《民法：公平的艺术》，江西人民出版社 1998 年版。

周汉华：《现实主义法律运动与中国法制变革》，山东人民出版社 2002 年版。

高道蕴等编：《美国学者论中国法律传统》，中国政法大学出版社 1994 年版。

刘军宁等编：《经济民主与经济自由》，三联书店 1997 年版。

傅明贤等主编：《行政管理学概论》，武汉大学出版社 1988 年版。

(六)

龚祥瑞：《比较宪法与行政法》，法律出版社 1985 年版。

王名扬：《英国行政法》，中国政法大学出版社 1987 年版。

王名扬：《法国行政法》，中国政法大学出版社 1989 年版。

许崇德、皮纯协主编：《新中国行政法学研究综述》，法律出版社 1991 年版。

张尚鷟主编：《走出低谷的中国行政法学——中国行政法学综述与评价》，中国政法大学出版社 1991 年版。

王名扬：《美国行政法》，中国法制出版社 1995 年版。

应松年：《中国走向行政法治探索》，中国方正出版社 1998 年版。

张正钊、韩大元主编：《比较行政法》，中国人民大学出版社 1998 年版。

胡建淼：《比较行政法——20 国行政法评述》，法律出版社 1998 年版。

应松年主编：《比较行政程序法》，中国法制出版社 1999 年版。

应松年主编：《外国行政程序法汇编》，中国法制出版社 1999 年版。

叶必丰：《行政法的人文精神》，湖北人民出版社 1999 年版。

杨海坤、黄学贤：《中国行政程序法典化——从比较法角度研究》，法律出版社 1999 年版。

关保英：《市场经济与行政法学新视野论丛》，法律出版社 1996 年版。

于安：《德国行政法》，清华大学出版社 1999 年版。

孙笑侠：《法律对行政的控制》，山东大学出版社 1999 年版。

朱新力：《行政违法研究》，杭州大学出版社 1999 年版。

杨海坤主编：《跨入 21 世纪的中国行政法学》，中国人事出版社 2000 年版。

方世荣：《论行政相对人》，中国政法大学出版社 2000 年版。

王万华：《行政程序法研究》，中国法制出版社 2000 年版。

皮纯协：《行政程序法比较研究》，中国人民公安大学出版社

2000年版。

应松年主编：《行政程序立法研究》，中国法制出版社2001年版。

应松年主编：《依法行政读本》，人民出版社2001年版。

应松年、袁曙宏主编：《走向法治政府》，法律出版社2001年版。

杨解君：《走向法治的缺失言说——法理、行政法的思考》，法律出版社2001年版。

杨寅：《中国行政程序法治化——法理学与法文化的分析》，中国政法大学出版社2001年版。

冯军：《行政处罚法新论》，中国检察出版社2003年版。

胡建淼：《行政强制法研究》，法律出版社2003年版。

王珉灿主编：《行政法概要》，法律出版社1983年版。

应松年、朱维究：《行政法学总论》，工人出版社1985年版。

姜明安：《行政法学》，山西人民出版社1985年版。

侯泂直主编：《中国行政法》，河南人民出版社1987年版。

应松年主编：《行政法学教程》，中国政法大学出版社1988年版。

张尚鹫：《行政法教程》，中国广播电视大学出版社1988年版。

罗豪才主编：《行政法论》，光明日报出版社1988年版。

罗豪才主编：《行政法学》，中国政法大学出版社1989年版。

张焕光、胡建淼：《行政法学原理》，劳动人事出版社1989年版。

张尚鹫主编：《行政法学》，北京大学出版社1990年版。

胡建淼主编：《行政法教程》，杭州大学出版社1990年版。

张树义主编：《行政法学新论》，时事出版社1991年版。

支馥生主编：《行政法教程》，武汉大学出版社1991年版。

罗豪才主编：《中国行政法讲义》，人民法院出版社1992年版。

王重高：《行政法总论》，中国政法大学出版社 1992 年版。

杨海坤：《中国行政法基本理论》，南京大学出版社 1992 年版。

姜明安主编：《外国行政法教程》，法律出版社 1993 年版。

王连昌主编：《行政法学》，中国政法大学出版社 1994 年版。

张树义主编：《行政法学》，中国政法大学出版社 1995 年版。

罗豪才主编：《行政法学》，北京大学出版社 1996 年版。

叶必丰：《行政法学》，武汉大学出版社 1996 年版。

应松年主编：《行政法学新论》，中国方正出版社 1998 年版。

姜明安主编：《行政法学》，法律出版社 1998 年版。

胡建淼：《行政法学》，法律出版社 1998 年版。

陈端洪：《中国行政法》，法律出版社 1998 年版。

杨解君等：《依法行政论纲》，中共中央党校出版社 1998 年版。

姜明安主编：《行政法与行政诉讼法》，北京大学出版社、高等教育出版社 1999 年版。

马怀德主编：《行政法与行政诉讼法》，中国法制出版社 2000 年版。

杨解君等：《行政法学》，法律出版社 2000 年版。

熊文钊：《现代行政法原理》，法律出版社 2001 年版。

周佑勇：《行政法原论》，中国方正出版社 2002 年修订版。

周佑勇：《行政不作为判解》，武汉大学出版社 2000 年版。

潘世钦等主编：《行政法与行政诉讼法概论》，吉林人民出版社 2000 年版。

应松年、胡建淼主编：《中外行政诉讼案例选译》，中国政法大学出版社 1989 年版。

姜明安主编：《行政案例精析》，中国人民公安大学出版社 1991 年版。

姜明安主编：《行政诉讼案例评析》，中国民主法制出版社

1994年版。

姜明安主编:《行政诉讼与行政执法的法律适用》,人民法院出版社1995年版。

胡建淼:《外国行政法规与案例评述》,中国法制出版社1997年版。

最高人民法院公报编辑部:《最高人民法院公报典型案例全集(1985·1—1999·2)》,警官教育出版社1999年版。

(七)

[美]罗纳德·德沃金:《论规则的模式——略论法律规则与原则、政策的法律效力,批判实证主义》,潘汉典译,《法学译丛》1982年第2期。

[英]威廉·韦德:《合理原则》,李湘如译,《法学译丛》1991年第6期。

[德]Christian Starck:《基本权利的解释与影响作用》,载许宗力:《法与国家权力》,台湾月旦出版公司1993年版。

[德]格奥尔格·诺尔特:《德国和欧洲行政法的一般原则——历史角度的比较》,于安译,《行政法学研究》1994年第2期。

[日]藤田宙靖:《行政与法》,李贵连等译,《中外法学》1996年第3期。

[日]畑中和夫:《"法的统治"与"法治国家"》,林青译,《外国法译评》1997年第4期。

李华年:《苏联第一部行政法典——乌克兰行政法典》,《外国法学研究》1985年第3-4期(合刊)。

于安:《行政法法典化浅说》,《中国法制报》1987年3月18日。

叶必丰:《我国行政法的有序化问题》,《法学评论》1986年第2期。

李可:《原则与规则的若干问题》,《法学研究》2001年第5期。

陈有西:《论行政诉讼中的法律规范冲突及其冲突规范》,《行政法学研究》1994年第4期。

王周户、柯阳友:《行政法治与行政程序法》,《行政法学研究》1997年第1期。

张文显:《规则·原则·概念——论法的模式》,《现代法学》1989年第3期。

信春鹰:《罗纳德·德沃金与美国当代法理学》,《法学研究》1988年第6期。

袁曙宏、赵永伟:《西方国家依法行政比较研究——兼论对我国依法行政的启示》,《中国法学》2000年第5期。

王桂源:《论法国行政法中的均衡原则》,《法学研究》1994年第3期。

赵娟:《合理性原则与比例原则的比较研究》,《南京大学学报》(哲学人文科学社会科学版)2000年第5期。

张千帆:《法国的国政院与行政行为的司法控制》,《中国法学》1995年第3期。

郑永流:《德国"法治国"思想和制度的起源与变迁》,载夏勇编:《公法》(第2卷),法律出版社2000年版。

吴万得:《论德国法律保留的要义》,《政法论坛》2000年第4期。

高家伟:《论德国行政法的基本观念》,《比较法研究》1997年第3期。

叶淑芬:《公务人员考选制度之研究——从行政法制公平角度之分析》,台湾政治大学硕士论文,1999年。

城仲模:《法律保留之现代意涵》,《月旦法学杂志》2003年第98期。

蔡震荣:《论比例原则与基本人权之保障》,《警政学报》

1990 年第 17 期。

蔡宗珍：《公法上之比例原则初论——以德国法的发展为中心》，《政大法学评论》1999 年第 62 期。

黄海华：《我国台湾地区比例原则研究》，《福建政法管理干部学院学报》2002 年第 1 期。

喻文光：《论行政法上的比例原则》，中国政法大学硕士论文，2001 年。

李春燕：《行政信赖保护原则研究》，《行政法学研究》2001 年第 3 期。

李洪雷：《论行政法上的信赖保护原则》，中国政法大学硕士论文，2000 年。

黄俊杰：《税捐优惠之宪法基础与信赖保护》，《台大法学论丛》2002 年第 6 期。

李龙、徐亚文：《正当程序与宪法权威》，《武汉大学学报》（人文科学版）2000 年第 5 期。

黄贤宏、吴建依：《关于行政法基本原则的再思考》，《法学研究》1999 年第 6 期。

姬亚平：《行政合法性、行政合理性原则质疑》，《行政法学研究》1998 年第 3 期。

薛刚凌：《行政法基本原则研究》，《行政法学研究》1999 年第 1 期。

肖建国：《程序公正的理念及其实现》，《法学研究》1999 年第 3 期。

叶必丰：《公共利益本位论与行政程序》，《政治与法律》1997 年第 4 期。

杨寅：《论行政法的精神》，《行政法学研究》1993 年第 2 期。

叶必丰：《国家权力的直接来源：法律》，《长江日报》1998 年 6 月 8 日。

李步云：《宪政与中国》，载《宪法比较研究文集》，中国民主法制出版社 1993 年版。

郭道晖：《宪政简论》，《法学杂志》1993 年第 6 期。

李龙、周叶中：《宪法学基本范畴简论》，《中国法学》1996 年第 6 期。

杨海坤、章志远：《宪法与行政法良性互动关系之思考》，《东吴法学》东吴法学院八十五周年院庆专号。

许崇德：《社会主义宪政不平凡的历程》，《中国法学》1994 年第 5 期。

司久贵：《行政权正当性导论》，武汉大学博士学位论文，2001 年。

范忠信、范沁芳：《论对授权立法中授权行为的监控》，《法律科学》2000 年第 1 期。

李步云：《论人权的三种存在形态》，《法学研究》1991 年第 4 期。

周佑勇：《公民行政法权利之宪政思考》，《法制与社会发展》1998 年第 1 期。

刘军宁：《从法治国到法治》，载刘军宁等编：《经济民主与经济自由》，三联书店 1997 年版。

胡建淼：《关于中国行政法上的合法性原则的探讨》，《中国法学》1998 年第 1 期。

刘莘：《依法行政与行政立法》，《中国法学》2000 年第 2 期。

于安：《德国的依法行政原则及其宪法基础》，《外国法译评》1999 年第 3 期。

朱芒：《依法行政：应依何法行政》，《法学》1999 年第 11 期。

叶世治：《关于我国立法体制中"根据"与"不抵触"的比较》，《行政与法》2002 年第 8 期。

袁曙宏，李洪雷：《新世纪我国行政立法的发展趋势》，《行政法学研究》2002年第3期。

朱林：《谈我国行政立法权的监督》，《山东省青年管理干部学院学报》2001第4期。

高娣：《立法违法告它去——写在〈立法法〉实施两周年之际》，《法制日报》2003年1月2日。

陈伯礼：《论权力机关对授权立法的监督控制》，《法商研究》2000年第1期。

杨明成：《关于改革我国行政立法程序制度的思考》，《法制日报》2000年12月3日。

马怀德，解志勇：《行政诉讼案件执行难的现状及对策——兼论建立行政法院的必要性与可行性》，《法商研究》1999年第6期。

陈有西：《我国行政法院设置与有关问题探讨》，《中国法学》1995年第1期。

刘飞：《建立独立的行政法院可为实现司法独立之首要步骤——从德国行政法院之独立性谈起》，《行政法学研究》2002年第3期。

吴万得：《德国法律保留的适用范围及其学说》，《东吴法学》2001年。

刘俊祥：《日本行政法的基本原理——法治主义论》，《现代法学》1999年第1期。

杨日然：《特别权力关系理论之检讨》，《台大法学论丛》1984年第2期。

蔡震荣：《特别权力关系与基本人权限制》，载《现代国家与宪法》，台湾月旦出版公司1997年版。

王珂瑾：《我国〈立法法〉的缺陷分析》，《政法论丛》2002年第3期。

唐璨：《从立法法看我国行政立法之完善》，《天津市政法管理干部学院学报》2002年第2期。

刘连泰:《评我国〈立法法〉第八条、第九条关于"法律保留"制度》,《河南省政法管理干部学院学报》2003年第3期。

伍劲松:《台湾行政程序的法典化》,《台湾研究集刊》2004年第1期。

葛云松:《论社会团体的成立》,《北大法律评论》(第2卷第2辑),法律出版社2000年版。

高辰年:《法律保留原则研究》,中国政法大学硕士论文,2002年。

陈敏:《行政法院有关依法行政原则裁判之研究》,《政大法学评论》1987年第36期。

郑成良:《权利本位说》,《政治与法律》1989年第4期。

杨建顺:《论行政裁量与司法审查》,《法商研究》2003年第1期。

蒋秋明:《程序正义与法治》,《学海》1998年第6期。

陈瑞华:《通过法律实现程序正义——萨默斯"程序价值"理论评析》,《北大法律评论》(第1卷第1辑),法律出版社1998年版。

陈瑞华:《走向综合性程序价值理论——贝勒斯程序正义理论述评》,《中国社会科学》1999年第6期。

陈瑞华:《程序正义论——从刑事审判角度的分析》,《中外法学》1997年第2期。

徐亚文:《正当法律程序简论》,李龙主编:《珞珈法学论坛》(第1卷),武汉大学出版社2000年版。

孙笑侠:《两种程序法类型的纵向比较——兼论程序公正的要义》,《法学》1992年第8期。

季卫东:《程序比较论》,《比较法研究》1993年第1期。

陈佳明:《诉讼公正与程序保障》,《政法论坛》1995年第5期。

熊秋红：《解读公正审判权——从刑事司法角度的考察》，《法学研究》2001年第5期。

张庆福、李忠：《宪法与宪法学的回顾与展望》，载《宪政论丛》（第1卷），法律出版社1998年版。

章剑生：《论行政程序法上的行政公开原则》，《浙江大学学报（人文社会科学版）》2000年第6期。

吴建依：《论行政公开原则》，《中国法学》2000年第3期。

姚建宗：《法律效力论纲》，《法商研究》1996年第4期。

申善情：《棘手案件出伟大的法官——当代新自然法学派人物德沃金评价》，《法学》1989年第1期。

董灵：《公序良俗原则与法制现代化》，《法律科学》1994年第5期。

朱林：《德国行政行为撤销的理论及其立法评价》，《法律科学》1993年第3期。

张志铭：《当代中国的法律解释问题研究》，《中国社会科学》1996年第5期。

陈爱娥：《"法律原则"作为行政法的法源》，载《宪法体制与法治行政》，台湾三民书局1998年版。

董玉庭：《法律原则价值论》，《内蒙古民族师院学报（哲社版）》1999年第4期。

陈光中、谢正权：《关于建立我国判例制度的思考》，《中国法学》1989年第2期。

何海波：《通过判决发展法律——评田永案件中行政法原则的运用》，载罗豪才主编：《行政法论丛》（第3卷），法律出版社2000年版。

刘晴辉：《试析中国法律解释体制下的司法解释制度》，《四川大学学报（哲学社会科学版）》2001年第3期。

刘善春、刘德敏：《行政判例的理念、功能与制度分析》，《政法论坛》2001年第4期。

汪世荣:《司法解释批复四题》,《法律科学》2000 年第 4 期。

邓科:《司法改革:现实与可能》,《南方周末》2001 年 10 月 25 日第 7 版。

(八)

A. V. Dicey, *Introduction to the Study of the Law of the Constitution*, London: Macmillan Education Ltd., 10th ed., 1959.

B. Schwartz and H. W. R. Wade, *Legal Control of Government: Administrative Law in Britain and the United States*, Oxford: Clarendon Press, 1972.

Christopher Osakwe, *The Bill of Rights for the Criminal Defendant in American Law*, in Human Rights in Criminal Procedure (edited by J. A. Andrews), Martinus Nijhoff Publishers, 1982.

H. H. Marshall, *Natural Justice*, London: Sweet & Maxwell, 1959.

J. R Rennock and J. W. Chapman ed., *Due process*, New York University Press, 1977.

J. Schwarze, *European Administrative Law*, London: Sweet & Maxwell, 1992.

Kenneth Culp Davis, *Discretionary Justice*, University of Illinois Press, 1971.

K. C. Davis, *Administrative Law Treatise*, San Diego: K. C. Davis Pub. Co. 1978.

Michael D. Bayles, *Principles of Law*, by Reidel Publishing Company, 1987.

Paund, *A Survey of Social Interests*, 57. Hav. L. Rev. 1943.

R. E. Gushman, *Due Process of Law*, Encyclopedia of the Social Sciences.

Robert S. Summers, *Evaluating and Improving Legal Procedure—A Plea For "Process Values"*, in cornell Law Review Vol. 60 (1974).

S. De Smith, Woolf & Jowell, *Principle of Judicial Review*, London: Sweet & Maxwell, 1999.

S. De Smith & Rodney, *Constitutional and Administrative Law*, Penguin books Ltd, 8th ed. 1998.

Tom R. Tyler, *What is procedural Justice*, in Law and Society Review Vol. 22 (1988).

The *Oxford Companion to Law*, Oxford University Press, 1980.

后　记

　　行政法的基本原则是行政法学研究中的一个带有根本性的问题，同时也是一个颇具挑战性的研究课题。在许多人眼里，也许行政法基本原则应当是行政法学界早就已经解决了的老问题。但实际上，自行政法学研究起步之日始，行政法基本原则就一直是个聚讼不休的论题，迄今为止仍旧是个悬而未决的"老大难"。最为要紧的是，行政法学界对此一问题的研究大多还只是些制度层面上的规范分析，而缺乏深层次的法哲学思考与实证分析，更谈不上专门、系统的论证。

　　前揭不足，不仅使得我国有关行政法基本原则的现有理论显得十分苍白乏力，而且制约着整个行政法的发展。正是这个缘由，长久以来我在内心一直有一种强烈的冲动，想要致力去完成对这一问题的研究。但也正因如此，又使得我对此一问题的思考和写作充满着艰辛。如今虽已完稿，却仍未彻底摆脱选题前的那份责任感和写作时的那份沉重感。令人欣慰的是，艰苦的思考和写作亦并非徒劳，在对行政法基本原则问题的理解和把握上，确然收获颇多。

　　本书是我在2002年6月即已完成的同名博士论文的基础上，经过进一步修改、充实而成。论文的写作充分着艰辛，对它的修改更是一段漫长的苦旅。我只得一个一个问题去逐步击破，进行专题性的研究和修改，并在充实大量新的资料之后，写成一篇篇专题性的独立论文。我采取这种修改的方式，除了可以使我的工作更加深入、细致外，还有一个更大的好处就是可以使我的研究成果能够及时发表并接受公开的检验，吸收更多学者的意见。为此，我先后就书中关于国外行政法基本原则之比较和我国行政法基本原则的确立进行了专题性的深入修改，写成《西方两大法系行政法基本原则之比较》（发表于《环球法律评论》2002年冬季号）和《我国行政法基本原则的反思和重构》（发表于《中国法学》2003年第4期）两篇论文。接着，根据我提出的行政法的三大基本原则分别展开进一步修改。其中主要就"行政均衡原则"和"行政正当原则"写成《行政裁量之均衡原则》（发表于《法学研究》2004年第4期）和《行政法的正当程序原则》（发表于《中国社会科学》2004年第4期）两篇论文。此外，我还就其他更细微的问题也进行了系列专题性的深入研究（其中多篇论文已发表于《法学评论》、《行政法学研究》等刊物上）。上述系列专题性的逐步修改，实际上是我对本问题进行重新认识并逐步深化的过程。论文发表后反馈的信息和意见，使我获得不少有益的启示。在经历了上述这么一个反复修改、逐步深化的思考历程后，本书的写作总算可以告一段落了，它与当初提交答辩的博士论文相比，的确有了很大的进步和提高。现在交付出版，至少对于我而言，总算可以心安了。

本书从选题到博士论文的撰写，再到修改完稿，历时五年之久。期间得到了诸多老师和朋友的指导、关心与帮助，因此我必须对他（她）们表示我最诚挚的谢意和敬意。首先要特别感谢的是我的导师周叶中教授和导师组的李龙教授、张学仁教授、陈晓枫教授以及论文的评审专家许崇德教授、应松年教授和姜明安教授。尤其是导师周叶中教授对论文的选题、构思和基本内容，都给予了精心的指点，论文的字里行间无不凝聚着导师大量的心血。尊敬的应松年教授和姜明安教授在百忙中不仅对论文作了专门评审，而且欣然应允作序，令我倍受鼓舞、受益良多。其次，论文的写作当时还得到了武汉大学法学院叶必丰教授和杨解君教授、中国社会科学院法学所周汉华教授、中国政法大学马怀德教授和薛刚凌教授、中央民族大学熊文钊教授、华东师范大学关保英教授、浙江大学法学院朱新力教授和章剑生教授等行政法学界的诸位老师和朋友以不同形式的指教以及我的硕士研究生王诚、喻少如、尚海龙等同学的帮助。在本书的修改过程中，我的博士研究生王青斌、伍劲松在收集资料、论文校对等方面也提供了许多帮助。还有前述系列论文所发刊物的编辑们提供了宝贵的意见，他（她）们是：王好立先生、吴雷女士、周汉华教授、刘莘教授、范亚峯博士和程金华博士等。在此，谨向他（她）们表示崇高的感谢！另外，本书还获得国家教育部人文社科博士点基金项目的资助，特此致谢！对于其他关心、支持和帮助我的领导、老师、亲人和朋友，在此一并表示深深的谢意！

最后我要说的是，本书的写作虽经反复锤炼和仔细斟酌，但仍恐学识有限，书中疏漏与不足之处肯定多多，尚祈学界前辈、同行不吝赐教，亦望读者诸君批评指正。

作者谨识
2004 年 10 月 20 日
于珞珈山麓

 武汉大学学术丛书

中国当代哲学问题探索
中国辩证法史稿(第一卷)
德国古典哲学逻辑进程(修订版)
毛泽东哲学分支学科研究
哲学研究方法论
改革开放的社会学研究
邓小平哲学研究
社会认识方法论
康德黑格尔哲学研究
人文社会科学哲学
中国共产党解放和发展生产力思想研究
思想政治教育有效性研究
政治文明论
中国现代价值观的初生历程
精神动力论
广义政治论
中西文化分野的历史反思
第二次世界大战与战后欧洲一体化起源研究

国际经济法概论
国际私法
国际组织法
国际条约法
国际强行法与国际公共政策
比较外资法
比较民法学
犯罪通论
刑罚通论
中国刑事政策学
中国冲突法研究
中国与国际私法统一化进程(修订版)
比较宪法学
人民代表大会制度的理论与实践
国际民商新秩序的理论建构
中国涉外经济法律问题新探
良法论
国际私法(冲突法篇)(修订版)
比较刑法原理
担保物权法比较研究
澳门有组织犯罪研究
● 行政法基本原则研究

当代西方经济学说(上、下)
唐代人口问题研究
非农化及城镇化理论与实践
马克思经济学手稿研究
西方利润理论研究
西方经济发展思想史
宏观市场营销研究
经济运行机制与宏观调控体系
三峡工程移民与库区发展研究
21世纪长江三峡库区的协调与可持续发展
经济全球化条件下的世界金融危机研究
中国跨世纪的改革与发展
中国特色的社会保障道路探索
发展经济学的新发展
跨国公司海外直接投资研究
利益冲突与制度变迁
市场营销审计研究
以人为本的企业文化

武汉大学学术丛书 书目

中日战争史
中苏外交关系研究（１９３１～１９４５）
汗简注释
国民军史
中国俸禄制度史
斯坦因所获吐鲁番文书研究
敦煌吐鲁番文书初探（二编）
十五十六世纪东西方历史初学集（续编）
清代军费研究
魏晋南北朝隋唐史三论
湖北考古发现与研究
德国资本主义发展史
法国文明史
李鸿章思想体系研究
唐长孺社会文化史论丛
殷墟文化研究
战时美国大战略与中国抗日战场（1941~1945年）
古代荆楚地理新探·续集
汉水中下游河道变迁与堤防
第二次世界大战与战后欧洲一体化起源研究

随机分析学基础
流形的拓扑学
环论
近代鞅论
鞅与ｂａｎａｃｈ空间几何学
现代偏微分方程引论
算子函数论
随机分形引论
随机过程论
平面弹性复变方法（第二版）
光纤孤子理论基础
Ｂａｎａｃｈ空间结构理论
电磁波传播原理
计算固体物理学
电磁理论中的并矢格林函数
穆斯堡尔效应与晶格动力学
植物进化生物学
广义遗传学的探索
水稻雄性不育生物学
植物逆境细胞及生理学
输卵管生殖生理与临床
Ａｇｅｎｔ和多Ａｇｅｎｔ系统的设计与应用
因特网信息资源深层开发与利用研究
并行计算机程序设计导论
并行分布计算中的调度算法理论与设计
水文非线性系统理论与方法
洪坝CADC的理论与实践
河流水沙灾害及其防治
地球重力场逼近理论与中国2000似大地水准面的确定
碾压混凝土材料、结构与性能
喷射技术理论及应用
Dirichlet级数与随机Dirichlet级数的值分布
地下水的体化研究
病毒分子生态学
解析函数边值问题（第二版）
工业测量
日本血吸虫超微结构
能动构造及其时间标度
基于内容的视频编码与传输控制技术

文言小说高峰的回归
文坛是非辩
评康殷文字学
中国戏曲文化概论（修订版）
法国小说论
宋代女性文学
《古尊宿语要》代词助词研究
社会主义文艺学
文言小学审美发展史
海外汉学研究
《文心雕龙》义疏
选择·接受·转化
中国早期文化意识的嬗变（第一卷）
中国早期文化意识的嬗变（第二卷）
中国文学流派意识的发生和发展
汉语语义结构研究

中国印刷术的起源
现代情报学理论
信息经济学
中国古籍编撰史
大众媒介的政治社会化功能
现代信息管理机制研究
科学信息交流研究